FACES DA JUSTIÇA

PAULO FERREIRA DA CUNHA

FACES DA JUSTIÇA

ALMEDINA

TÍTULO:	FACES DA JUSTIÇA
AUTOR:	PAULO FERREIRA DA CUNHA
EDITOR:	LIVRARIA ALMEDINA - COIMBRA www.almedina.net
DISTRIBUIDORES:	LIVRARIA ALMEDINA ARCO DE ALMEDINA, 15 TELEF. 239 851900 FAX 239 851901 www.almedina.net 3004-509 COIMBRA - PORTUGAL LIVRARIA ALMEDINA - PORTO RUA DE CEUTA, 79 TELEF. 22 2059773 FAX 22 2039497 4050-191 PORTO - PORTUGAL EDIÇÕES GLOBO, LDA. RUA S. FILIPE NERY, 37-A (AO RATO) TELEF. 21 3857619 FAX 21 3844661 globo@almedina.net 1250-225 LISBOA - PORTUGAL LIVRARIA ALMEDINA ATRIUM SALDANHA LOJA 31 PRAÇA DUQUE DE SALDANHA, 1 TELEF. 21 3712690 atrium@almedina.net 1050-094 LISBOA LIVRARIA ALMEDINA/BRAGA CAMPUS DE GUALTAR UNIVERSIDADE DO MINHO TELEF. 253 678822 braga@almedina.net 4700-320 BRAGA
EXECUÇÃO GRÁFICA:	CLÁUDIA MAIROS Email: claudia_mairos@yahoo.com
IMPRESSÃO	G.C. - GRAFICA DE COIMBRA, LDA. PALHEIRA - ASSAFARGE 3001-453 COIMBRA Email: producao@graficadecoimbra.pt
DATA	Março, 2002
DEPÓSITO LEGAL:	178470/02

Toda a reprodução desta obra, por fotocópia ou outro qualquer processo, sem prévia autorização escrita do Editor, é ilícita e passível de procedimento judicial contra o infractor.

OUTROS LIVROS JURÍDICOS DO AUTOR

O Procedimento Administrativo, Coimbra, 1987

Quadros Institucionais - do social ao jurídico, Porto, 1987 (esgotado); refundido e aumentado in
Sociedade e Direito, Porto, 1990

Introdução à Teoria do Direito, Porto, 1988 (esgotado)

Noções Gerais de Direito, Porto, 1.ª ed., 1988, várias eds. ulteriores (em colaboração com José
Falcão, Fernando Casal, e Sarmento Oliveira). Há edição bilingue português-chinês, aumentada.

Problemas Fundamentais de Direito, Porto, 1988 (esgotado)

Direito, Porto, 1990; 2.ª ed. 1991; 3.ª ed., 1994 (esgotado)

História da Faculdade de Direito de Coimbra, Porto, 1991, 5 vols, Edição Comemorativa do VII
Centenário da Universidade, patrocinada pela Faculdade de Direito de Coimbra, prefaciada pelo
Prof. Doutor Orlando de Carvalho (com a colaboração de Reinaldo de Carvalho).

Pensar o Direito I. Do realismo clássico à análise mítica, Coimbra, 1990; *II. Da Modernidade à
Postmodernidade,* Coimbra, 1991

Direito. Guia Universitário, Porto, 1990 (colaboração com Javier Hervada)

Princípios de Direito. Introdução à Filosofia e Metodologia Jurídicas, Porto, 1993

Para uma História Constitucional do Direito Português, Coimbra, 1995

«Peço Justiça!», Porto, 1995 (esgotado)

Tópicos Jurídicos, Porto, 1.ª e 2.ª eds., 1995

Amor Iuris. Filosofia Contemporânea do Direito e da Política, Lisboa, 1995

Arqueologias Jurídicas. Ensaios Jurídico-Políticos e Jurídico-Humanísticos, Porto, 1996

Peccata Iuris. Do Direito nos Livros ao Direito em Acção, Lisboa, 1996

Res Publica. Ensaios Constitucionais, Coimbra, 1998

Lições Preliminares de Filosofia do Direito, Coimbra, 1998; 2.ª edição, revista e actualizada, 2002.

A Constituição do Crime. Da Substancial Constitucionalidade do Direito Penal, Coimbra, 1998

Instituições de Direito. I. *Filosofia e Metodologia do Direito,* Coimbra, 1998 (org.); II. *Enciclopédia Jurídica,* Coimbra, 2000 (org.), prefaciado pelo Prof. Doutor Vítor Aguiar e Silva

Lições de Filosofia Jurídica. Natureza & Arte do Direito, Coimbra, 1999

Mysteria Ivris. Raízes Mitosóficas do Pensamento Jurídico-Político Português, Porto, 1999

Le Droit et les Sens, Paris, 2000

Teoria da Constituição, vol. II. *Direitos Humanos, Direitos Fundamentais,* Lisboa, 2000

Temas e Perfis da Filosofia do Direito Luso-Brasileira, Lisboa, 2000

Responsabilité et Culpabilité, Paris, 2001

O Ponto de Arquimedes. Natureza Humana, Direito Natural, Direitos Humanos, Coimbra, 2001

Propedêutica Jurídica. Uma Perspectiva Jusnaturalista, Campinas, São Paulo, Millennium, 2001 (em colab. com Ricardo Dip)

Teses

Mito e Constitucionalismo. Perspectiva conceitual e histórica, Coimbra, 1990 (esgotado) (Tese de Mestrado em Direito, Ciências Jurídico-Políticas, na Faculdade de Direito da Universidade de Coimbra)

Constituição, Direito e Utopia. Do Jurídico-Constitucional nas Utopias Políticas, Coimbra, 1996 (Tese de Doutoramento em Direito, Ciências Jurídico-Políticas, na Faculdade de Direito da Universidade de Coimbra)

Mythe et Constitutionnalisme au Portugal (1778-1826). *Originalité ou influence française?* (Tese de Doutoramento em Direito, na Secção de História do Direito, Centro de Filosofia do Direito, Universidade de Paris II, antiga Faculdade de Direito de Paris), no prelo

Para a Ana, a Maria e o Miguel

"(...) in 17 anni di studio giuridico io ricordo una persona sola (una studentessa di Macerata) che alla domanda 'cosa stiamo a fare qui?' abbia risposto, immediatamente e limpidamente: sono qui per fare che sai più giustizia nel mondo"

Luigi Lombardi Vallauri, *Corso di Filosofia del Diritto*, Pádua, Cedam, 1981, p. 2

APRESENTAÇÃO

É na utópica Lilliput que a Justiça é representada com vários olhos para denotar abrangência de vistas. Poderiam tais olhares, assim plurais, pertencer aos pares a faces que dessem rosto a cada perspectiva. Mas não. O rosto da Justiça, embora com duas faces (a sugerir bipolaridade, e dialéctica), é todavia uno.

Se tratados alemães e holandeses dos sécs. XVI e XVII evoluem na iconografia da Justiça, da dicotomia entre uma *Iustitia* vendada e uma *Iustitia* de olhos bem abertos, para uma síntese por acumulação na *Janusköpfige Iustitia*, uma Justiça com dois rostos, o pluralismo jurídico de hoje, num mundo instalado e acomodado na fragmentaridade – nomeadamente cultural, ética e epistémica – não pode senão lidar com Faces da Justiça. Não duas, mas múltiplas. Está ainda para encontrar a representação – quiçá hidra ou górgona – que mais plasticamente exprima o que é hoje a complexidade e a pluri-normogénse do Direito...

O presente volume é espelho (um dos múltiplos espelhos) dessas diversas faces, reunindo estudos que se enraízam em diferentes formas de olhar o Direito, e que, tradicionalmente, poderiam ser incluídos na Filosofia, na História e na Teoria do Direito, encontrando-se os últimos – posto que ainda Jurídico-Humanísiticos pelo timbre – numa maior proximidade com as ciências jurídicas materiais do Direito Penal e do Direito Constitucional e respectivas reflexões fundantes: encontrando-se talvez, quiçá, no domínio de passagem entre o filosófico e o dogmático-prático ou metodologógico-prático que se poderá quiçá designar por Teoria Penal e Teoria da Constituição.

Mas se há paradigmas que se encontram postos em crise pelas rupturas epistemológicas da chamada pós-modernidade são precisamente os do acantonamento dos saberes. Embora de alguma ordem, ainda que no caos sabido, não venha mal ao mundo do saber.

Eis, assim sobretudo ensaios, fruto da meditação silenciosa e do diálogo interior à volta do nosso quarto, ou recordando inspirações lectivas, no rescaldo de aulas teóricas ou práticas. Mas sobretudo diálogos, pois provindos em grande parte de conferências, palestras, comunicações, ou afins.

Persistimos aqui na linha daqueles volumes cujo título, felizmente já bastante citado e intertextualizado, continua a ser um programa: *Pensar o Direito*. E pensá-lo agora encarando diversas *Faces da Justiça*.

ORIGEM DOS TEXTOS E AGRADECIMENTOS

Agradecemos aos editores e organizadores das obras e eventos que estiveram na origem de alguns textos deste volume:

- Cap. II da Parte I, "Psicologia, Educação, Cultura", vol. IV, n.º 2, Porto, Dezembro 2000
- Cap. I da Parte II, conferência integrada no VI Colóquio Tobias Barreto, organizado pelo Instituto de Filosofia Luso-Brasileira, na Universidade Nova de Lisboa.
- Cap. II da Parte II, *Imagens do Marquês de Pombal. Contributo para o estudo do seu mito e "anti-mito"*, in *Lecturas sobre el Pensamiento Juridico y Politico de la Europa de las Nacionalidades*, coord.: Salvador Rus Rufino, León, Universidad de León, 2000.
- Cap. III da Parte II, "Quaderni Fiorentini per la Storia del Pensiero Giuridico Moderno" (dir. Paolo Grossi), 23 (1994).
- Cap. IV da Parte II, "Revista da Ordem dos Advogados", Lx., ano 52, 1992 (segunda versão); "Revista de Estudios Historico-Juridicos", Valparaiso, 1992-1993 (primeira versão)
- Cap. V da Parte II, Comunicação ao Congresso Internacional "Pensadores Portuenses Contemporâneos" (1850-1950) no Centro Regional do Porto da Universidade Católica Portuguesa.
- Capítulo VI da Parte II, *História do Pensamento Filosófico Português*, dir. de Pedro Calafate, vol. V, tomo 2, Lx., Caminho,

Apresentação

2000, p. 58 ss.. (colaboração com António Braz Teixeira no capítulo sobre *Filosofia do Direito* no tomo referido da citada obra)
- Caps. I e II, da III Parte, em torno da temática de conferências na Faculdade de Direito da Universidade Paulista, Campus de Alphaville, São Paulo, e no Tribunal de Alçada Criminal do Estado de São Paulo; destinados também a um livro de teoria penal a publicar no Brasil.
- Cap. III, da III Parte, contributo para o volume colectivo *Direitos Humanos*, Coimbra, Almedina, no prelo.

PARTE I
DIÁLOGOS

CAPÍTULO I
POR UMA FILOSOFIA SOCIAL PARA JURISTAS

1. Da necessidade da formação social do jurista

É impossível pensar-se que uma inteligência se possa preparar para qualquer ofício apenas com o conhecimento dos materiais ou das ferramentas do mesmo.

Se o carpinteiro soubesse apenas ao pormenor a estrutura da madeira e as qualidades intrínsecas do martelo e da plaina, teria de tudo inventar na sua arte.

Se o agricultor fosse um consumado botânico, e um profundo conhecedor da metereologia, mas ignorasse o funcionamento das alfaias, das máquinas e ferramentas, deveria possuir o génio de Abel, o primeiro agricultor.

Ora se nas artes mecânicas e agrícolas, e em todas as demais, ninguém verdadeiramente concebe que se nasça ensinado, nem alvitraria absurdos como os que acabamos de ilustrar, o mesmo já não sucede – ai de nós! – com as artes humanas, e desde logo com o Direito.[1]

---

[1] Importa aclarar que as nossas presentes teses não contrariam um milímitro sequer o que temos defendido sobre a não profissionalidade do ensino universitário do Direito. O problema não é ensinar um ofício na Universidade: mas preparar formativamente para muitos (e as profissões jurídicas são diversas). A questão é que para tal formação não pode apenas ser ensinada a ferramenta, sem conhecimento da matéria-prima.

Estamos ainda para saber por que magia, mercê de que sortilégio, o aprendiz de jurista poderá saber Direito limitando-se a aprender como é o Direito positivo, normalmente o Direito vigente substantivo, e por norma o estritamente legislado.

Isto equivale a dizer que só conhece uma parcela das suas alfaias (porque ignora grande parte da jurisprudência e da doutrina, para não falar na maquinaria mais sofisticada, como os princípios gerais do Direito e/ou o Direito Natural) e tudo desconhece do terreno.

Ora o terreno é a realidade social.

Conhecer as ferramentas e ignorar os materiais que as hão-de sofrer, é coisa absurda – e por isso sempre tivemos o maior respeito por essa cadeira palpável e utilíssima das Faculdades de Engenharia que é a "Resistência de Materiais". Nem o agricultor despreza o solo, nem o carpinteiro a madeira.

Ao nosso aprendiz de jurista, todavia, além de se lhe ocultarem grandes instrumentos, faz-se-lhe ainda economia do estudo da sociedade: vedando-se-lhe assim o conhecimento do Homem em interacção.

Em alguns tempos e lugares, procurou-se suprir esta lacuna gravíssima. Na reforma das Faculdades de Direito de 1911, por exemplo, as cadeiras viram os seus programas precedidos de Sociologia. Era uma óptima intenção, que ficou, na prática, pelo debitar de catadupas da pseudo-ciência positivista de então. Substituiu-se assim tempo lectivo de positivismo legalista (exegese da lei) por tempo lectivo de ideologia positivista. Perdeu-se afinal, em vez de se ganhar...

É que, como dizia Alain, "...il y a deux sociologies, la grande et la petite."[2]. E era infelizmente uma sociologia pequena, pequeníssima, a que entusiasmava os nossos positivistas, como sempre o será a sociologia de quem primacialmente está interessado na política, e principalmente na política do imediato.

Delfim Santos também alude à inexistência de estudos psicológicos próprios nas Faculdades de Direito: porque ao jurista chegaria a intuição empírica.

---

[2] ALAIN, *Propos*, II, texto estabelecido, apresentado e anotado por Samuel S. De Sacy, Paris, Gallimard, Bibliothèque de la Pléiade, 1970, p. 708.

A introdução de cadeiras de ciências sociais em licenciaturas em Direito já ocorreu contemporaneamente entre nós. Mas, apesar de louvável, parece não ser suficiente.

O conhecimento da realidade social não pode ser feito apenas por essas disciplinas, mas através de uma vivência e consciência multidimensionais que, em boa verdade, deveria vir já de muito mais cedo ... Donde voltarmos sempre ao velho problema de a universidade não poder suprir a real falta de verdadeiro ensino secundário ... e até primário! Tragédia nossa...

E trata-se de suprir mais que o ensino: a educação. Sabemos como na nossa sociedade de escola-creche (em que a escola é creche mais ou menos sempre), o estabelecimento de laços significativos na família, pela superocupação dos pais e quebra de ligações com avós e primos, se vai diluindo dramaticamente.

Numa tal sociedade, a aculturação dá-se da pior forma (via TV, uma TV *baby-sitter* até muito tarde: toda a vida!) e como os professores endossam para casa a educação e os pais a remetem para a escola, as vítimas crescem sem ela. A menos que consigam encontrar manuais de boas maneiras e livros de instruções para a vida – os quais escasseiam e sempre são normativos, abstractos, e falseadores da dinâmica das relações.

2. De uma filosofia social católica

Uma ideia nos pareceu, assim, simultaneamente sedutora e arriscada – a que Jorge Adame, da Universidade Autónoma do México, propugna: mais ainda que o ensino da Sociologia, afigura-se-lhe importante, para a formação do jurista, o estudo da Filosofia Social[3].

É muito interessante a ideia: o tomar contacto com a filosofia social também se nos depara como do maior interesse. Mas há um risco. Um risco semelhante ao da antiga sociologia a preceder o direito positivo: e esse risco é o da ideologização, em qualquer das suas versões. Se, por passe de magia, as Faculdades de um qualquer país (poderia ser o nosso)

---

[3] JORGE ADAME GODDARD, *Filosofía Social para Juristas*, México, Universidad Nacional Autónoma de México/McGraw-Hill, 1998.

incluíssem todas nos seus *curricula* uma cadeira de Filosofia Social autónoma (não acoplada a outra, porque, nesse caso, deveria, as mais das vezes, vir a ser completamente esquecida), o que se passaria?

Não temos dúvidas em afirmar que, mesmo que se não entrasse na total capitulação (e improficuidade), que seria confiar a cadeira a "cientistas sociais" (quase sempre mais preocupados com as suas especialidades que com os seus contributos para a formação dos juristas), o resultado seria a existência de muito, muito variadas formas de entender um tal "título".

De forma alguma advogamos a imposição de um programa nacional nas cadeiras universitárias, considerando, ao invés, que sem *libertas docendi* não há Universidade. Mas não se trata disso. A questão é que, perante a multiplicidade de abordagens que decerto resultaria, aquele cimento básico de conhecimentos e princípios requeríveis ao jurista no domínio da sua visão do mundo não existiria em muitos casos.

Ao percorrermos, com vivo interesse, as páginas do manual universitário de Jorge Adame não pudemos deixar de reflectir sobre as repercussões de um tal livro entre nós.

O Autor, com um notável espírito de síntese e uma grande eloquência, não nos fornece sequer matéria surpreendente. Segue a linha ortodoxa, de um aristotelismo e de um tomismo por assim dizer "oficiais", na linha dos ensinamentos clássicos da Igreja Católica.

E vê o Mundo e as suas normas de acordo com essa visão tradicional, em que quase todos os da nossa geração ainda foram educados.

Confessamos ter recordado, porém, elementos que pareciam perdidos desde a infância... Mas que em geral figuram no *Catecismo* de João Paulo II.

Perante as certezas, os dogmas, a naturalidade e até o bom senso com que tais ideias são apresentadas, fomos tomado daquela dolência inebriante que alguns moralistas em nós produzem – transportando-nos a uma outra dimensão, onírica ou utópica.

E não pudemos deixar de sorrir.

Sorrir ambiguamente, confessamo-lo.

Sorrir, porque não temos dúvidas de que a máquina do mundo, descrita por Jorge Adame, seria a mais adequada. Somos, evidentemente, suspeito nesta afirmação aos olhos de muitos, sabedores da nossa formação e das nossa convicções. Mas ainda cremos ter distanciamento suficiente para o podermos afirmar com objectividade. Esse mundo de verdade, de pureza, de fidelidade, de operosidade, de beatitude afinal, é a sociedade angélica transportada para a Terra; e, quando o não é, o mundo (assim presa do seu "príncipe"), é julgado e condenado sem reticências.

A fronteira entre o Bem e o Mal é claríssima e encontramos de novo a Paz.

Confessamos que à noite, depois de termos lido o livro, abrimos a televisão, e após um *zapping* aos seus 40 canais, ficámos ciente de que tal engenho era obra do demo, não encontrando realmente nada que nem minimamente correspondesse aos ideais da nossa memória, por aquele livro reencontrada.

Mas o nosso sorriso foi ambíguo – não nos esquecemos disso. Foi desde logo dúplice ... Porque ele também exprimiu o espanto perante a possibilidade de se ensinarem tais coisas numa universidade, e a candidatos a juristas.

Espanto também feito, certamente, de admiração. Mas toldado por um grande pessimismo.

Desconhecemos a situação concreta do México e quem serão os estudantes, colegas e superiores académicos de Jorge Adame. Mas, sinceramente, temos sérias dúvidas de que, em muitos países do mundo ocidental qualquer professor conseguisse aguentar por muito tempo o seu lugar (sem, pelo menos, séria contestação) se adoptasse um *Manual* deste tipo. Arriscamo-nos mesmo a afirmar que tal seria tido decerto por escandaloso, e quiçá até onde menos se poderia esperar que o fosse, ou da parte de quem se esperaria o contrário. Porque muitos dos que partilham, em geral, esta cosmovisão, como que a vivem apenas privadamente, procurando, para uso público, uma pose "institucional" que os leva a calar-se, quando outros, de famílias de pensamento adversas, falam, e altissonantemente.

3. De uma filosofia social humanista

Uma Filosofia social assumidamente inspirada numa fé, propugnando valores totalmente contrários ao facilitismo, hedonismo e demagogia correntes, seria, ao que pensamos, crucificada, em sociedades como as nossas. E não se pense que apenas, nem quiçá sobretudo, por razões de "laicismo". O problema é que todos decerto conhecemos muitos "bons" crentes, cristãos, católicos até, que considerariam as verdades inscritas no seu catecismo, e nesta obra adoptadas *ad usum*, como verdadeiramente retrógradas, chocantes. Estamos a ouvir já o seu clamor!

Cremos, na verdade, verificar-se um fenómeno que, esse sim, os sociólogos e os psicólogos estudarão com a devida propriedade, o qual corresponde ao que chamaríamos "cristãos sem cristianismo". O que implica, por consequência, que o cristianismo deixa também de ter cristãos. Há um estranho mal-entendido aqui, porque muitos afirmam um "rótulo" que não corresponde ao conteúdo...

Não ignoramos, evidentemente, que há muito esclarecidas inteligências discordando de matéria aparentemente canónica. E que, em sede teológica, mesmo em teologia moral (sobretudo em teologia moral!) o tempo produz autênticos milagres dogmáticos.

Daí a necessidade de se proceder a uma equilibrada ponderação. Cremos que os sinais de que dispomos são desencontrados, neste nosso tempo de estilhaços. Mas se admiramos a coragem de Jorge Adame e a sua fidelidade à nossa fé da infância, não podemos deixar de nos perguntar se tais ensinamentos, naquele estilo e com os fundamentos metafísicos e religiosos que não escondem, podem ainda ser assimilados no nosso mundo descristianizado e que sociologicamente matou Deus.

Compete à Igreja ressuscitá-lo no coração e na mente das pessoas. Não cremos que nenhum cristão ganhe facilmente o céu fazendo proselitismo em tempos pluralistas e ecuménicos, e muito menos acreditamos que alguém se possa converter nas nossas aulas de Moral das escolas secundárias (algumas são verdadeira fonte de descristianização) ou ir pelo bom caminho graças a lições universitárias catequéticas. Vemos aqui uma contradição paradoxal: seria muito tentador ensinar pelo livro de Adame, adoptá-lo como *textbook*. Tal resultaria, decerto, numa experiência fascinante! Mas algo nos segreda a improficuidade da empresa. Porque os estudantes mais necessitados das suas verdades recusá-las-iam, certamente, e com veemência. E os que com elas aproveitariam, em boa verdade, já delas não precisam ...

A obra de Jorge Adame firmou-nos mais ainda algumas ideias que tínhamos já em mente, como que em suspensão:

> a) Não há dúvida, para nós, que a boa doutrina se encontra, em geral, na grande sabedoria da "especialista em humanidade";

b) os juristas necessitam urgentemente de bóias de salvação: cultu-rais, humanistícas e de conhecimentos sobre a sociedade ...

c) Tais ensinamentos têm de dialogar e devem ser objecto de diversas disciplinas universitárias (História, Filosofia, Geografia e Sociologia Jurídica, Criminologia, etc.).

d) Entre tais cadeiras, deveria haver uma de Filosofia Social (obviamente leccionada por juristas, como todas as demais).

e) Mas tal matéria de modo algum poderá, pelo menos *hic et nunc* (sob pena de graves convulsões ou menos-valias) reflectir sem filtro ou refrangência "laicista" a doutrina cristã.

Não se trata de tibieza *para inglês ver*, mas de reconhecimento da separação dos gládios, tão cara à cosmovisão católica, aliás, e biblicamente inspirada. Separação das coisas de César e das coisas de Deus que possibilitou o florescimento de uma civilização de progressiva tolerância e descoberta de valores humanos. Ora o Direito é claramente coisa de César, e julgamos que pode ser racionalmente explicado e fundamentado pressupondo uma *épochê* da dimensão religiosa. E cremos que é possível (porque é verdadeiro) demonstrar a verdade das verdades civis (não religiosas) sem recorrer à autoridade, à revelação, à tradição, à fé ...

Trata-se, pois, de encontrar um ponto de encontro entre as verdades laicais e as verdades da fé, recusando um confessionalismo totalitário da mesma forma que um laicismo agressivo e niilista. Uma recuperação inteligente do laicismo, que não recusa uma crença inteligente, é o que podemos ler em Alain:

"L'esprit laïque ne décide point qu'il faut croire, mais au contraire qu'il faut savoir, examiner, peser, et enfin librement et virilement croire, si l'on décide de croire. C'est alors l'esprit mûr et l'esprit libre qui croit, et non point l'enfant. Le fameaux pari, qui depuis Pascal a pris tant de formes, est une idée laïque; elle enferme le doute comme preuve, non pas le doute terminé, mais sans doute sans reméde. L'examen est laïque; le doute est laïque. L'esprit est laïque."[4]

---

[4] ALAIN, *Propos*, II, cit., p. 692.

Afinal, esta ideia de algum modo encontra a de João Paulo II, abrindo os braços de um mais-que-ecumenismo filosófico, procurando o diálogo e a colaboração com todos os homens de boa vontade:

"O pensamento filosófico é, frequentemente, o único terreno comum de entendimento e diálogo com quem não partilha a nossa fé. (...) Discorrendo à luz da razão e conforme as suas regras, o filósofo cristão, sempre guiado, naturalmente, pela leitura superior que lhe vem da palavra de Deus, pode criar uma reflexão compreensível e sensata, mesmo para quem ainda não possua a verdade plena que a revelação divina manifesta. Este terreno comum de entendimento e diálogo é ainda mais importante hoje, se se pensar que os problemas mais urgentes da humanidade (...) podem ter solução a partir da colaboração clara e honesta com os fiéis doutras religiões e com todos os que, mesmo não aderindo a qualquer crença religiosa, se interessam pela renovação da humanidade."[5]

Eis, pois, o desafio que simultaneamente cremos dever lançar a juristas e juristas filósofos de todos os credos e a todos os de boa vontade não crentes: dialoguemos, na liberdade e na diferença de todos (mas também na sua especial unidade), sobre a possibilidade de uma Filosofia Social para juristas capaz de promover o conhecimento social do nosso tempo por parte dos aprendizes do Direito de hoje, e de lhes fornecer sólida formação ética (base da deontológica) de molde a que sejam, realmente, futuros sacerdotes da Justiça.

Agradecemos a Jorge Adame o seu consciencioso, aliciante e profundamente inquietante contributo. É que afinal, se os intelectuais e juristas católicos quiserem dialogar com outros, não poderão ter o discurso dos outros: mas a sua própria linguagem. A qual, ao contrário de muitas outras, terá de ser "Sim, sim; não, não"[6]. Sem prejuízo de, embora não sendo deste Mundo, estarem neste Mundo.

---

[5] JOÃO PAULO II, *Fides et Ratio*, trad. port., 104, n/ ed., p. 136.
[6] Mt. V, 37.

Todavia, se tal discurso for discurso oficial, e para todos, perderá sinceridade e acabará por transformar-se num ritual verbalista, sem sentido, e, consequentemente, estéril.

Com estas reflexões, que propomos de forma meramente ensaística e não dogmática, não queremos de algum modo dizer que, leccionando numa universidade pública ou privada, confessional ou religiosamente neutral, um filósofo cristão ou professando outra religião, um filósofo ateu ou agnóstico não tenham o mais rigoroso direito à sua *libertas docendi*. Tanto mais que se há matéria em que o conteúdo do que se ensina depende do que se é (como, entre tantos, foi sublinhado por exemplo, por um Feuerbach, ou um Augusto DelNoce), essa é a filosofia.

De modo nenhum está em causa coarctar a liberdade de ensinar, que seria também cercear a liberdade de cada professor *ser*. A questão coloca-se mais do âmbito da retórica. E se há génios e personalidades que exalam fé no seu filosofar na fé e ensinar na fé, também se reconhece que outros espíritos haverá que, mais ecuménicos e sempre dialogantes, possam constituir na filosofia essa ponte que faz falta: uma ponte da fé para a descrença, não proselítica mas fraternal.

4. 'Libertas docendi' e formação integral e pluralista

O mais importante, sobretudo, parece-nos ainda ser garantir o equilíbrio entre a radical e imprescritível liberdade de cada docente ensinar de acordo com as suas ideias e as suas preocupações – *libertas docendi* que, se posta em causa, tudo deitaria a perder – e o direito dos estudantes (e o interesse social que na efectivação de tal direito existe) a serem cabal e competentemente informados e formados no âmbito geral de uma disciplina. Ou seja, não está em causa que um docente seja ateu, outro católico, outro muçulmano, outro judeu, outro agnóstico, etc.. Que um alinhe por uma visão psicanalítica, outro fenomenológica. Que um ensine um curso panorâmico e outro um curso monográfico. O problema é que, para cada matéria, os discentes acabem, no final dos seus estudos, por não ter uma visão parcial e necessariamente deturpada da respectiva disciplina. Fazer um curso de História da Música numa disciplina de Química, como já alguém referiu teria ocorrido na Universidade humboldtiana é manifestamente absurdo, e não cabe, não pode razoavelmente caber, no âmbito da *libertas docendi*. Mas tentar impedir um professor de ensinar direitos humanos numa cadeira de Filosofia do Direito ou afim, como sucedeu num país nórdico não há muitos anos, já é abusiva intromissão.

A solução ideal poderia ser a das regências paralelas, com turmas divididas, em que os discentes poderiam usufruir de mais de uma voz sobre a mesma cadeira, mas, obviamente, obrigando a exame na matéria da turma que aleatoriamente a cada um tivesse sido atribuída (para evitar que as cadeiras se venham a pautar pelas leis do mercado, com inevitável abaixamento do nível, para captação de audiências, por vezes única forma de sobrevivência de certas disciplinas).

Tivemos pessoalmente a sorte de escutar alguns mestres, e dos grandes, nessa modalidade de estudos. Íamos sempre às duas turmas (no caso eram duas, poderiam ser mais: na Faculdade de Direito de Nápoles, por exemplo, há situações de meia dúzia de regentes, cada qual com o seu programa, sendo os alunos divididos por ordem alfabética). Os programas e a forma de os preleccionar não tinham muito a ver um com o outro, embora as cadeiras fossem práticas, e muito práticas. E aprendemos muito mais, pelo cotejo.

Como é óbvio, esta solução implica que deixe de pairar no espírito de alguns de nós (felizmente já não das novas gerações de assistentes, que – com honrosas excepções – talvez até pequem por desprendimento excessivo das tradições) a mentalidade hierarquizadora e seguidista do *caput scholæ*, por cuja batuta todos se deveriam afinar, assim como a consequente concepção de uma Faculdade, anti-democrática e anti-pluralista, como "escola" que defende um conjunto de teses sobre a ciência (ou ideologia?) que professa.

Uma Universidade concebida desse modo feudal, terá então que exigir juramento de fidelidade de cada novo membro a uma cartilha pré-definida, saída da *potestas* (aqui não há *auctoritas* que lhe valha) do seu chefe. A nova Universidade democrática, sabendo que nem tudo se resolve por votos no seu seio, precisamente porque presa a competência não pode confiná-la a uma pessoa ou a um grupo.

Claro que não pode haver tantas turmas ou tantos professores quantas as perspectivas religiosas, políticas, filosóficas que há na sociedade. E a questão pioraria se se fizessem intervir as absurdas desinências que estabelecem "minorias". Não há certamente vantagem em ter um professor e uma professora de Matemáticas Puras, em homenagem à distinção de sexos, nem um docente de Educação Visual ou de Pintura de cada cor de pele, devido a alegadas cosmovisões distintas em função da raça. Mas muito ganharíamos todos se, ao menos quando fosse possível, e quando houvesse numa Faculdade docentes com competência e título para tal bastantes, pudéssemos desdobrar os planos de estudos, sobretudo em matérias menos técnicas. Não precisamos de todas as variedades possíveis: bastam dois professores para os estudantes saberem que *há mais mundo*. Mas são precisos mesmo dois, e em pé de igualdade (não basta um professor e um assistente).

No caso de uma futura disciplina de Filosofia Social para Juristas, pela sua particular sensibilidade, defendemos deveria ser prelecionada por dois docentes não já com distribuição aleatória de turmas, mas com obrigatoriedade de frequência e exame a ambas as matérias. E para evitar o oportunismo (tão comum) de se escrever no exame o que cada docente gosta, as provas escritas e orais contariam com a correcção conjunta de toda a matéria. Assim, cada docente elaboraria metade do enunciado, classificando a sua parte, mas tendo acesso à outra metade do ponto escrito. Nas provas orais a classificação seria conjunta. Isto, sem prejuizo, evidentemente de formas de avaliação contínua que deveriam, *mutatis mutandis*, respeitar este espírito.

A profecia professoral de que falava Max Weber ainda está muito, talvez demasiado, vigente. Não impeçamos que se profetize, antes permitamos que todos profetizem...

CAPÍTULO II
JURISTAS, DIREITO E HUMOR

1. Introdução

Das diferentes sensações, emoções, ou acções que podem ser associadas ao Direito, poucas se nos depararão *prima facie* como positivas. Pelo menos à vista desarmada, será difícil até encontrar outro sector social ou área epistemológica em que a carga negativa que o imaginário colectivo lhe associa seja tão clara e tão consensual. Mesmo as sátiras que, sobretudo a partir do Renascimento, brindaram os mais letrados, são muito mais mordazes e acres para com os homens de leis que para com os humanistas, filósofos, ou até para com os médicos. Rabelais e Erasmo, por exemplo, fazem dos juristas um dos alvos principais dos seus ataques.

É que nas coisas do foro o paciente parece não suportar nem os males nem os remédios, nem a "doença" nem o "médico"... que por vezes é apresentado como o seu pior (ou real) inimigo.

Já no séc. XVIII, o árcade António Ribeiro dos Santos compôs várias poesias jocosas criticando os juristas (era jurista canonista de formação, mas de há muito tinha ultrapassado o acanhamento do "apenas jurídico"). Algumas delas juntam juristas e médicos. Não resistimos a duas transcrições:

> "Artigos do Decálogo:
> *Não matarás*: he lei dada
> N'um e noutro Testamento;
> Ao Medico é que pertence
> Este santo Mandamento

Não furtarás: he preceito
Também dos Livros Sagrados;
Isto pertence aos Juizes
Aos Escrivães e Letrados"[7]
(vol. III, p. 137)

"D'hum Medico, e d'hum Lettrado,
Sempre he grande o desafogo,
Venção ou percão o jogo,
Sempre levão do contado."[8]
(vol. III, p. 146)

O anedotário está repleto de advogados ladinos que visam antes de mais sugar o seu cliente até ao último seitil[9].

Assim, para além do sentimento de pacificação e de conforto de quando se vê (finalmente) feita justiça, em que as Euménides eudemónicas substituem as Eríneas vingadoras[10], e para além dos gozos morais inerentes à virtude da Justiça[11], e aos intelectuais da virtude específica dos Juristas, a Prudência[12], é difícil descortinar no Direito muitos estados de

---

[7] [ANTÓNIO RIBEIRO DOS SANTOS], *Poesias de Elpino Duriense*, tomo III, Lx., Na Impressão Régia, 1817, p. 137 (mantivemos a ortografia).

[8] *Ibidem*, p. 146 (mantivemos a ortografia).

[9] Cf., entre nós, as anedotas e historietas recolhidas por ALBERTO SOUSA LAMY, *Advogados. Elogio e Crítica*, Coimbra, Almedina, 1984. Parece-nos que, apesar de algumas tiradas elogiosas mais ou menos épicas ou românticas sobre o ofício, a maioria dos ditos são críticos...

[10] Aludimos, evidentemente, ao mito fundador do monopólio estadual da coacção, presente na última tragédia da Oresteia de ÉSQUILO, precisamente designada *As Euménides*, como se sabe. Uma excelente versão é a da biblioteca da Pléiade, traduzida por Jean Grosjean, *Tragiques Grecs. Eschyle/Sophocle*, Paris, Gallimard, 1967.

[11] Cf., por todos, JOSEF PIEPER, *Las Virtudes Fundamentales*, 3.ª ed., Madrid, Rialp, 1990.

[12] Cf. *Ibidem*, e, discutindo o problema numa perspectiva interdisciplinar, o nosso *Lições de Filosofia Jurídica. Natureza & Arte do Direito*, Coimbra, Almedina, 1999, p. 164 ss., *et passim*.

alma que se não associem a ódio, vingança, ressentimento, medo, e outros, sempre mais ou menos negativos.

Há, porém, uma forma de estar no mundo, e sobretudo uma forma de conviver com contrariedades da vida, que, ao contrário do azedume, do acabrunhamento e da ira, e não nos elevando, sem dúvida, ao sétimo céu do contentamento, e muito menos a êxtases de alegria[13], todavia é bálsamo paleativo e suave lenitivo para a adversidade (ou, pelo menos, para a contrariedade mais corrente)[14]. Perante os escolhos normais de uma profissão como a sua que, como as demais artes "curativas"[15], tem de conviver frequentementemente, se não quotidianamente, com situações dramáticas, quando não trágicas, os juristas recorrem por vezes a esse subtil subterfúgio, a esse sorriso de inteligência, com algum *nonsense*, com algum estoicismo, e com muita auto-ironia... que é o humor.

Falar de Direito e Humor além, certamente, de requerer alguma coragem, implicará também, necessariamente, ainda algum sentido de humor, coisa que, não faltando a muitos juristas na prática ou no quotidiano (*law in action*), é todavia ainda uma dimensão autognótica praticamente por eles desconhecida (dela normalmente carecendo o *law in the books*). Há humor no Direito e ele não sabe disso. Tal poderia ser o postulado inicial deste trabalho, que se não pretende técnico, mas apenas bem humorado. O problema estará certamente no facto de que, sendo a maioria dos livros

---

[13] Porém, JOSÉ BENIGNO FREIRE, *Humor y Serenidade en la vida corriente*, 2.ª ed., Pamplona, EUNSA, 1997 (1.ª ed. 1996), p. 54, considera que "el sentido de humor es un efecto o un preludio de la felicidad". No caso dos juristas, que não temos pelas pessoas mais felizes do mundo (fazem um trabalho, que, se honestamente levado a cabo, é útil e crucial, mas sempre muito penoso), serão mais grãos de felicidade na engrenagem sombria de tédio e de desamor que é a juridicidade corrente.

[14] Cf. JOSÉ BENIGNO FREIRE, *Humor y Serenidade en la vida corriente*, cit., p. 90: "Si el sentido de humor libera carga emocional negativa y los conflictos menudos suelen surgir de una erupción de condensación emocional; entonces, el sentido del humor ahoga, amortigua o desvanece los conflictos menudos (...) Cuántos ratos desapacibles, trifulcas de poca monta, discusiones un tanto agrias, gestos hoscos, diálogos descorteses, miradas esquivas..., podrámos ahorrarnos en el trato familiar, social, laboral, con una broma salerosa y inofensiva!"

[15] LUIGI LOMBARDI VALLAURI, *Corso di Filosofia del Diritto*, Cedam, Padova, 1978, nova ed., 1981, máx. p. 621 ss, máx. p. 623.

de Direito livros de docentes de Direito, muitos deles ainda se encontram normalmente tão institucionalmente integrados que repetem os comportamentos típicos dessas autoridades académicas de que fala Peter (o do *Princípio* homónimo): nunca se riem de uma anedota a menos que sejam previamente prevenidos de que se trata de uma anedota...

Mas as coisas estão a mudar: ao mesmo tempo que a loucura da inflação de títulos e do abaixamento clamoroso do nível, também se insinua uma irreprimível mudança dos costumes. Alguma é só barbarização e má educação ou falta de respeito, as mais das vezes sem consciência de que o é (como o tratamento de professores e alunos por tu, ou o mascar *chiclet* nas aulas), mas outra reveste-se do sopro renovador do abrir de portas e janelas, como o fim da sisudez e do distanciamento académicos, que outras faculdades já nem sequer recordam...

Fomo-nos entusiasmando a prosseguir neste estudo, até pelo facto de hoje já se começarem a discutir, e em sede jurídica ortodoxa, muitas heterodoxias: coisas como os *tipos psicológicos* dos próprios conceitos jurídicos, divididos em nervosos e fleumáticos[16]... Depois desta incursão jurídica na Psicologia, ou após esta importação psicológica pelo Direito, sentimo-nos legitimado. Mas outras heterodoxias nos legitimam também: como as da fascinante obra colectiva *Pasiones del jurista. Amor, memoria, melancolía, imaginación*[17]. Numa clave mais tranquilamente interdisciplinar, porém, já há algum tempo as relações entre Psicologia e Direito haviam sido tratadas entre nós por várias vezes. Desde o clássico estudo de Delfim Santos[18], ao número monográfico a tal dedicado pela revista

---

[16] LOTHAR PHILIPPS, *Von nervösen und phlegmatischen Rechtsbegriffen - Ein Beitrag zur Rechtsachenforschung*, in "Informationsgesellschaft und Rechtskultur in Europa", Hrsg. Marie T. Tinnefeld/ L. Philipps / Susanne Heil, Baden-Baden, Nomos, p. 192 ss.. Há trad. port. de João Alexandrino Fernandes: LOTHAR PHILIPS, *Sobre os conceitos jurídicos nervosos e fleumáticos. Uma contribuição para a investigação da facticidade jurídica*, in "Revista Jurídica da Universidade Portucalense Infante D. Henrique", n.º 1, Junho 1998, p. 73 ss..

[17] CARLOS PETIT (ed.), *Pasiones del Jurista. Amor, Memoria, Melancolía, Imaginación*, Madrid, Centro de Estudios Constitucionales, 1997.

[18] DELFIM SANTOS, *Psicologia e Direito*, in "Boletim do Ministério da Justiça", n.º 6, 1948 (hoje incluído nas *Obras Completas*, editadas pela Fundação Calouste Gulbenkian).

"Análise Psicológica"[19]. É claro, do lado das ciências da *psique*, é já clássico o tratado de Freud sobre "A anedota (Witz) e a sua relação com o inconsciente", o que propicia toda uma outra dimensão e dignidade ao problema[20].

2. Lugar epistemológico

De entre todas as inter/transdisciplinaridades, associações e "redescrições" (na terminologia de um Thomas Gil) que a hodierna (ou pós-moderna) ruptura epistemológica primordial, ou segunda ruptura epistemológica[21], propiciou, as do Direito com outras realidades, desafios, ou *epistemai* (a que acertadamente Miguel Reale chamava epistemologia jurídica geral[22]) têm sido das que mais a custo têm vindo a despontar. E das que mais espanto e reticências acabam por colher: maior espanto entre os profanos, mais reticências entre os iniciados.

As razões devem-se, sem dúvida, ao tecnicismo estiolador e ao pensamento dogmático[23], de acentuado cariz positivista legalista, a que muito da "ciência" do Direito continua vinculada, mesmo se um grande número dos

---

[19] *"Análise Psicológica"*, n.º 3/4, IV série, 1986.

[20] SIGMUND FREUD, *Obras Completas*, vol. I, 3.ª ed. cast., Madrid, Biblioteca Nueva, 1973.

[21] FERNANDO SANTOS NEVES, *Introdução ao Pensamento Contemporâneo. Razões e Finalidades*, Lx., Edições Universitárias Lusófonas, 1997, máx. p. 31 ss.; cf. também BOAVENTURA SOUSA SANTOS, *Introdução a uma Ciência Pós-Moderna*, Porto, Afrontamento, 1990.

[22] O autor continua ainda a incluir estas matérias na epistemologia jurídica, mas parece menos claro na designação que em edições anteriores. Cf. MIGUEL REALE, *Filosofia do Direito*, 19.ª ed., São Paulo, Saraiva, 1999, p. 305 ss..

[23] O pensamento de tipo dogmático não é, porém, o único que existe no Direito. Nem é, a nosso ver, o mais puro representante do *ius redigere in artem* da *scientia iuridica*. Há também, pelo menos, o pensamento de tipo canónico e o pensamento dialéctico, os quais, todavia, assumem em Direito significados muito particulares. Cf. o nosso *Lições de Filosofia Jurídica. Natureza & Arte do Direito*, Coimbra, Almedina, 1999, p. 217 ss., e p. 231 ss.. Do lado do pensamento dogmático, cf., *v.g.*, CLAUS WILHELM CANARIS, *Pensamento sistemático e conceito de sistema na Ciência do Direito*, trad. e introd. de A. Menezes Cordeiro, Lx., Fundação Calouste Gulbenkian, 1989.

teóricos, sobretudo dos teóricos mais sensíveis a uma vibração humanística e interdisciplinar, declarou já tal paradigma absolutamente superado[24].

Tal significa que a relação entre Direito e Humor a que nos propomos, inserindo-se, a nosso ver, na necessária abertura do Direito ao Mundo e, no caso, a uma corrente não propriamente metodológica, mas de "estilo" que sempre o atravessou, só poderá efectivamente encontrar acolhimento junto da benfazeja árvore da Filosofia do Direito, essa disciplina cuja sombra tranquila (e alguma obscuridade para os profanos) tem permitido fazer germinar algumas heterodoxias fecundas. Oxalá esta possa juntar-se-lhes.

Trata-se também, em alguma medida, de um exercício de autognose jurídica, que poderá constituir um subsídio para um renovado olhar ao espelho dos juristas, não na pose oficial, mas na sua quotidiana companhia. O que já se fez na sociologia (com a sociologia da sociologia) e está a fazer-se para os filósofos, com interessantes resultados[25].

---

[24] Para uma cabal compreensão do problema, central na ciência jurídica, cf., *v.g.*, CASTANHEIRA NEVES, *Metodologia Jurídica. Problemas Fundamentais*, Coimbra, Coimbra Editora, col. Studia Iuridica, 1993; KARL LARENZ, *Methodenlehre der Rechtswissenschaft*, 5.ª ed., Berlim, Springer, 1983, trad. port. por José Lamego, rev. por Ana de Freitas, *Metodologia da Ciência do Direito*, 2.ª ed., Lx., Fundação Calouste Gulbenkian, 1989. Mais especificamente ainda sobre o positivismo jurídico e na perspectiva da sua superação, FERNANDO JOSÉ BRONZE, *Apontamentos Sumários de Introdução ao Direito* (memória das aulas teóricas do ano lectivo 1995-96), Coimbra, Universidade de Cimbra, Faculdade de Direito, 1996 (policóp.), p. 269 ss., máx. p. 342 ss.. Para a perspectiva de um positivista esclarecido, cf. NORBERTO BOBBIO, *Giusnaturalismo e positivismo giuridico*, Milano, Edizioni di Comunità, 1984. Do lado não positivista também se fala, por vezes, em superação, mas do direito natural clássico: JEAN-MARC TRIGEAUD, *La tradizione classica del diritto naturale e il suo superamento personalistico*, in "Iustitia", Roma, Giuffrè, anno XLIV, Abril-Julho, 1991, pp. 100 - 118. Quanto à persistência prática do teoricamente superado positivismo (legalista), há uma passagem a nosso ver decisiva e muito ilustrativa de MÁRIO JÚLIO DE ALMEIDA COSTA, *História do Direito Português*, 2.ª ed., Coimbra, Almedina, 1992, p. 473: "Apura-se que, ultrapassada a fase do estrito positivismo, predominam os autores que revelam, ainda nessa linha, uma certa incoerência interna. Quanto à fundamentação e compreensão filosófica do jurídico, são ou declaram-se jusnaturalistas. Porém, no plano metodológico da construção dogmática e da aplicação do direito, revelam-se positivistas (...)".

[25] Cf., *v.g.*, ROGER-POL DROIT, *La Compagnie des Philosophes*, Paris, Odile Jacob, 1998.

3. Do que seja (o) Direito e do que seja (o) Humor

Relacionar Direito e Humor implica, pelo menos nas regras do nosso método, que saibamos previamente do que estamos a falar. Evidentemente que todos possuímos um visão de leigos, uma "pré-compreensão" do que sejam esses dois entes que se pretende estudar agora em relação. Mas convirá brevemente recordar, sobretudo para um público de não juristas, o que seja Direito; e ainda, para nosso próprio esclarecimento, haverá certamente conveniência em indagar o que devamos entender por humor, pelo menos no âmbito alargado deste estudo.

Parece que o definir não é um método adequado à realidade jurídica[26]... Tantas definições existentes não vão ao cerne do problema jurídico, antes normalmente o ocultam. Há uma definição-tipo juspositivista de Direito, e uma descrição-tipo jusnaturalista. A primeira insiste que o Direito é um conjunto de normas de origem estadual e impostas pela coacção; a segunda que é uma atribuição do seu a seu dono, numa constante busca da Justiça. Independentemente da nossa preferência por um Direito que não se limita ao dura *lex sed lex*, antes procura o Justo, temos, num estudo como o presente, de pôr entre parêntesis uma definição (que seria sempre de-limitadora e partidária de uma visão do Direito) para acolhermos tudo o que se relacione com os tópicos empíricos da juridicidade. Isto é: em vez de à partida definirmos Direito, e depois deixarmos de fora elementos que têm a ver com a juridicidade, mas na definição não cabem (e sempre os haveria), pelo contrário partimos do princípio que Direito, neste sentido latíssimo, terá de ser não só *tudo aquilo que os juristas fazem*, enquanto tais, como poderá ainda ser tudo o que se relacione com a actividade legal, administrativa e judicial.

---

[26] Encadeemos só alguns testemunhos: Kant assinala ironicamente a incapacidade auto-definitória dos juristas, Kojève parece deplorar a incapacidade para encontrar uma definição universalmente aceite, Sinha explica que essa impossibilidade definitória é derivada de uma radicação civilizacional e da não universalidade do Direito, Schouppe considera que a noção de Direito é avessa a deixar-se encerrar numa definição. E já o nosso mestre romanista Sebastião Cruz afirmava, no seu ensino oral em Coimbra, que definir é delimitar, e portanto empobrecer e falsificar, deformar. Ecos dessa posição se encontram *in* SEBASTIÃO CRUZ, *Direito Romano*, I, *Introdução. Fontes*, 3.ª ed., Coimbra, ed. do autor, 1980, p. 20 ss..

Esta opção impõe-se, alem do mais, por uma razão fundamental: é que o cómico no Direito resulta sobretudo das distorsões da função do Direito, das caricaturas na alma do juristas, enfim, do que é patológico e não do que seria o normal ou o correcto. Se tirássemos do Direito o que é, na verdade, anti-Direito, ficaria pouco de cómico. Ora, no nosso caso, optar por uma descrição do Direito ou por uma tópica da noção de Direito essencialmente ligada ao Justo, seria fatal para o presente tema: a Justiça não faz rir. Apenas, por vezes, sorrir de tranquilidade e de paz. Mas não é o sorrir provocado pela comicidade.

Passemos, por isso, ao humor, ainda que brevemente.

Nesse filme extraordinário de humor subtil que é *Ridicule*, um nobre francês, recém regressado do Reino Unido aos salões da França pré-revolucionária de Setecentos, é interrogado pelos seus pares sobre o que seja esse tal "humour" britânico. Hesita, e acaba por compará-lo ao *esprit* francês, não sem que se tenha colocado numa posição embaraçosa na sua tentativa de exemplificar.

O que vem a ser realmente, o humor? Também aqui optaremos por uma rede de malha muito larga, tal como fizemos para o Direito.

Para o nosso singelo propósito actual, consideraremos humor, em geral, todos os tópicos da conduta humana que produzam riso ou sorriso, pela ironia, sarcasmo, absurdo, ou toda a *décalage* entre a normalidade e o dito ou efabulado, produzindo um efeito de comicidade, o qual, normalmente, é contextual e tem um universo de representação cultural e socialmente delimitado, e é sobretudo um facto da inteligência (e não do sentimento)[27].

Neste sentido, e apesar de haver nos desenhos animados um cão que ri, temos dúvidas que haja humor inter-animal. O humor, coisa humana, não deixa os homens indiferentes, antes lhes transmite um clima, ou os transporta para uma dimensão, cuja manifestação visível se traduz pelo esgar, pelo olhar, ou pela gargalhada, riso ou sorriso... espécie de tiques induzidos pela comparação de situações de normalidade e comicidade (sempre uma espécie de distorção caricatural do padrão).

---

[27] Seguimos, embora de forma irénica e mais abrangente, a lição de HENRI BERGSON, *Le Rire*, 2.ª ed. port., com tradução de Guilherme de Castilho, *O Riso. Ensaio sobre o significado do cómico*, Lx., Guimarães editores, 1993, máx. pp. 17-21.

Todavia, este desvio à regra é normalmente apercebido dentro de horizonte cultural e social, e potenciado pela companhia. Na verdade, o humor, tal como a maioria das coisas do Direito, implica alteridade e é sinalagmático: mesmo quando rimos sozinhos, rimos *com* alguém... um alguém que dialoga connosco, por escrito, ou imaginariamente, por exemplo. Assim, sucede não raro que alguns dos tiques induzidos (e quase automáticos) do humor, como o riso, especialmente, possam surgir quase ou mesmo sem razão intelectual em algumas pessoas, pelo efeito de proximidade e empatia com os do seu grupo, que se riram primeiro. E, do mesmo modo, acontece que mesmo anedotas (*inputs* especificamente concebidos para causar a impressão de comicidade e produzir o riso...) muito localizadas social ou culturalmente possam não produzir nenhum efeito humorístico quando escutadas por indivíduos que não pertençam ao seu círculo semântico, de sinais, de ritos, de valores...

O humor contagiante da gargalhada franca num bar de operários ou o *esprit* do dito cínico da corte parisiense das Luzes, têm assim em comum serem sinais identificadores de meio, de classe, sobretudo de clã. São santo e senha de um tipo de comunidade, e têm uma função integradora para os que seguem e reagem aos tópicos, e exclusora, ridicularizadora até, para os que não reagem ou não reagem adequadamente aos *inputs* padronizados respectivos.

4. Humor e Juristas

O humor no Direito deveria assim dividir-se objectivamente entre o humor sobre os juristas, que releva de uma *vox populi* anti-juridista, e o humor dos próprios juristas entre si... O curioso, porém, é que os juristas são dos primeiros a rir-se de si mesmos, não sabemos se em apreço pelo imperativo délfico e socrático do "conhece-te a ti próprio", se mercê de um actual (não assumido, mas muito real) sentimento de inferioridade, que lhe tem sido inculcado do exterior, por uma bateria concertada de críticas, influências, invasões, a até pelo humor anti-juristas...

Tal situação significa que o que em rigor deveria dividir-se acaba por não ser passível de divisão... E é interessante como são os juristas mesmos que, sem complexos, escrevem livros sobre o caricato das suas profissões, recolhem anedotas, etc.. Um outro lado deste complexo de inferioridade é o complexo de superioridade que se permite até espanejar publicamente as críticas, como que ostentando sobranceria relativamente a elas. Finalmente, uma faceta positiva: é que os juristas, normalmente pessoas com sentido crítico apurado e grande realismo e pragmatismo (com excepção de alguns legisladores e doutrinadores funâmbulos, evidentemente) realmente praticam autocrítica. E como estão habituados à álea dos tribunais, só alguns advogados, e por motivos de *marketing*, poderão afirmar que têm sempre razão, ou que ganham sempre... Pode acontecer, evidentemente, mas mais por sorte que totalmente por mérito. Pessoalmente não acreditamos que o pavão jurídico, seguríssimo de si em qualquer das profissões do Direito, possa ser motivo de verdadeira admiração no mundo jurídico. Pelo contrário, cremos que é realmente objecto de troça... E a troça entra também no domínio do humorístico, porque é uma reacção jocosa ao caricato... Do mesmo modo é motivo de comiseração o "juiz-penitente"[28], sincero ou mais normalmente hipócrita, esse homem colado à sua sombra, que quase pede desculpa de si... para normalmente levar água ao seu moinho através do *low profile*... Sendo uma figura menos cómica que a do empertigado, dá vontade de uma gargalhada de desprezo...

Mudemos de cenário. O olhar trocista, crítico, cínico, para o colega, é muito evidente na universidade. Conta-se em vários países (em Portugal menos, ou então conta-se que os outros contam: somos um país ainda marcado por Inquisições de diferente coloração, e preferimos calar a sofrer) que Deus teria concebido um ser excelente, o protótipo de Homem com maiúscula, inteligente, agudo, benévolo, enfim, dotado de todas as prendas, a pandora divina... E o diabo, perverso imitador de Deus, procurando desviar a criação, criara então o seu negativo, o mais horrendo ser jamais concebido. O suspense instala-se. Quem serão as personagens? Muito simples: Deus criou o Professor universitário, e o diabo.... o "caro colega" (o *cher collègue*: normalmente diz-se em francês, até para que não se pense isso dos colegas portugueses).

---

[28] Cf. ALBERT CAMUS, *La Chute, in Théâtre, Récits, Nouvelles,* Paris, Pléiade, Gallimard, 1962, p. 1475 ss..

Estamos em crer (sem intenções *pro domo*) que eram ambos docentes de Direito. Foi sempre entre docentes de Direito que ouvimos, em vários países e com diversas variantes, esta anedota. Pode, porém, ser um problema de recepção...

Mas, evidentemente, o humor não se limita às cátedras... Comecemos pelo foro.

5. Humor nos tribunais

Contam-se não poucos casos de humor em cenas forenses, sobretudo em tribunais norte-americanos. O que é espantoso é que se diz que teriam sido mesmo verídicos. Evidentemente que esta insistência na verosimilhança é um processo habitual para provocar ainda mais hilariedade.

A internet está repleta delas[29]. Apenas um punhado, de entre inumeráveis:

- Ela tinha 3 filhos, não é? – Sim. – Quantos meninos? – Nenhum. – Tinha alguma menina?
- Então, doutor, não é verdade que quando uma pessoa morre durante o sono, na maioria dos casos isso ocorre de maneira tranquila e não se dá conta de nada até a manhã seguinte?
- Então, Sr. Johnson, como foi que o seu casamento acabou? – Por morte. – E ele acabou pela morte de quem?
- Foi este o mesmo nariz que o senhor quebrou quando era criança?
- Foi o senhor ou seu irmão que morreu na guerra?
- O filho mais jovem, o de 20 anos, quantos anos tem ele?
- O que aconteceu depois? – Ele disse-me : "Tenho que te matar porque podes identificar-me no tribunal". – E ele matou-o?
- O senhor está apto a apresentar uma amostra de urina? – Sim, desde criancinha.

---

[29] Cf., por exemplo, http://www.google.com/search?q=piadas+de+advogados&meta=lr%3D%26hl%3Dpt&btnG=Pesquisa+Google
http://www.terravista.pt/BaiaGatas/2150/advog.html

– O senhor lembra-se aproximadamente a hora em que examinou o corpo do Senhor Brown? – Foi de noite. A autopsia começou por volta das 20:30. – E o Senhor Brown estava morto aquele momento, não é verdade? – Não, seu ... estúpido! Ele estava sentado sobre a mesa, tentando imaginar por que seria que eu lhe estava a fazer uma autópsia...

– Quer dizer que, quando você voltou, você tinha saído?

– O senhor disse que a escada descia para o porão. Essa escada também subia?

– O senhor estava presente a este tribunal esta manhã quando fez o juramento?

– O senhor não sabe o que era, nem com o que se parecia, mas você pode descrever?

– O senhor tem filhos ou coisa do género?

– Vou mostrar-lhe a Prova 3 e peço que reconheça a foto. – Este sou eu. – O senhor estava presente quando esta foto foi tirada?

A mais devastadora história humorística de uma audiência é a seguinte. Ninguém afirma, porém, que tivesse efectivamente ocorrido:

"O Acusador Público de uma pequena cidade do interior dos Estados Unidos chamou a sua primeira testemunha, uma avozinha de bastante idade; aproximou-se dela e e perguntou-lhe 'Mrs. Jones, a senhora conhece-me ?'

Ela respondeu 'Decerto que o conheço, Dr. Williams, conheço-o desde que era rapazinho, e francamente, o senhor foi uma grande desilusão para mim, o senhor passa a vida a dizer mentiras, engana a sua mulher, manipula pessoas e diz mal delas nas suas costas; o senhor pensa que é uma estrela e na verdade não tem cabeça sequer para perceber que não percebe nada. Sim, conheço-o muito bem'.

O pobre causídico estava atónito, e sem saber mais o que fazer ou perguntar, apontou para o outro lado da sala de audiências e perguntou "Mrs. Jones, conhece o Advogado de Defesa ?'

"Claro que o conheço" respondeu a testemunha, "conheço o senhor Bradley também desde miúdo, cheguei a fazer-lhe *baby-sitting* a pedido dos pais, e devo dizer que ele também foi para mim uma grande desilusão; é preguiçoso, tem um problema de álcool a mais e é peneirento; o pobre não consegue construir uma relação normal com ninguém e a sua prática legal é uma das mais chatas de todo o Estado; sim, claro que o conheço'.

Chegados a este momento, o Juiz suspendeu a audiência, e chamou ambos os causídicos à tribuna (o famoso "approach the bench" anglo-saxónico); numa voz muito baixinha, disse com firmeza aos Advogados: *"se algum dos senhores perguntar à testemunha se ela me conhece, apanha um processo crime por desrespeito ao Tribunal!"*30

Uma das mais divertidas manifestações de humor processual é a seguinte:

"A reforma do Código de Processo (pode ser qualquer processo na realidade...) deixou de incluir três instrumentos processuais mais utilizados por advogados, funcionários e juízes. São eles:

1. Embargo de gaveta: recurso *ex officio* do juiz, que suspende o andamento do processo até que ocorra a sua prescrição. Faz caso julgado formal e material.
2. Agravo de armário: recurso muito utilizado para esconder processos nas secretarias judiciais. O processo desaparece misteriosamente do cartório. Só quando o juiz reclama com o escrivão é que este logo o encontra, dizendo: "Aqui está! Estava caído atrás do armário".
3. Recurso do chapéu de chuva: semelhante ao agravo de armário, a requerimento da parte em processos sem solução à vista. O advogado empurra o processo para baixo do armário do tribunal com a ponta do chapéu de chuva.

Algumas sentenças podem também ser interpretadas com uma dimensão humorística. Os juízes do Reino Unido têm fama de produzir sentenças com essa dimensão: o paradigma é o da condenação de maridos

---

[30] fonte: http://www.terravista.pt/BaiaGatas/2150/advog.html

ou filhos turbulentos a lavar a loiça ou a não poder sair de casa depois do fim da tarde durante algum tempo. Também, por exemplo, há não muito tempo, em Cincinnati, um juiz de execução de penas, melómano e com um excelente sentido catártico, condenou os detidos a participar na ópera de Verdi, *Aida*, levada à cena por uma associação local. E discute-se do humor negro do juiz que condene um assaltante duma casa a servir de seu jardineiro alguns meses: terá sido condenação da vítima?

6. Advogados e Anedotas

Independentemente do seu desempenho em tribunal, também os advogados, principalmente os advogado de entre todas as profissões jurídicas, se encontram na mira do escárneo e mal-dizer. Também nos vieram pela internet algumas "piadas de advogados", que aqui com a devida vénia, transcrevemos e/ou adaptamos (apenas no plano linguístico/ "literário"):

"Como é que se sabe que um advogado está a mentir? Vendo que os seus lábios estão a mexer.

Como salvar cinco advogados que se estão a afogar? Não há forma (Óptimo!)

Como se qualificaria a situação de terem caído 500 advogados ao fundo do oceano? Um bom começo.

De quantos advogados se precisa para trocar uma lâmpada? Depende. Quantos pode pagar?

Ela: Tu não gostas mais de mim ! Ele: Você só está nervosa. Compre alguma coisa para se sentir melhor...Ela: Como o quê ? Ele: Que tal uma viagem pela Europa ? Ela: Não. Ele: Que tal um novo Mercedes ? Ela: Não. Ele: Então, o que é que vais querer ? Ela: O divórcio. Ele: (Pausa) Eu não estava a pensar em gastar tanto dinheiro.

O Instituto Pasteur anunciou que vai deixar de usar ratos em experiências médicas. Em lugar dos ratos, serão usados advogados, por três razões: 1. Existem no momento mais advogados do que ratos; 2. Os pesquisadores não ficam tão ligados emocionalmente aos advogados como aos ratos; 3. Não importa o que se experimente, há certas coisas que nem os ratos fazem.

O que é que acontece quando se enterram seis advogados na areia, até o pescoço? Falta areia.

O que se obtém do cruzamento de um advogado com um bibliotecário? Toda a informação de que você precisa – mas você não vai entender uma palavra do que ele disser.

Por que será que as cobras não mordem os advogados? Ética profissional....

Por que será que o estado brasileiro de Minas Gerais tem mais advogados e São Paulo mais depósitos de lixo tóxico? São Paulo escolheu primeiro.

Por que será que os advogados não vão à praia? Para os gatos não os enterrarem.

Quais são as três perguntas mais frequentes feitas pelo advogados? 1.Quanto dinheiro tem? 2. Onde pode conseguir mais? 3. Tem alguma coisa que possa vender?

Qual a diferença entre o poker e a lei? No poker, se se for apanhado a roubar, é-se excluído.

Qual a diferença entre um advogado e um juiz de boxe? O juiz não recebe mais por uma luta mais longa.

Qual a diferença entre um advogado e um peixe-gato? Um vive nas profundezas, alimentando-se do lixo; o outro é um peixe.

Qual a diferença entre um advogado e uma cebola? Ninguém chora quando mete a faca em uma cebola.

Qual a diferença entre uma cobra venenosa e um advogado? A cobra pode ser transformada em animal de estimação.

Qual a diferença entre uma pulga e um advogado? Um é um parasita que suga o seu sangue até o fim, o outro é um pequeno insecto.

Qual é a diferença entre um advogado e uma sanguessuga? A sanguessuga vai-se embora quando a sua vítima morrer.

Qual é coisa qual é ela que é preto e castanho e fica bem num advogado? Um doberman.

Um autocarro cheio de advogados caiu de um penhasco: Boas Notícias: Não houve sobreviventes. Más Notícias: Iam três lugares vazios."

A tónica das anedotas de advogados vai toda no sentido de que sabem menos do que aparentam, falam e escrevem incompreensivelmente, demoram os processos, não são leais sequer para com os seus clientes, e só pensam em espremê-los até ao último tostão...

7. Humor nas Faculdades de Direito

As Faculdades de Direito portuguesas são certamente, de entre quase todas, dos lugares em que mais se ouvem contar anedotas ou ditos espirituosos internos, ou seja, relativos aos seus professores, alunos, etc.. Não quer dizer que haja nas demais falta de humor, mas decerto, nestas Faculdades, por um lado, um espírito mais conservador tende à preservação e repetição desses elementos humorísticos, e, por outro lado, o carácter por vezes abstracto, árido, e a excessiva massa de conhecimentos que os candidatos a juristas devem dominar, talvez os faça almejar mais irreprimivelmente por elementos de catarse, especificamente relativos ao seu labor e aos seus interlocutores. E não estamos certo que semelhante necessidade a não experimentem ou tenham experimentado dos melhores dos Mestres. A insatisfação de grandes espíritos circunscritos aos tratos de polé da simples mnemónica legislativa tem encontrado escape na política, na literatura... e menos visivelmente no bom humor em aulas e exames, e, mais cautelosamente, em alguns escritos.

Recordamos um grande jurista, também poeta, já falecido, que dizia que quando ocorria, incidentalmente, que soubesse um qualquer artigo do Código Civil de cor, ia dar uma volta à Praça da República, para esquecer...

Não será para esquecer e exorcizar a pressão da seriedade normativa que estudantes e professores se Direito tanto usam o humor?

Porque, não esqueçamos, os professores de Direito, pelo menos os da velha escola, eram conhecidos por usarem de subtil ironia, sarcasmo agudo, ou bonomia humorística, consoante os casos.

Tudo começava à entrada. Nas instalações antigas de uma faculdade, em que o edifício estava em desnível com a rua, se dizia, criticamente, que aí se entrava descendo (as escadas...), mas logo se replicava que da faculdade se saía, subindo (as mesmas escadas)...

As historietas que se contam são inúmeras.

Algumas com mais, outras com menos graça. Avultam as de exames...

Há aquela, mais dura, e quase perdendo-se na bruma dos tempos, em que, vendo o estudante muito inseguro, e tendo perdido a paciência, o lente chama o bedel, pedindo um fardo de palha, obviamente para o aluno que asneava. Ao que este, imperturbável, replica, dirigindo-se ao funcionário:

"- E para mim um copo de água, se faz favor".

Mais próximo de nós, um Mestre perturbador, desses que não deixam os espíritos tranquilos, perguntava: "qual a diferença entre o Estado de polícia e o ovo estrelado?"

O enigma corria pelos corredores, sem que ninguém soubesse a solução...

Um dia tê-la-á revelado:

" – Um ovo estrelado, come-se; o Estado de polícia é intragável."

De cunho mais jurídico são estas duas peripécias, que, como todas, podem ser reais ou apenas anedotas ficcionadas:

Um dia, uma aluna, muito bronzeada e algo nervosa, tenta a época de Setembro, numa cadeira difícil. Vai à prova oral.

O professor, para a pôr mais à vontade, e vendo que tinha vereaneado na praia, pergunta-lhe pelas férias.

" – Estive a passar férias no Algarve. Aluguei lá um apartamento".

Indignado com a resposta, porque juridicamente só os móveis se alugam, o professor despede-a, terminando logo ali o exame:

" – Então a senhora faça o favor de arrendar um taxi e vá para casa."

Conta-se que esta história teria tido uma continuação, num dia chuvoso, no bar da Faculdade.

O mesmo docente estaria a tomar o seu café da praxe, tendo poisado no balcão o guarda-chuva. Súbito, no bar repleto de gente, solta uma imprecação:

" – Diabos, roubaram-se o chapéu de chuva !"

Ao que um outro aluno, que já conseguira passar à sua cadeira, teria replicado, incógnito, no fundo do bar:

" – Não roubaram não, furtaram; que o roubo implica violência!"

Noutro exame se pergunta como era constituído um tribunal colectivo. O estudante, desses voluntários que nunca tinham posto os pés nas aulas, replicou, "despejando" a sebenta:

"- É formado pelo juiz da comarca e por dois juízes das comarcas *limítrofes* (sic)"

Ao que o presidente do júri, imperturbável e com bom ouvido, replica:

" – Bom, isso é na Rússia. E entre nós?"

Mais recentemente, as histórias revelam a fraca preparação da maioria dos estudantes. Temos pessoalmente algumas verídicas, verídicas mesmo, que se passaram connosco. Devemos porém esclarecer que embora a matéria dada fosse sempre Direito, se não passaram com estudantes de Direito....

Apenas três, como amostra:

Num exame, perante um caso prático em que preponderava a hipótese de uma eventual interdição do exercício dos direitos por anomalia psíquica, um aluno aborda-nos, e começa a soletrar o enunciado:

" António, esquizofrénico, vendeu um imóvel..." E disparou:

"Senhor Doutor: Isto de "esquizofrénico...", que é isto?

Com alguma ligeireza científica, porque irritado com tanta ignorância, respondemos, escondendo o pasmo num sorriso amável:

" – Olhe, parta do princípio que ele é *maluquinho!*"

E o aluno retorquiu, indignado:

" – O senhor Doutor, não brinque comigo... Diga lá o que quer dizer essa palavra..."

Durante um período difícil de recrudescimento fundamentalista no Médio Oriente, ao dar uma aula sobre o direito muçulmano, em que referimos algumas fórmulas de tornear as imposições da lei muçulmana (ficções jurídicas sobretudo), sentimos que um aluno, cujas feições bem podiam ser de um árabe, aparenta inquieto e indisposto numa das últimas cadeiras de um enorme anfiteatro.

Finda a aula, lá vem ele, em passo pesado, e indaga:

" – O senhor Doutor falou hoje de Direito muçulmano...."

" – Sim, na verdade... Mas, sabe, infelizmente não leio árabe... Sei isto só de traduções..." – atalhei, prevenindo alguma crítica mais enfurecida...

Mas o aluno, não prestando muita atenção, prosseguiu:

"É que o senhor Doutor falou aí de um autor muçulmano, que eu não ouvi bem..."

Ficámos mais aliviado, mas não nos lembrávamos de ter citado ninguém, e confessámos-lhe a nossa perplexidade. É que não nos lembrávamos mesmo nada...

O estudante, puxando da sebenta, mostrou-nos então a sua letra caprichosa:

" – Está aqui, aqui, e aqui... É um tal *Carão*, ou *Alcarão*..."

Era evidente que não tinha a menor ideia de que estivéramos a falar no livro sagrado dos muçulmanos, Corão ou Alcorão.

Finalmente, outra peripécia cómica, numa aula introdutória.

Tínhamos já, paciente e longamente, exposto a matéria das fontes de Direito, e resolvemos perguntar ao auditório:

" – Bom, então, depois de todo o nosso estudo, alguém me poderá dizer se será possível alguma relação entre a jurisprudência e a doutrina?"[31]

O silêncio dominava a sala. Quebrou essa eternidade uma voz clara e com aquela sabedoria dubitativa que agrada aos cépticos como nós...
" – Eu julgo que sei..."
" Faça favor..." – convidei a estudante a que continuasse...
"Bem, se pode haver relação entre a jurisprudência e a doutrina... isso depende..."
Fiquei contentíssimo com esta capacidade de distinguir e não empacotar certezas, e abri um sorriso encorajador. Ela rematou então, com um sorriso determinado:
"Bom... Pode haver relações... Se o juiz for católico".
Afinal só conhecia a doutrina do catecismo...

Os exemplos poderiam suceder-se. Não é nada raro que, nos exames e frequências, casos práticos propostos contenham elementos de ironia, picaresco, ou absurdo, certamente com o fim de desanuviar o espírito de quem os elabora e de quem a eles terá de responder. Embora, neste último caso, a eficácia do método seja duvidosa.

A ideia é sempre a mesma, parece-nos: libertar o espírito da rigidez dogmática, talvez mandar uma mensagem aos estudantes de que os mestres não são os computadores racionalistas que o ensino positivista faz parecerem. O humor é um alto exercício do espírito, é das mais finas e depuradas manifestações de inteligência.

As leis têm menos coisas cómicas. É mais o trágico que impera em consequência dos seus erros e omissões. O mesmo se diga dos manuais e outros livros de Direito.

---

[31] Como é sabido, entendemos em Direito por jurisprudência, *grosso modo*, o trabalho jurisdicional dos juízes (Jurisprudência com maiúscula identifica-se com a própria ciência do Direito), e por doutrina as opiniões e teorias dos estudiosos do Direito, normalmente professores e investigadores.

8. Humor na Doutrina Jurídica e na Lei

Não há muito humor declarado nos livros e artigos de Direito, embora certas subtilezas, paradoxos, argumentações ao absurdo, etc., possam aproximar-nos do humor. Pode exceptuar-se, porém, desde logo, o clássico *Scherz und Ernst in der Jurisprudenz* que recolhe quatro estudos irónicos e divertidos de Rudolf von Jhering. De notar, porém, desde logo, que este escrito surgiu primeiramente sob forma de cartas anónimas, e mesmo assim suscitou virulentas críticas.

Para além desta brincadeira muito séria contra o dogmatismo conceptualista da ciência jurídica alemã do séc. XIX, poucas referências recordamos. Ainda assim, vale a pena proceder ao nosso modesto inventário pessoal. De algum modo, esta relativa escassez é positiva, e com ela rejubilaria Jhering, pois um dos principais alvos do seu irónico humor era precisamente a grafomania da doutrina jurídica, num sistema (que perdura!) em que todos os docentes se vêem compelidos a escrever e, por conseguinte, a acumular, sobre assuntos consabidos, teorias que têm de parecer novas, e, por isso, com o tempo se tornam cada vez mais insensatas. Por isso, cunha uma máxima que poderia bem ser o lema de grande parte dessa doutrina burocrática, dos que escrevem por imposição curricular: "É preferível ser dono exclusivo de uma opinião absurda que ter uma ideia razoável partilhada por outros"[32].

A escassez de obras nesta matéria contrasta com alguma abundância de trabalhos expressamente humorísticos. Sejam eles incidentais em obras maiores, sejam expressamente dedicados a parodiar os juristas. Nas artes plásticas, a caricatura de Daumier fustigou sobretudo os homens de leis, e, revelando esse paradoxal *fair play*, ainda hoje muitos dos seus desenhos ornamentam as paredes de escritórios. E também há um bom punhado de livros de anedotas jurídicas, e pelo menos um dicionário jurídico jocoso[33].

Vejamos então um par de textos que de algum modo se cruzam com o nosso tema.

---

[32] RUDOLF VON JHERING, *Scherz und Ernst in der Jurisprudenz*, trad. cast. de Tomás A. Banzhaf, *Bromas y Veras en la Ciencia Juridica. Ridendo dicere verum*, Madrid, Civitas, 1987, p. 99 ss., máx. 107 ss..

[33] ERNST TEUBNER, *Teubners Satirisches Rechts-Wörterbuch*, 2.ª ed., Colónia, Dr. Otto Schmitt, 1992.

Da crítica do Prof. Doutor Rogério Ehrhardt Soares ao primeiro nome proposto para o Código de Procedimento Administrativo (que fora "Código de Processo Administrativo Gracioso"), se poderá inferir, além do mais, que este não "tem graça" nem é "engraçado" para que possa chamar-se gracioso[34].

Javier Hervada, no seu guia de estudos universitários de Direito, argumenta com o testemunho de um notário célebre, para dar aos juristas um toque mais de graça, apesar de tudo: do proverbial desacordo entre os juristas (*cum grano salis*, dir-se-ia: a tal *décalage* de que falávamos para o humor) resultaria que seriam menos aborrecidos e mais divertidos. Donde, apesar de no Direito nem tudo ser opinável, e haver coisas não questionáveis, se poderia quiçá concluir que

> "(...) si el grado de aburrimiento de una ciencia se mediese por el grado de acuerdo, no cabria duda de que la ciencia jurídica sería muy divertida."[35]

Outra forma de manifestação do humor, talvez involuntária, é a do absurdo, do estultilóquio. Como o daquela douta sebenta em que se afirmava que o Direito Romano "começou por não existir" (como tudo, óbviamente), ou daquele jurista monomaníaco que ao ver um bando de pássaros cruzando os céus imediatamente pensa na sua gaiola e os qualifica como "imóveis por destinação"[36]...

Um candidato ao doutoramento em Direito a quem reprovaram, elaborou uma segunda tese em que desfiava um rol de estultilóquios colhidos nas obras de professores consagrados. E tendo remetido o texto a um velho mestre, parece que este achou que agora sim, ele estava no bom caminho...

---

[34] ROGÉRIO EHRHARDT SOARES, *A Propósito de um Projecto Legislativo. O chamado Código de Processo Administrativo Gracioso*, in "Revista de Legislação e Jurisprudência", ano 115, n.º 3694, p. 14 ss., n.º 3695, p. 40 ss., n.º 3699, p. 173 ss.., n.º 3702, p. 261 ss.; n.º 3703, p. 295 ss. (ano 115, 1982-83); n.º 3716, p. 324 ss (ano 116, 1983-84); n.º 3720, p. 65 ss. (ano 117, 1984-85).

[35] JAVIER HERVADA/JUAN ANDRES MUÑOZ, *Derecho. Guia de Estudios Universitarios*, Pamplona, EUNSA, p. 154.

[36] Cf. a nota de JOSÉ CALVO, no nosso *El Juez y la creación jurídica*, in "Revista del Poder Judicial", n.º 49, 3.ª época, in ex *Res Publica. Ensaios Constitucionais*, Coimbra, Almedina, 1998, p. 103 ss..

Um filão inesgotável de humor sobre os juristas é, ao invés, a literatura, desde o teatro de Molière ou de Racine (*Les Plaideurs*[37] é uma magnífica gargalhada na cara de juristas e quereladores inveterados) à ópera[38] (recordemos só o nosso pioneiro João de Silva Carvalho e a crítica à linguagem jurídico-notarial enfadonha e ritualista, na ópera, recentemente reposta em cena, *O Amor Industrioso*). Mas essa matéria já se afasta do nosso âmbito: não se trata de humor sobre o Direito na Literatura[39], ou na Arte, ou no Cinema, mas mais de humor no Direito...

Há leis cómicas, obviamente sem os legisladores o saberem. Se disso se apercebessem tais leis não seriam como são... Quando os textos legais definem coisas absurdas ou se tornam ridículos pela redundância de explicarem ou determinarem noções consabidas (e não deve ser função da lei definir: *omnis definitio in iure... periculosa est*[40]), ou quando, por mal redigidas, desaguam em estultilóquio.

Não daremos os exemplos mais graves.

Não sendo uma lei, o regulamento de um hotel de uma grande cidade portuguesa do interior assinalava que os hóspedes não poderiam sair do mesmo com qualquer roupa... pelo que, assim dito, presumimos que o hotel estimulava a prática do nudismo...

Há uma lei em cujo preâmbulo os principais vocábulos rimam em "-ão"... o que produz um cómico efeito cacofónico. Esse é, aliás, um dos problemas da escrita jurídica: muitas vezes não se compadece com o *labor limæ* do estilo, porque se não pode fugir aos termos técnicos, que por vezes são, em si ou em conjunto, muito pouco eufónicos.

Nos Estados Unidos da América, há uma terra em que os pássaros, por postura municipal ou equivalente, são proibidos de cantar depois de horas cristãs.

---

[37] RACINE, *Les Plaideurs*, nossa ed. in *Théâtre Complet de...*, Paris, Garnier, 1960, p. 173 ss.

[38] Sobre o humor relativo ao Direito nas óperas, cf. FRANCISCO SOSA WAGNER, *Los Juristas, las Operas y otras Soserias*, Madrid, Civitas, 1997.

[39] Para uma abordagem sólida, segura e clássica, em que não deixarão de ver-se traços de humor, cf., entre todos, PHILIPPE MALAURIE, *Droit & Littérature. Anthologie*, Paris, Cujas, 1997; JEAN MARQUISET, *Les Gens de Justice dans la Littérature,* Paris, Librairie Générale de Droit et de Jurisprudence, 1967.

[40] D. 50. 17. 202. (IAVOLENUS, *Libro undecimo epistularum*).

Menos hilariantes, mas ainda assim cómicas, são algumas lacunas ou falhas de técnica legislativa...

Na Alemanha, já pôde-se furtar electricidade livremente, por a lei definir coisa como entidade corpórea e se achar que a electricidade não o é (embora poucos possam negar que dê choque).

Entre nós, já se pôde insultar polícias desde que se vilipendiasse apenas a farda, a corporação, e não a pessoa individualmente; nem havia lugar a crime de ameaças se o agente da autoridade declarasse não ter tido medo das mesmas. Tudo, obviamente, devido aos requisitos legais do tipo legal de crime (taxativo), que, aliás, é uma garantia fundamental dos cidadãos (*nullum crimen sine prævia lege pœnale*), embora também possa beneficiar o outro lado...

Há finalmente o caso de uma lei se tornar cómica pela mudança das mentalidades: quem, hoje, não se espantará ou rirá mesmo perante o artigo das ordenações que, prevenindo actos de bruxaria, proibia expressamente benzer cães?

9. Concluindo

Havendo anedotas e formas de humor sobre e no seio de todo o género de sectores sociais e profissionais, raças, religiões, nações, etc., etc., o que tem de especial o humor jurídico?

Talvez não tenha muito de especial, mas a verdade é que é sempre muito crítico, e a ideia que fica é a de que, de um modo geral, os juristas são pessoas sobretudo devotas do oiro, e não sacerdotes da justiça. A boa consciência do jurista normal deve ficar assegurada com o facto de ele sem dúvida achar que o jurista de que as anedotas falam é o outro, é o vizinho, o adversário, o "cher collègue".

Mas há também um elemento importante de auto-ironia e de auto-crítica a considerar, desempenhando assim o humor, entre os juristas, um papel de importante válvula de escape e segurança de profissões de grande tensão, conflitualidade, risco e desgaste rápido. O humor é a forma subtil e suave de aliviar a tensão, e de redimensionar a autognose dos juristas. Tão levados por tantas razões ao narcisismo, o saber que se riem deles, e o poder rir-se de si mesmos constitui uma catarse indispensável a não rebentarem como as rãs de tanto enfatuamento, ou como os outros, de tantos sapos engolidos...

Os costumes, os maus costumes, criticam-se com o riso (velho adágio romano...), mesmo os jurídicos. Ainda há, e mesmo entre os novos há – ai de nós ! – daqueles bibliotecários d'*O Nome da Rosa* que preferem que a livraria e o mundo pereçam a que se descubra o perdido manuscrito da *Arte Cómica* de Aristóteles. Mas esses são dignos da nossa comiseração pela sua vã pose, e, pelo grotesco da sua estultícia, merecem apenas a resposta de uma gargalhada. Nem sequer uma gargalhada de mofa cortante, mas uma gargalhada cristalina, sonora e generosa, de humor mas também de serenidade. A gargalhada amiga que possa ser o clarim despertador das suas consciências embotadas de seriedade e monotonia, rotina e narcisismo.

Apesar do aludido *fair-play* dos juristas face às cortantes e demolidoras manifestações de humor que sobre eles correm, decerto um enigma fica ainda por decifrar nas relações do Direito com o Humor: que é o da nula regeneração dos causticados pelo diuturno fustigar de que têm sido alvos. Por que não aprendem os juristas? Serão as sátiras injustas, ou os juristas têm de continuar como são pelo fado de uma natureza das coisas? Ao criticarmos os juristas estaremos apenas a criticar uma faceta perene da natureza humana?

Uma resposta poderá ser a seguinte: Parece haver uma cegueira dos juristas ou uma recuperação da sua parte dos elementos cómicos e satíricos. O Midas jurista não tem só a arte de transformar em Direito tudo aquilo em que toca[41]. Faz mais: volve em hieratismo jurídico mesmo o que é paródia ou crítica jocosa.

E o exemplo mais cabal disso todos o conhecemos, porque dele todos mais ou menos somos insuspeitados e inocentes cúmplices. Desde pequeninos aprendemos que a Sr.ª Dona Justiça, *Iustitia* de seu nome romano, que nos vem saudar à porta do tribunal, ou preside às suas sessões, altaneira, em estátuas e painéis, tinha uma venda. Tanto a ideologia corrente se afanou em sublinhar este ademane, que até à anterior

---

[41] HANS KELSEN, *Reine Rechtslehre*, 4.ª ed. port., trad. de João Baptista Machado, *Teoria Pura do Direito*, Coimbra, Arménio Amado, 1976, p. 376.

Justiça Grega, *Díkê* ou *Thêmis*, à força, lhe puseram venda também, quando a não tinha.

Pois bem: parece estar já hoje provado que nem a justiça grega nem a romana ostentavam qualquer venda[42]. A construção, sem dúvida de alto valor metafórico, segundo a qual a venda serve para patentear simbolicamente que a justiça é igual para todos e não olha a quem dela se abeira, não incorrendo em acepção de pessoas, está, talvez infelizmente, superada pela falta de elementos fácticos que a sustentem. Onde estão, na Antiguidade, as representações vendadas da Justiça? E, pelo contrário, vimos algumas sem venda...

De onde vem então a venda, que nos habituámos todos a venerar como garante da audição das partes (tapam-se os olhos para melhor abrir os ouvidos)?

Já o arguto Radbruch[43] o tinha visto: a venda não é símbolo consonante com os demais atributos da Justiça, antes lhes é adverso. E contudo foi assimilado, recuperado *pro domo*... A venda, como afirma o grande jusfilósofo alemão, é uma farsa, uma ironia. Na primeira edição da *Nave dos Loucos*, de Sebastião Brandt, datada de 1494 (e não 1495, como diz Radbruch) há um bobo que tapa os olhos da justiça com uma venda[44]. E brincadeiras como estas irão repetir-se em obras críticas.

---

[42] A favor da existência de venda na Justiça romana, o estudo pioneiro de SEBASTIÃO CRUZ, *Ius. Derectum (Directum)..., Relectio*, Coimbra , s/e, 1971, máx. p. 28 ss.. Sobre o problema, cf. os nossos sucessivos estudos: *Dalla simbologia giuridica a una filosofia giuridica e politica simbolica ? ovvero Il Diritto e i sensi*, in "Quaderni Filosofici", Pádua, CEDAM, 1998; *La balance, le glaive et le bandeau. Essay de simbologie juridique*, in "Archives de Philosophie du Droit", Paris, Sirey, 1995, separata, 1996; *Uma introdução à semiologia jurídica. Os símbolos do Direito*, in EYDIKIA, 3-4. Atenas, 1995, p. 101 ss.; *Die Symbole des Rechts. Versuch einer Synthese*, Stuttgart, Franz Steiner, 1994, Separata de "Archiv für Rechts- und Sozialphilosophie", vol. 80 - 1994 1. Quartal. Heft 1. Em livro: cf., especialmente os nossos *Arqueologias Jurídicas. Ensaios Jurídico-Humanísticos e Jurídico-Políticos*, Porto, Lello, 1996, p. 161 ss. e *Lições de Filosofia Jurídica. Natureza & Arte do Direito*, cit., máx. p. 143 ss..

[43] GUSTAV RADBRUCH, *Vorschule der Rechtsphilosophie*, 4.ª ed. cast., trad. de Wenceslao Roces, *Introducción a la Filosofía del Derecho*, México, Fondo de Cultura Económica, 1974, p. 141.

[44] SEBASTIAN BRANDT, *Das Narrenschiff*, adaptação fr. de Madeleine Horst, *La Nef des Fous, Estrasburgo, La Nuée Bleue*, 1977, p. 267, estampa 71. Cf. sobre esta estam-

O nosso António José da Silva, dito "O Judeu", antes de ir parar à fogueira, escreveu um texto muito crítico sobre uma justiça vesga a quem tinham posto uma venda, para ocultar o defeito...

O Direito é perigoso, os juristas subtis e cautos: se é verdade que o humor é uma forma de válvula de escape para suavemente se esvaírem as tensões[45], o mundo jurídico é capaz de engolir o próprio humor digerindo-o e assimilando-o às suas sisudas funções. E a venda, de toque humorístico que era, passou a objecto do culto jurídico. E a bonomia e o "fair play" dos juristas quanto às anedotas e outras manifestações do humor que normalmente os criticam pode então passar a conceber-se quiçá como uma "filosofia de vida" que se volve numa estratégia política legitimadora, uma forma de filosofia com dimensão política. Mas, obviamente, não uma "filosofia política" *proprio sensu.*

Não desesperemos, porém. O Direito, o verdadeiro Direito, o direito justo, é também capaz de se metamorfosear dando o melhor de si, e de se fazer escrever em todas e por todas as linhas, direitas ou tortas. Conta-se que durante os tempos da censura, no regime do "Estado Novo", um conhecido humorista, de verbo e traço fáceis, foi levado a tribunal por ter dado à estampa alguns abusos satíricos de suspeita conotação política. Mas um culto e subtil advogado convenceu o tribunal a absolvê-lo, com a alegação de um direito não escrito, mas natural e imprescritível: o direito ao riso.

10. Síntese

Direito e Humor parecem ser dois termos antitéticos ou antinómicos. Quem diria que no Direito, na pré-compreensão geral entendido como coisa de "patologia social" e alguma sisudez e enfatuamento, possa haver a mais pequena réstia de humor? Mas, pensando bem, nenhuma realidade humana resiste à comicidade, e curiosamente os juristas são atreitos a anedotas e picardias, que, em vez de levarem a mal, pelo contrário, propagam.

---

pa, *v.g.*, WOLFGANG SELLERT, *Recht und Gerechtigkeit in der Kunst*, Göttingen, Wallstein, 1993, p. 104 ss..

[45] Cf. JOSÉ BENIGNO FREIRE, *Humor y Serenidade en la vida corriente*, cit., p. 90.

Neste artigo, dá-se como assente que se considerará Direito, numa perspectiva pragmática, não o hábito, ou a prática, ou a institucionalização da Justiça, mas tudo o que tenha a ver com as instâncias legais, judiciárias ou administrativas (mesmo que injustas), e se compreenderá como humor toda a manifestação humana de um distanciamento crítico e autocrítico com o uso de fórmulas cómicas e desaguando em riso, sorriso, ou sentimento de burlesco.

A partir daí, procurámos exemplificar algum casos de comicidade em histórias forenses, em anedotas de advogados, e a presença do humor na doutrina jurídica, na lei e nas aulas de Direito das Faculdades.

O cómico no Direito é um instrumento de descompressão para uma matéria frequentemente árida e entendiante, e um ritualismo demasiado sério. Mas se constui uma válvula de escape, também é recuperado sabiamente pelo sistema, chegando mesmo tópicos cómicos de índole satírica ou paródica a ser transformados em objectos sérios ou símbolos venráveis, que um discurso legitimador ulterior sacralizará.

Bibliografia Citada

BENIGNO FREIRE, J. (1997). *Humor y Serenidade en la vida corriente*, 2.ª ed., Pamplona: EUNSA (1.ª ed. 1996)

BERGSON, H. (1993). *Le Rire*, 2.ª ed. port., com tradução de Guilherme de Castilho, *O Riso. Ensaio sobre o significado do cómico*, Lx.: Guimarães Editores

BOBBIO, N. (1984). *Giusnaturalismo e positivismo giuridico*, Milão: Edizioni di Comunità

BRANDT, S. (1977). *Das Narrenschiff*, adaptação fr. de Madeleine Horst, La Nef des Fous, Estrasburgo: La Nuée Bleue

BRONZE, F. J. (1996). *Apontamentos Sumários de Introdução ao Direito (memória das aulas teóricas do ano lectivo 1995-96)*, Coimbra, Universidade de Coimbra, Faculdade de Direito, (policóp.)

CAMUS, A. (1962). *La Chute, in Théâtre, Récits, Nouvelles*, Paris, Pléiade, Gallimard

CANARIS, C. W. (1989). *Pensamento sistemático e conceito de sistema na Ciência do Direito*, trad. e introd. de A. Menezes Cordeiro, Lx.: Fundação Calouste Gulbenkian

CHORÃO, M. B. (1989). *Introdução ao Direito*. vol. I. *O Conceito de Direito*, Coimbra: Almedina

COSTA, M. J. A.(1992). *História do Direito Português*, 2.ª ed., Coimbra: Almedina

CRUZ, S. (1980). *Direito Romano. I. Introdução. Fontes*, 3.ª ed., Coimbra: ed. do autor

CRUZ, S. (1971). *Ius. Derectum (Directum)...*, Relectio, Coimbra: ed. do autor

CUNHA, P. F. da, (1998). *El Juez y la creación jurídica*, in "Revista del Poder Judicial", n.º 49, 3.ª época

CUNHA, P. F. da (1995). *La balance, le glaive et le bandeau. Essay de simbologie juridique*, in "Archives de Philosophie du Droit", Paris, Sirey

CUNHA, P. F. da (1999). *Lições de Filosofia Jurídica. Natureza & Arte do Direito*, Coimbra, Almedina

CUNHA, P. F. da (1995). *Uma introdução à semiologia jurídica. Os símbolos do Direito*, in ΕΥΔΙΚΙΑ, 3-4. Atenas, 1995, p. 101 ss.

CUNHA, P. F. da (1996). *Arqueologias Jurídicas. Ensaios Jurídico-Humanísticos e Jurídico-Políticos*, Porto, Lello

CUNHA, P. F. da (1998). *Dalla simbologia giuridica a una filosofia giuridica e politica simbolica?* ovvero Il Diritto e i sensi, in "Quaderni Filosofici", Pádua, CEDAM

CUNHA, P. F. da (1994). *Die Symbole des Rechts. Versuch einer Synthese*, Stuttgart, Franz Steiner, 1994, Separata de "Archiv fuer Rechts- und Sozialphilosophie", vol. 80 – 1994 1. Quartal. Heft 1.

CUNHA, P. F. da (1998). *Res Publica. Ensaios Constitucionais*, Coimbra: Almedina

DROIT, R.-P. (1998). *La Compagnie des Philosophes*, Paris: Odile Jacob

GROSJEAN, J. (trad.) (1967). *Tragiques Grecs. Eschyle/Sophocle*, Paris, Gallimard

HERVADA, J./Andres Muñoz, J. (1984). *Derecho. Guia de Estudios Universitarios*, Pamplona: EUNSA

http://www.google.com/search?q=piadas+de+advogados&meta=lr%3D%26hl%3Dpt&bt nG=Pesquisa+Google

http://www.terravista.pt/BaiaGatas/2150/advog.html

Iavolenus, *Libro undecimo epistularum*

Jhering, R. von (1987). *Scherz und Ernst in der Jurisprudenz*, trad. cast. de Tomás A. Banzhaf, *Bromas y Veras en la Ciencia Juridica. Ridendo dicere verum*, Madrid: Civitas

KANT, I. (1781). *Kritik der reinen Vernunft*, 1.ª ed., Riga

KELSEN, H. (1976). *Reine Rechtslehre*, 4.ª ed. port., trad. de João Baptista Machado, Teoria Pura do Direito, Coimbra : Arménio Amado

KOJÈVE, A. (1981). *Esquisse d'une Phénoménologie du Droit*, Paris, Gallimard

LAMY, A. S. (1984). *Advogados. Elogio e Crítica*, Coimbra: Almedina

LARENZ, K. (1989). *Methodenlehre der Rechtswissenschaft*, 5.ª ed., Berlim: Springer, 1983, trad. port. por José Lamego, rev. por Ana de Freitas, Metodologia da Ciência do Direito, 2.ª ed., Lx.: Fundação Calouste Gulbenkian

MALAURIE, P. (1997). *Droit & Littérature*. Anthologie, Paris: Cujas

MARQUISET, J. (1967). *Les Gens de Justice dans la Littérature*, Paris, Librairie Générale de Droit et de Jurisprudence

NEVES, C. (1993). *Metodologia Jurídica. Problemas Fundamentais*, Coimbra: Coimbra Editora, col. Studia Iuridica

NEVES, F. S. (1997). *Introdução ao Pensamento Contemporâneo. Razões e Finalidades*, Lx.ª: Edições Universitárias Lusófonas

PETIT, C. (ed.) (1997). *Pasiones del Jurista. Amor, Memoria, Melancolía, Imaginación*, Madrid:Centro de Estudios Constitucionales

PHILIPPS, L. (1998). *Von nervösen und phlegmatischen Rechtsbegriffen – Ein Beitrag zur Rechtsachenforschung*, in "Informationsgesellschaft und Rechtskultur in Europa", Hrsg. Marie T. Tinnefeld/ L. Philipps / Susanne heil, Baden-baden, Nomos, trad. port. de João Alexandrino Fernandes: Lothar Philips, *Sobre os conceitos jurídicos nervosos e fleumáticos. Uma contribuição para a investigação da facticidade jurídica*, in "Revista Jurídica da Universidade Portucalense Infante D. Henrique", n.º 1, Junho 1998, p. 73 ss..

PIEPER, J. (1990). *Las Virtudes Fundamentales*, 3.ª ed., Madrid, Rialp

RACINE, J., *Les Plaideurs*, nossa ed. in Théâtre Complet de..., Paris: Garnier, p. 173 ss.

RADBRUCH, G. (1974). *Vorschule der Rechtsphilosophie*, 4.ª ed. cast., trad. de Wenceslao Roces, *Introducción a la Filosofía del Derecho*, México: Fondo de Cultura Económica

REALE, M. (1999). *Filosofia do Direito*, 19.ª ed., São Paulo, Saraiva

SANTOS, A. R. (1817). *Poesias de Elpino Duriense*, tomo III, Lx., Na Impressão Régia

SANTOS, Delfim (1948). *Psicologia e Direito*, "Boletim do Ministério da Justiça"

SANTOS, B. S. (1990). *Introdução a uma Ciência Pós-Moderna*, Porto, Afrontamento

SCHOUPPE, J.-P. (1984). *La concepcion realista del Derecho*, in "Persona y Derecho", vol. 11

SELLERT, W. 1993). *Recht und Gerechtigkeit in der Kunst*, Goettingen, Wallstein

SINHA, S. P. (1989). *Why has not beeen possible to define Law*, in "Archiv für Rechts- und Sozialphilosophie", 1989, LXXV, Heft 1, 1. Quartal, Stuttgart, Steiner, p. 1 ss.

SOARES, R.E. (1982-85). *A Propósito de um Projecto Legislativo. O chamado Código de Processo Administrativo Gracioso*, in "Revista de Legislação e Jurisprudência", ano 115, n.º 3694, p. 14 ss., n.º 3695, p. 40 ss., n.º 3699, p. 173 ss.., n.º 3702, p. 261 ss.; n.º 3703, p. 295 ss. (ano 115, 1982-83); n.º 3716, p. 324 ss (ano 116, 1983-84); n.º 3720, p. 65 ss. (ano 117, 1984-85).

TRIGEAUD, J.-M. (1995). "Ce droit naturel que le positivisme a inventé", in *Méthaphysique et Éthique au Fondement du Droit*, Bordéus, Biere, p. 161 ss..

TRIGEAUD, J.-M. (1991). *La tradizione classica del diritto naturale e il suo superamento personalistico*, in "Iustitia", Roma, Giuffrè, anno XLIV, Abril-Julho, 1991, pp. 100 – 118

VALLAURI, L. L. (1981). *Corso di Filosofia del Diritto*, Pádua, Cedam, nova ed.

WAGNER, F. S. (1997). *Los Juristas, las Operas y otras Soserias*, Madrid: Civitas

PARTE II
PERCURSOS

CAPÍTULO I
OS DESCOBRIMENTOS PORTUGUESES
E O PROBLEMA DA LIBERDADE DOS MARES
Algumas Hipóteses Preliminares[46]

1. Descobrimentos e nova *Weltanschauung*

Talvez não tenhamos hoje a ideia precisa da importância da Geografia, estudo de que algumas gerações no nosso país se viram privadas no Liceu, e demasiadamente influenciados quiçá que estamos pela visão do prestigiado Ives Lacoste, o qual nos ensinou servir ela essencialmente para fazer a guerra[47]. E todavia a Geografia e a imagem do mundo físico no plano macro-espacial que comporta é o correlato, em ponto grande, da perspectiva, organização do espaço e da hierarquia das coisas no espelho do universo do desenho ou da pintura. Ambas nos dizem do lugar e do tamanho de pessoas e objectos, enfim, do nosso sítio no tablado do mundo.

Contam os anais que a presença portuguesa na Etiópia só foi posta em causa (e de forma violenta) quando os bons e sábios missionários deci-

---

[46] Agradeço aos Profs. Doutores Vamireh Chacon, António José de Brito e António Braz Teixeira as observações e comentários formulados aquando da comunicação oral que está na génese deste trabalho.

[47] Mais recentemente, mas menos claramente, http://www.moderna.com.br/escola/mural/didatica/novageo/ngindex.htm

diram ensinar que provinham de um país distante... e sobretudo, de um país pequeno.

A dimensão e o posicionamento espacial globais dão a cada homem e a cada povo sinais de identidade e de alteridades, dizem-lhe, afinal, que embora sempre se pense o *omphallus*, o umbigo do mundo, o centro do universo, tal centralidade tem de ser articulada com a existência do outro, de outros[48].

Evidentemente que sempre a magnetização pelo centro, a atracção da centralidade, levou a etnocentrismos exclusores das periferias, e a identificar as muralhas da cidade com a Constituição, a proteger as muralhas da Cidade ou de uma comunidade cultural e civilizacional com mil e um artefactos: do deus Janus das portas à lei da canhoneira, do *limes* à exclusão linguística dos bárbaros.

Imaginemos, pois (mas não podemos imaginar!), o que haja sido encontrarmo-nos não perante o abismo dos Adamastores, mas na situação de ter vencido o Mostrengo, ainda que tenhamos tremido três vezes. Que problemas de autognose essa mudança de espaço no mundo não terá operado. Mudança de espaço e mudança de visão sobre o Homem. Pois o universo mental se povoou de novas terras e novas gentes, inevitavelmente implicando uma redefinição do nosso lugar no mundo, do nosso valor nele, dos nossos direitos a ele, e, mais importante ainda, do estatuto do Homem na Terra, e da concepção da Natureza Humana[49].

Com os Descobrimentos, Portugal, de país pobre e pequeno, deficitário em trigo, e pequeno vizinho de uma Castela centrífuga, alarga os seus horizontes, e deixa de ser a periferia, sempre mais ou menos ameaçada, para se tornar centro – e, o que é mais importante no plano que nos importa, para se ver a si próprio numa posição central. Exercendo doravante um autónomo "protagonismo", de que foi pioneiro[50]. É

---

[48] Sobre tal centralidade, no domínio essencialmente mítico, MIRCEA ELIADE, *Traité d'histoire des religions*, Paris, Payot, 1949, nova ed. port. trad. por Fernando Tomaz e Natália Nunes, *Tratado de História das Religiões*, Porto, Asa, 1992, p. 464 ss..

[49] Muito interessantes contributos para estes temas podem colher-se em VITORINO MAGALHÃES GODINHO, *Mito e Mercadoria. Utopia e prática de navegar*, Sécs. XIII-XVIII, Lx., Difel, 1990.

[50] Cf., *v.g.*, FRÉDÉRIC MAURO, *Les Portugais: premiers champions de l'Expansion Outre-Mer*, in "Critique", número monográfico sobre "L'Épopée Lusitanienne", Agosto-Setembro de 1988, tomo XLIV, n.os 495-496, p. 613 ss.

certo que algum voluntarismo necessariamente o animava, aliás *conditio sine qua non* para que se tenha lançado nessa aventura. Mas decerto os êxitos se foram alimentando dos êxitos (não falemos da *História Trágico-Marítima*), e a aventura deve ter-se revelado bem mais espantosa que o previsto.

Iam os Portugueses à Índia, alegadamente, buscar Cristãos e Pimenta. Mas dessa demanda trouxeram, trouxemos, mais que uma coisa e outra, que as duas se contrariavam, e muito quedou pelo caminho ou perdido nas encruzilhadas da História. Dessa demanda dizíamos, voltaram a casa com as mil e uma *estórias* da *Peregrinação*. *Os Lusíadas*, *O Soldado Prático* e esse livro do nosso Marco Polo que foi Mendes Pinto, em claves diversas contam esse *feed back* autognótico, em que nos vimos no espelho que é a face e o olhar dos outros.

Não era a primeira vez que contactávamos com o outro, evidentemente, mas a *Respublica Christiana* e a proximidade castelhana bem como a pertença hispânica impunham-nos um grau mínimo de captação da diferença, assim como o contraste na reconquista com os mouros (nem sempre tão nítido como depois uma história épica procuraria fazer crer) funcionava com uma simples dimensão mítica assimilável ao "inimigo". Os "judeus" também eram uma presença tão habitual já que (tal como aliás os mouros que se conservaram em território nacional) acabariam por ser, ao menos segundo as Ordenações Afonsinas, uma minoria que talvez se segregasse para se proteger e proteger os demais do seu contágio... ou ágio (segundo os *prejuízos* da época)..

Em suma, o outro radicalmente outro é o outro de longes terras[51]. E a terra que vai radicalmente mudar a imagem do mundo não é a terra firme sequer, é o mar.

---

[51] Há todavia que matizar a radicalidade do contraste, porquanto o português viria a encontrar, designadamente no Brasil, alguns elementos que considerou ou re-construíu como "familiares". Tal dever-se-ia também ao seu "hibridismo" próprio. Cf. GILBERTO FREYRE, *Casa Grande e Senzala. Formação da Família Brasileira sob o regime de Economia patriarcal*, 10.ª ed. de língua port., Lx., Livros do Brasil, reimp., 2001, p. 18 ss. *ct passim*; Idem, *Interpretação do Brasil*, nova ed., São Paulo, Companhia das Letras, 2001, p. 57 ss., *et passim*; Idem, *Aventura e Rotina. Sugestões de uma viagem à procura das constantes portuguesas de carácter e acção*, Lx., Livros do Brasil, s. d. [1952?], *passim*. É também importante pensar a nossa imagem a partir do "outro", das sua reminiscências, memórias e mitos. Uma primeira investigação colectiva pode ver-se (todavia sobretudo mais

Potência em geral sem domínio efectivo de terra durante muito tempo (salvo de entrepostos e fortalezas costeiras), Portugal ganha certamente cedo a noção de que o mar deve unir e não separar, que é o elemento líquido que contém afinal o sólido, e nesse abraço compreende que o dinâmico dos mares sobreleva o estático dos continentes.

Além disso, o messianismo nacional terá também encontrado nesses lugares a "Nova Terra" do texto bíblico, e pelo menos a América (no nosso caso o Brasil) poderá ter funcionado como uma Utopia com lugar[52]...

2. O Mar Português: um mar fechado?

O profético Fernando Pessoa, na sua Mensagem, várias vezes volta ao tema. E há nele não poucas pistas míticas a explorar sobre essa nossa relação com o Mar.

Por um lado, é a ideia de sacrifício dos Portugueses para que o Mar fosse nosso:

> *"Ó mar salgado, quanto do teu sal*
> *São lágrimas de Portugal*
> *Por te cruzarmos, quantas mães choraram*
> *Quantos filhos em vão rezaram !*
> *Quantas noivas ficaram por casar*
> *Para que fosses nosso, ò mar."*
>
> *(Mensagem, Mar Português)*

O que é outra maneira de dizer a fala do Homem do leme n'*O Mostrengo*, também da *Mensagem*:

---

para os Espanhóis que para os Portugueses) in JONATHAN D. HILL (ED.), *Rethinking History and Myth. Indigenous South American Perspectives on the Past*, Urbana/Chicago, University of Illinois Press, 1988 (para os Portugueses no Brasil máx. p. 195 ss..).

[52] Cf., em geral, numa perspectiva filosófico-histórica, mas com relevantes aportações também jurídicas, BEATRIZ FERNÁNDEZ HERRERO, *La Utopía de América. Teoría. Leyes. Experimentos*, com prólogo de J. L. Abellán, Barcelona, Anthropos, 1992. Para o Brasil em especial, mas já num confronto prático, cf. o elucidativo estudo de MARY DEL PRIORE (org.), *Revisão do Paraíso. Os Brasileiros e o Estado em 500 anos de História*, Rio de Janeiro, Campus, 2000.

> *"Três vezes do leme as mãos ergueu,*
> *Três vezes ao leme as reprendeu,*
> *E disse no fim de tremer três vezes:*
> *'Aqui ao leme sou mais do que eu:*
> *Sou um Povo que quer o mar que é teu;*
> *E mais que o mostrengo que me a alma teme*
> *E roda nas trevas do fim do mundo,*
> *Manda a vontade, que me ata ao leme,*
> *De El-Rei D. João II!"*

Mas, por outro lado, podemos certamente detectar a ideia de que a acção dos Portugueses se exerce precisamente para que o mar una, e já não separe:

> *Deus quer, o homem sonha, a obra nasce*
> *Deus quis que a terra fosse toda una,*
> *Que o mar unisse, já não separasse*
> *Sagrou-te, e foste desvendando a espuma*

> *(Mensagem, O Infante)*

Finalmente, comparando o mar português com o mar tal como fora antes da hegemonia lusa, Pessoa é claro: o mar português é um mar sem fim:

> *E ao imenso e possível oceano*
> *Ensinam estas Quinas que aqui vês,*
> *Que o mar com fim será grego ou romano:*
> *O mar sem fim é português.*

> *(Mensagem, Padrão)*[53]

Claro que a ideia do não ter fim pode, no rigor de uma interpretação puramente lógico-gramatical, não ter a ver com o *mare liberum* ou o *mare clausum*.

E contudo... Um mar que une e um mar sem fim poderá ser um mar só de um Povo?

---

[53] Todas as citações são de FERNANDO PESSOA, *Mensagem*, 11.ª ed., Lx., Ática, s.d..

Há qualquer coisa que intriga (e mais intriga a quem, como nós, logo recorde o registo mítico transtemporal de Pessoa) nesta posição que se diz assumida pelos Portugueses na questão da liberdade dos mares.

Os Portugueses, que quase sempre na História se encontraram à frente, que tiveram, como os demais hispânicos, formas de protecção da pessoa muito antes dos demais povos do mundo, que impuseram à sua monarquia uma fórmula contratual e de poderes equilibrados quando os demais europeus, ainda gemiam sob o jugo do despotismo, como assinala o arguto Teixeira de Pascoaes, que nas cortes velhas já tinham o germe dos parlamentos, como assinala, talvez com exagero, mas não sem alguma verdade, um José Liberato, que aboliram a escravatura primeiro, que aboliram a pena de morte primeiro, que ainda há algum tempo se orgulhavam de considerar injustas penas de prisão mais longas que um período razoável, os Portugueses neste caso, e em poucos mais casos que este, parecem ser os reaccionários da História.

É óbvio que qualquer tentativa de "branquear" como se diria hoje, a História Portuguesa é intento tão fútil quão votado ao fracasso e até ao ridículo. A nossa História não precisa de tal socorro, nem seríamos advogado competente.

Todavia, afigura-se-nos que nesta matéria talvez a questão não tenha sido totalmente bem posta. E quiçá esta polémica possa servir para ilustrar ainda algumas coisas insuspeitadas, que transcendem o seu directo e imediato conteúdo.

3. Mal-entendidos na polémica da liberdade dos mares

O primeiro mal entendido no estudo desta polémica consiste na determinação dos seus contendores.

Se abrirmos a *Anthologie de la Pensée Juridique* de Philippe Malaurie[54], que tem a curiosa particularidade de ser certamente a única edição acessível e corrente em que pudemos contemplar um grande retrato colorido do

---

[54] PHILIPPE MALAURIE, *Anthologie de la Pensée Juridique*, Paris, Éditions Cujas, 1996.

agudo Hugo de Groot, dito Grotius, somos informados[55] que o seu *Mare liberum*, de 1609, foi contraditado brilhantemente em 1635 pelo inglês Selden, que escreve um simétrico *Mare clausum*.

Se, não contentes com a cultura dos sábios de Paris, demandarmos a Enciclopédia Britânica[56], aí veremos uma pequena e bicromática representação de Grotius no mesmo retrato do Rijksmuseum de Amesterdão, encimando um comparativamente longo artigo em que se não cita já sequer Selden. Estranha exclusão, ou talvez conclusiva... dado que Selden ficou na mó debaixo da História.

Pois bem: será preciso, na verdade, demandar fontes Espanholas e Portuguesas para se ficar a saber o que nós, Portugueses, sempre soubemos a este respeito, sobretudo graças à divulgação feita pelos professores Paulo Merêa e Marcello Caetano: que Grotius, aliás tendo publicado o seu escrito anónimo, foi contraditado ponto por ponto por um português, o Doutor Frei Serafim de Freitas.

A partir de aqui um novo equívoco se gera: parece que Serafim de Freitas pleiteia em Portugal, por Portugal, ao serviço da nossa Coroa... contra holandês ao serviço dos interesses holandeses.

Equívoco que comporta matizes, porque a verdade não será decerto nem isso exactamente, nem precisamente o contrário disso.

4. Caminhos Cruzados

Recuemos um pouco para podermos tomar distância e acertar o ponto de mira.

Eram efectivamente antigas as pretensões reais ou estadualistas portuguesas de domínio sobre os Algarves d'aquém e de além mar em África, à Guiné, e sobretudo à *conquista e navegação da Etiópia, Arábia, Pérsia e Índia*, como constava do próprio título do monarca, e de que João de Barros, na 1.ª Década da Ásia, faz a exegese legitimadora, explicitando que tais títulos têm um real conteúdo jurídico.

---

[55] *Ibidem*, p. 76.
[56] *Enciclopædia Britannica*, vol. V, pp. 524-515.

Também de modo algum se poderá interpretar como um *flatu vocis* a Bula *Romanus Pontifex*, outorgada pelo Papa Nicolau V, em 1454, ao nosso D. Afonso V, o que lhe permitirá firmar a lei de 31 de Agosto de 1474, a qual (entre outras) está na base das duras penas das Ordenações Manuelinas cominadas contra os que, portugueses ou estrangeiros, navegassem sem autorização régia.

Há, com efeito, um lastro legislativo e uma ideologia do poder nacional que se baseia, talvez antes de mais, no título *das lágrimas de Portugal* de que fala Pessoa, porquanto o título de "doação" pelos Papas se houvera fundado, passemos agora a palavra a João de Barros,

> "(...) nas muitas e grandes despesas que neste reino eram feitas, e no sangue e vidas de tanta gente português [sic] como neste descobrimento per ferro, per água, doenças e mil géneros de trabalhos e perigos pereceram"[57]

Mas é óbvio que a esta ideia de legitimidade difusa se opõe Grotius explicando que se os Portugueses redescobriram essas rotas generosamente, a eles se deve o tributo dos descobridores, se, pelo contrário, o fizeram pela cobiça, nela têm já a sua paga, não merecendo sequer louvor nem admiração.

E o próprio Marcello Caetano, para quem decerto o louvor do "patriotismo" de Serafim de Freitas poderia ser empreendimento algo solidário e analógico de outro em que era ou viria a ser um dos protagonistas, não deixará de assinalar, com honestidade intelectual, que esta atribuição papal, embora acatada (que remédio!) pelos demais países europeus, não o fora sem "algum murmúrio de descontentamento"[58]. Pelo que, embora, como diz Grotius, a arbitragem papal das pretensões lusas e castelhanas fosse *res inter alios acta* desde o princípio, não vinculando por isso os terceiros em tal questão não intervenientes, nem por isso alguns deles deixaram de fazer sentir esse descompromisso e um óbvio mal-estar.

---

[57] *Apud* MARCELLO CAETANO, *Introdução a Do Justo Império Asiático dos Portugueses* (*De iusto imperio Lusitanorum Asiatico*), trad. de Miguel Pinto de Meneses, reimpressão, Lx., Instituto Nacional de Investigação Científica, 1983, vol. I, p. 14.

[58] MARCELLO CAETANO, *Op. cit.*, p. 12.

Marcello Caetano, autor de alguns dos mais documentados estudos sobre o assunto, e sem dúvida do mais divulgado – precisamente o prefácio à edição portuguesa da obra de Serafim de Freitas *Do Justo Império Asiático dos Portugueses* -, envolve a questão de tonalidades patrióticas, como dissemos. Tal facto em muito prejudica, no nosso modesto entender, a cabal compreensão do significado desta obra na história da nossa cultura e do nosso pensamento.

É que, se transpusermos as páginas desse para-texto prefacial, se o transpusermos de verdade, se conseguirmos desprender-nos da sua lição e da sua influência expansiva, se o esquecermos, melhor, se não o lermos, embora percamos muitas e muitas informações válidas e úteis, seremos todavia capazes de mais virginalmente aquilatar do sentido do livro de Serafim de Freitas, apologético do mar fechado, do mar com dono... Causa péssima, que não o é, como insinua (ou até afirma) o prefaciador, por ter perdido historicamente (oh tirania da sorte!), nem pode ser absolvida pela virtudes excelsa do resgate da Pátria face a afrontas que não sofreu (no plano teórico ao menos: Grotius é em geral cortês, embora tenha fracassado pessoalmente quer como diplomata político quer como conciliador teológico de católicos e protestantes).

Pois bem. O livro de Serafim de Freitas é sem dúvida escrito por português, reitera e advoga com filigrana conceitual e retórica os interesses portugueses (mas interesses nem sempre são razões nem direitos). Mas em torno dele paira muito de Castelhano e do Estado Castelhano. O autor, embora haja feito estudos em Coimbra, terá preferido a cátedra em Valladolid (ou lha terão recusado em Coimbra); instalou-se e passou a viver em Espanha, e aí professou.

Passemos ao seu livro. É natural que dedicasse o livro ao monarca que cingia as duas coroas ibéricas. Mas o panegírico real, associado a um castelhanismo oficial que parece respirar-se, desde a capa, torna-se excessivo: dedicatória e quadra laudatória na capa, licença real seguinte, além de licenças várias, nova dedicatória a "Filipe IV. Monarca das Hespanhas e das Índias", que se prolonga por duas páginas, em que se incluem duas composições poéticas glorificando o monarca, e depois inclui o volume uma invocação geral aos soberanos, novo privilégio dado pelo rei, seguida de mais duas licenças. Mesmo comparando com outros escritos da época (*et pour cause*) tudo parece indicar que se trata de obra muito apadrinhada e muito alinhada com o poder.

Se compararmos, depois, as fontes de Grotius com a argumentação de Serafim de Freitas, não por uma análise de segunda mão, mas pela leitura directa, chegaremos quiçá à paradoxal conclusão de que o holandês, embora tendo escrito este texto no contexto de uma por muito tempo inédita[59] obra maior (*De Iure prœde*) destinada a justificar perante accionistas mais escrupulosos o apresamento da nossa embarcação "Santa Catarina" pelos holandeses, como resposta à sistemática barragem do caminho das Índias pelos hispânicos (aí se incluindo os portugueses), não só se baseou, em geral, em princípios universais de direito natural e de direito das gentes, como – e isso é o mais interessante – se fundamentou abundante e explicitamente na doutrina hispânica tradicional, que não ia no sentido do *mare clausum*, mas do *mare liberum*, título do seu manifesto. Havendo mesmo quem chegue a afirmar (como o holandês Van der Vlugt, retomado aliás pelo espanhol Garcia Arias[60]) que a virtude deste ainda muito jovem Grotius (mas houvera-se doutorado aos 15 anos...) não fora senão compilar e sistematizar precisamente estudos de espanhóis: basicamente a ideia de Vitória segundo a qual todos os povos têm o direito de entrar em contacto com os demais, e de com eles estabelecer comércio; e em seguida a ideia de Fernando Vasquez de Menchaca, para o qual a ninguém pode caber o direito exclusivo de navegação.

Ora, como a obra de Serafim de Freitas é de 1625, daqui resulta que a fortuna é bem madrasta para com os autores originais. Nem os referidos espanhóis que influenciaram Grotius (que, recordemo-lo, publica anonimamente o seu *Mare liberum* em 1609) normalmente granjeiam citação para a posteridade, nem sequer o português, que, afinal, escreveu antes do latino-americano Solozarno (*De Indiarum Iure*, 1629), pouco famoso porém, ou do inglês John Seldem (*Mare Clausum*, 1635).

Com o declinar da influência portuguesa (que já em 1609 estava longe de poder patrulhar eficazmente os mares), a polémica passa a ter sentido sobretudo com os ingleses. Razão tem Garcia Arias ao afirmar que

---

[59] Só se editaria em 1868.

[60] VILLEM VAN DER VLUGT, *L'Œuvre de Grotius et son influence sur le développement du Droit international*, in " Recueil des Cours ", Haia, tomo 7, 1925 - II, p. 420 ; LUIS GARCÍA ARIAS, *Prólogo a De la Libertad de los Mares (Mare liberum)*, de Hugo Grócio, Madrid, Centro de Estudios Constitucionales, 1979, p. 17.

o *"Mare liberum* foi escrito contra Portugal, publicado contra Espanha e utilizado contra a Grã Bretanha"[61]. E é sintomática esta situação, concorrendo para a nossa tese: em 1625 Serafim de Freitas está sobretudo a defender os direitos do monarca castelhano-luso; pouco pode fazer já pela causa dos mares portugueses. Se o *Mare liberum* é publicado contra a Espanha, o *Do Justo Império* invoca os direitos dos portugueses num contexto de castelhanização. Ninguém se defende de um ataque contra outrem... Na verdade, na concepção muito proprietarista de Serafim de Freitas, certamente fundada num romanismo coisificador pelo qual *res clamantant dominum*, todas e quaisquer coisas clamam por um dono, de algum modo se pode dizer que nos direitos do rei de Portugal sucedera o rei de Castela cumulando essa coroa. E na translação de direitos reais de rei para rei se justificava ainda defender o título do império lusitano, porque ele dava razão e fundamento ao novo império hispânico, em que o sol jamais se poria.

E então, embora nos possa custar e ao nosso álbum de glórias nacionais, compreendemos porque Serafim de Freitas pôde estar do outro lado da barricada histórica do progresso. Porque, enquanto Grotius se acabaria por filiar (com todas as suas heresias, é certo) na segunda escolástica, na escola de direito natural hispânico, aquela mesma que, também com todos os desvios, acaba por entroncar no que o pensamento jurídico ibérico tem de original e progressivo, a argumentação de Serafim de Freitas acaba por ser um exemplo do valor (muito relativo) do virtuosismo da metodologia jurídica: é que a lógica tem de ser atravessada pelo bom senso. O português demarcou-se daquele realismo e daquela preocupação pela natureza das coisas que nos caracterizava, afastando-se, assim, da tradição ibérica[62]. Tradição doutrinal[63], claro, independentemente da cobiça dos governantes e de alguns poderes delegados ou fácticos[64].

---

[61] LUIS GARCÍA ARIAS, *Op. cit.*, p.p. 14-15-

[62] Analisando os problemas jurídicos da expansão, e assinalando a dupla tradição cristã e humanista dos que levariam, no séc. XVI, a um debate havido em grande liberdade de que resultaria a fundação da moderna noção de sociedade internacional, ALFRED DUFOUR, *Quelques problèmes juridiques de la conquête de l'Amérique par les Espagnols, de la Bulle 'In Caetera' à la dispute de Valladolid*, in "Cadmos", XIV ano, n.º 53, Primavera 1991, p. 115 ss..

[63] Não parece ter excepcional relevância, em sentido contrário, o conjunto de posições de um Sepúlveda, as quais, aparentemente, poderia pensar-se navegariam mais

Porque, como se torna claro, e recordando a lição de Agostinho da Silva, a Península, sobretudo depois de Carlos V, *que é um imperador alemão*, mas, falando agora só de Portugal, já desde o nosso absolutismo real do tempo dos Descobrimentos, abandonou o seu génio jurídico próprio para se europeizar de forma utopista (já que ela já era europeia, mas a seu modo): e o alfabeto e a gramática e a moeda corrente dessa uniformização forçada e redutora foi o direito romano tardio, o chamado "direito imperial". O qual, para cúmulo, embora certamente com resquícios do seu próprio génio jurídico (muito patentes no chamado direito "indiano", das Índias Ocidentais), exportou para as terras de sua conquista e navegação.

Com isto não se quer obviamente afirmar que no direito romano se pudesse colher a solução, sem mais, do domínio exclusivo dos mares por um Estado, porque os juristas romanos eram sábios jurisprudentes. Mas na *pax romana* que fez do Mediterrâneo o seu lago, o *mare nostrum*, e no proprietarismo romano podemos ver dois paradigmas que decerto estariam presentes na *forma mentis* dos autores do *Mare clausum*.

Na prática, é interessante olhar o comportamento dos monarcas hispânico e britânico e a das instituições holandesas: raramente parecem interessar-se pela polémica. Como se bem soubessem que o que importa, nesta matéria internacional, não é a força dos argumentos, mas os argumentos da força. Por isso, Filipe prefere proibir o *Mare liberum* a patrocinar desde logo uma refutação, a nossa Restauração engolirá o sapo da liberdade marítima em troca do auxílio anti-castelhano, por isso o *De Iure præde* não se publica, por isso o refutador holandês de Seldon verá a publicação do seu escrito proibida.

---

no sentido de Serafim de Freitas. Uma análise documentada e minuciosa da Polémica de Valladolid, em que Sepúlveda e Las Casas se defrontaram, acaba por levar à conclusão de que em muito ambos se aproximariam durante o debate. Cf., neste sentido, JEAN DUMONT, *La vraie controverse de Valladolid*, Paris, Critérion, 1995, trad. cast. de María José Antón, rev. de José Caballero Portillo, *El amanecer de los derechos del hombre. La Controversia de Valladolid*, Madrid, Ediciones Encuentro, 1997, máx. p. 221 ss..

[64] Observar-se-á a dureza do esclavagismo espanhol, mas, curiosamente, sintomaticamente, a preocupação (mesmo que hipócrita) de se compatibilizar com as prescrições teológicas (e, já no Iluminismo, por se compatibilizar também com a Ilustração). Cf., *v.g.*, o muito eloquente estudo de LOUIS SALA-MOLINS, *l'Afrique aux Amériques. Le Code Noir Espagnol*, Paris, P.U.F., 1992.

Outra lição importante a tirar desta polémica é a da inanidade da doutrina face à política, que encolhe frequentemente os ombros face às subtilezas e às razões dos jurisconsultos.

5. Das teses

Não é o lugar para entrar no pormenor da polémica, mas sempre dela se fará um breve enunciado de teses e antíteses.

Grotius defende, muito justamente, a existência de uma justiça natural que a infundada opinião dos homens e o costume não podem infirmar[65]. Segue a velha doutrina de que, no fundo, há uma lei moral infundida na alma dos homens e alheia à sua vontade pessoal[66]e considera ser de lei natural que haja coisas próprias e coisas comuns, sendo as comuns de uso geral de todos, sem preterição de ninguém[67]. E nestas coisas públicas inclui os rios, lugares públicos e mares[68]. Apela explicitamente para as leis hispânicas que com tal seriam concordes[69], embora se trate mais de doutrina que de lei..., e dispõe-se ao diálogo e a aceitar arbitragem, como pleiteando para um tribunal superior: o da opinião pública e do julgamento divino, mas também os mediadores do caso em concreto[70].

A partir daqui, extrai Grotius as suas teses, numa dedução em grande medida cartesiana, apenas matizada com abundantes citações jurídicas, bíblicas e de autores clássicos, tão ao gosto da época. São elas:

1. Pelo direito das gentes é a todos permitida a navegação para qualquer parte. Pela própria natureza das coisas, e vontade divina, que

---

[65] HUGO GROCIO, *Mare Liberum, sive de iure quod Batavis competit ad Indicana commercia*, Dissertatio, trad. cast. de V. Blanco Garcia / L. Garcia Arias, Madrid, *De la Libertad de los Mares*, Centro de Estudios Constitucionales, 1979, p. 53.

[66] *Ibidem*, p. 54.

[67] *Ibidem*, p. 55.

[68] *Ibidem*, p. 56 ss..

[69] *Ibidem*, p. 58.

[70] *Ibidem*, p. 60.

estabeleceu a raridade e a abundância de bens por toda a parte, a fim de que os homens se entre-ajudassem, comerciando entre si.

2. Os Portugueses não teriam, fundados no título do descobrimento, nenhum direito de domínio sobre as Índias com quem os holandeses também contactaram. Porquanto, além do mais, eles têm a sua própria organização política.

3. Não têm os Portugueses também, por título de doação pontifícia, o direito de domínio sobre as Índias. A intervenção pontifícia é considerada sobretudo um dirimir do conflito hispano-luso e os demais nada têm com isso.

4. Os Portugueses também não têm domínio sobre as Índias por título de guerra. Na medida em que o critério desta é precisamente o de entraves à circulação e instalação, ou pregação, coisa que não sucedeu com os portugueses, que, assim, a fazer a guerra, fariam guerra injusta.

5. O mar ou o direito de navegação não é propriedade portuguesa por título de ocupação. Porquanto os barcos não deixam edificação com o sulcarem os mares, além de que há coisas que, por natureza, não admitem propriedade.

6. Também o mar não pode ter sido doado pelo Papa. Desde logo porque "a doação de coisas fora do comércio não tem qualquer valor"[71]

7. O mar ou o direito de navegar não são próprios dos Portugueses por título de prescrição ou costume.

8. Pelo direito das gentes o comércio é livre entre todos os povos

9. O comércio das Índias orientais não é próprio dos Portugueses por título de ocupação

10. O comércio das Índias orientais não é propriedade dos portugueses por título de doação papal.

11. O comércio das Índias orientais não é um direito próprio ou privativo dos Portugueses por título de prescrição ou costume

12. A proibição do comércio pelos Portugueses não assenta em nenhuma equidade.

13. Os holandeses devem manter o seu comércio com a Índia em paz, em trégua e em guerra.

---

[71] *Ibidem*, p. 116.

Se estas teses facilmente se retiram do próprio índice do trabalho de Grotius, é muito mais árdua a síntese do pensamento do polemista português. Além da sua obra ser muito mais volumosa, o autor perde-se pelos meandros dessas introduções gerais em que, como saborosamente afirma António Sérgio, nos interna "na selva de uma introdução genérica, histórico-genético-filosófico-preparatória, cheia de cipoais onde se nos enreda o espírito e de onde nunca se avista a estrada recta e livre"[72]. Tem Serafim de Freitas, a mais que o comum, não lhe faltar o fôlego e concluir.

Conclui com muitas citações escriturísticas, clássicas e de história pátria, além de copiosas referências jurídicas, que tudo está basicamente bem ("As leis de Portugal são plenas de sentido"[73]). Dá logo no início da sua obra como provadas asserções como estas, que por sua vez servem de axiomas para novas argumentações[74]:

1. a navegação pertence ao estado da natureza corrupta[75]
2. o navegar é contra a natureza[76]
3. o príncipe pode proibir o comércio aos estrangeiros em suas terras, e aos seus vassalos nas estrangeiras[77]
4. a liberdade de navegação não pertence ao primeiro estado de natureza íntegra, nem ao direito imutável das gentes[78]
5. pelo direito das gentes, negociar e viajar são lícitos até serem proibidos[79].

---

[72] ANTÓNIO SÉRGIO, *Cartas de Problemática*, Carta n.º 4, Lx., 1952, *apud Iniciação ao Filosofar. Antologia e Problematização*, de Joel Serrão, 2.ª ed., Lx., Sá da Costa, 1974, p. 72.

[73] SERAFIM DE FREITAS, *Do Justo Império Asiático dos Portugueses* (*De iusto imperio Lusitanorum Asiatico*), trad. de Miguel Pinto de Meneses, reimpressão, Lx., Instituto Nacional de Investigação Científica, 1983, p.

[74] Obvimanente que seleccionamos de forma nada imparcial: propositadamente escolhemos algumas cujos títulos-tese maior choque poderiam hoje suscitar.

[75] *Ibidem*, p. 107.

[76] *Ibidem*, pp. 109-110.

[77] *Ibidem*, p. 111.

[78] *Ibidem*, p. 111 ss..

[79] *Ibidem*, p. 119.

Mas a par destas e de muitas outras teses mais chocantes, evidencia grande argúcia e conhecimento da História e do Direito, argumentando com engenho. Confessamos que é hoje penoso e ociosíssimo tentar reconstituir o pormenor da argumentação, de tal modo o nosso espírito liberal (mas não liberal de rios privados, ou de mares fechados) é avesso a essa ideia de apropriação estadual do que é comum... Tudo isto porque afinal a apropriação estadual não é muito diferente da apropriação privada no que respeita a bens livres...

(E todavia talvez compreendamos o que está em causa se, *mutatis mutandis*, pensarmos na recente decisão judicial sobre a Napster: instituindo, em nome do *copyright*, sacrossanto direito de propriedade de "descobridores", o *mare clausum* da navegação musical da Internet: tanto, que alguns pensam se será proibido passar a emprestar livros e CD's, *traditio brevi manu*.)

Enfim, a leitura de Serafim de Freitas devia, por isso, ser prescrição obrigatória para todos quantos põem o interesse e a política acima da razão e da equidade. Também à própria Inglaterra, que posa para a História (em vez do nosso teorizador) como paladino do *mare clausum*, também ela deu de barato a teoria de um mar próprio, porque a assegurou na prática, com o facto consumado do seu poderio naval.

Este direito internacional lembra o que Michel Villey, insuspeito de marxismo, disse do Direito do trabalho: um permanente jogo de forças, ali entre trabalho e capital, aqui entre poderes, mais fracos e mais fortes.

Prescrição, pois, de leitura da obra, e já agora também de meditação sobre o fim da personagem histórica. Se quiséssemos fazer literatura, invocaríamos o facto de que bem cedo o nosso polemista começou a ficar surdo e por isso teve de retirar-se do ensino. Surdo ao mundo novo que nascia, surdo aos argumentos de quem contraditou?

Não avancemos. Grotius também se recusou a defender o seu livro, agastado com a sua *ingrata patria*, de cujos cárceres teve de fugir.

6. Para uma "moral da história"

Paira no ar um desconforto amargo sobre a juridicidade e a consistência dos argumentos de ambos os lados.

Uma investigação com outro tempo permitirá certamente descortinar outro interesses e outras leituras nesta polémica.

E todavia não devemos esquecer as nossas primeiras reflexões sobre a Geografia. Nesta polémica sobre a liberdade dos mares paira, em pano de fundo, o recorte das terras[80]. É que desde a segunda metade do séc. XVI que ganhava forma uma nova concepção da organização política da terra: o Estado. Concepção tão avassaladora que acabámos por interiorizá-la e projectá-la, *a posteriori* sobre todas as demais, num cronocentrismo de paradigmas sem precedentes.

Nesta polémica, criam-se duas noções diversas de Direito Internacional: uma territorialista, baseada na ideia de soberania de Jean Bodin, que funda e se funda no Estado, e uma marítima, que é aliás a forma de afirmar a liberdade face ao Estado. Se a terra se lhe submete, o mar é livre.

Todavia, o grande beneficiário desta polémica, que, como vimos, acabará por ser a Inglaterra, foi alternando no lado da barricada consoante as suas conveniências, e (porque?) de algum modo procurou colher também quer as lições de Maquiavel (estadualistas), quer as de Tomás Moro, cuja utopia é anúncio talvez involuntário de uma terra sem lugar (*outopos*). Ora essa terra sem lugar é não apenas a Ilha, como o território flutuante, a frota. A frota inglesa será ao mesmo tempo água e terra, Leviatã e Behemoth.

Mas se vai uma enorme distância do *Mare Clausum* de John Selden (1617-1635) às *Observations* de Meadows[81], que perfilham posições antagónicas, e se essa mudança é, em grande medida, fruto da prevalência dos factos (e da frota) sobre os argumentos, a verdade é que, antes, durante e

---

[80] Carl Schmitt mostrou-o em dois textos notáveis, embora decerto também marcados pela sua circunstância (1941), com os quais de algum modo nos permitimos dialogar, nesta parte final: CARL SCHMITT, *La Mer contre la Terre*, in "Cahiers Franco-Allemands", VIII, 1941, 11-12, p. 343 ss..; Idem, *Souveraineté de l'Etat et liberté des mers*, in *Quelques aspects du Droit Allemand*, Fernand Sorlot, Paris, 1943, p. 139 ss.., hoje ambos recolhidos em Idem, *Du Politique. "Légalité et légitimité et autres essais"*, Puiseaux, Pardès, 1990, p. 137 ss. e 143 ss..

[81] PHILIP MEADOWS, *Observations concerning the Dominion and Sovereignty of the Seas*, 1689.

depois desta polémica o Reino Unido conseguiu construir um império sem ter sucumbido à ideia moderna e continental de Estado, com todas as vantagens que isso ainda hoje lhe traz[82].

O mesmo não sucederia com Portugal e a Espanha, que na passagem da Sociedade medieval para o Estado moderno terão talvez tido um momento de glória, procurando aplicar aos mares e às possessões de além-mar as regras de Leviathã, mas que, findo tal sonho, se precipitaram na decadência: essa nem sempre "austera", mas sem dúvida "apagada e vil tristeza".

E apenas a imitação da estratégia inglesa, concebendo o poder como "flutuante" livraria o nosso país do desaparecimento sob a bota da grande potência terrestre e continental, a França, pela deslocação da corte para o Brasil, em Novembro de 1807. O que, porém, terá levado talvez a nova imitação, desta feita dos ingleses, quarenta anos mais tarde. Sugere, com efeito, Disraeli:

> "A rainha reunirá uma frota poderosa e, com toda a sua corte e a elite dirigente, transferirá a sede do seu reino de Londres a Delhi. Ela encontrará aí um império imenso, pronto a recebê-la, um exército de primeira ordem, importantes proventos."[83]

Parece que os tipos de organização política correspondem ao domínio dos elementos: para um domínio da terra ainda limitado pelo horizonte próximo (apesar dos Impérios da Antiguidade), as fórmulas pré-estaduais, onde desde logo à Pólis corresponde a democracia da Ágora; o Estado corresponde ao pleno assenhoreamento do planeta.

Carl Schmitt pressentiu que a conquista do espaço aéreo iria prejudicar o Leviathã terrestre e Estadual... Mas hoje, além do espaço real estamos já no domínio do duplo espaço: real e virtual. Em que medida são as metáforas eloquentes? O ciberespaço retomou as imagens da navegação. E de novo se pergunta se esse espaço tem lei, tem guarda, tem juiz....

---

[82] ANTÓNIO-CARLOS PEREIRA MENAUT, *El Ejemplo Constitucional de Inglaterra*, Madrid, Universidad Complutense, 1992.

[83] CARL SCHMITT, *Du Politique*, *"Légalité et légitimité et autres essais"*, p. 140.

CAPÍTULO II
O MARQUÊS DE POMBAL: ESTADO *VS.* LIBERDADE
Contributo para o estudo de seu mito e "anti-mito"[84]

O mito transforma a história em ideologia.
Mielietinski[85]

1. Introdução

Sebastião José de Carvalho e Melo (Lisboa, 13.4.1699-Pombal, 8.5. 1782) foi (e decerto ainda é) o português do século das Luzes com maior fortuna internacional. Fidalgo relativamente obscuro e de humilde linhagem, elevado depois a Conde de Oeiras (15. 7. 1759), e ulteriormente

---

[84] Anti-mito no sentido de mito negativo (por influência da expressão utopia negativa distopia, ou anti-utopia), isto é, atribuindo a mito uma significação valorativamente positiva, e inversamente, no caso do "anti-mito". Temos todavia preferido noutros trabalhos falar normalmente em mito negativo, tendo sido aqui elegida a expressão da epígrafe sobretudo por razões de concisão e eufonia, dado o contexto. Põe-se ainda o problema de saber se versões desencontradas podem ou não constituir o mesmo mito. Se, com base na *Poética* de Aristóteles, alguns só consideram possíveis desenvoluções baseadas num mito original, e com ele concordes, ou, no mínimo, não discordantes, outros, com Lévi Strauss, admitem que um mito engloba todas as suas versões, ainda que não concordes entre si. Um outro aspecto que se imiscui na questão é a confusão - corrente, mesmo entre especialistas - entre mito, tema, alusão, etc. Cf. as nossas tentativas de sistematização in *Mito e Constitucionalismo. Perspectiva Conceitual e Histórica*, Coimbra, Separata do "Boletim da Faculdade de Direito" vol. XXXIII, 1990, máx. p. 21 ss. E RAYMOND TROUSSON, *Un problème de Littérature Comparée: les études des thèmes. Essai de Méthodologie*, Paris, Minard, 1965, etc..

[85] E. M. MIELIETINSKI, *A Poética do Mito,* trad. bras., Rio de Janeiro, 1987, p. 29.

a Marquês de Pombal (16.9. 1769), exerceu funções correspondentes às de Primeiro-Ministro[86] do Rei D. José desde a subida ao trono até à morte deste monarca (1750 a 1777).

À simples evocação do nome do Marquês, os ânimos incendeiam-se ainda hoje[87]. Houve mesmo quem dissesse que a História de Portugal se divide em dois períodos: antes de Pombal, e depois de Pombal[88].

Num momento em que os estudos mitosóficos se encontram em expansão, e com cientificidade já firmada, afigura-se-nos útil cotejar opiniões e imagens mais ou menos míticas ou mitificadoras sobre uma figura desta importância, designadamente as que se destinam ou destinaram aos alunos do ensino secundário e ao grande público, pela sua dimensão (apercebida ou não) de reprodução mito-ideológica.

---

[86] Na verdade, Pombal jamais foi provido no cargo de Primeiro-Ministro, que, aliás, não existia. Chamado para o governo, ainda sem funções definidas, coube-lhe a secretaria de estado dos Negócios Estrangeiros e da Guerra, mas foi extendendo o seu domínio aos demais, até porque o titular do cargo mais próximo de 1.º Ministro, Pedro da Motta e Silva, secretário de estado dos negócios do reino, estava inválido, há dez anos que não saía de casa. Pombal neutralizou-o com a simpatia (convidou-o até para padrinho de um dos seus filhos) e esperou que morresse. Por outro lado, não se tratava de um ministério como os de hoje. "O rei elegia um secretário de estado como nomeava um estribeiro-mor", sintetiza, algo ácido, JOSÉ MARIA LATINO COELHO, *O Marquez de Pombal*, Lx., Empreza da História de Portugal, s/d, pp. 32-33.

[87] A bibliografia não pára de crescer, cativando mesmo reputados historiadores estrangeiros. Cf., por todos, KENETH MAXWELL, *Pombal. Paradox of the Enlightenment*, Cambridge, Cambridge University Press, 1995. Entre nós, um muito documentado estudo chegou-nos apenas durante a correcção das últimas provas: ALFREDO DUARTE RODRIGUES, *O Marquês de Pombal e os seus Biógrafos. Razão de ser de uma Revisão à sua História*, Lx., s/e, 1947.

[88] Para Jorge Borges de Macedo, por exemplo, é o estudo do século XVIII que se divide, segundo a maioria dos historiadores, em três períodos: antes, durante e depois de Pombal. (J. BORGES DE MACEDO, *Pombal, Marquês de* (1699-1782), in *Dicionário de História de Portugal*, III vol., Lx., Iniciativas Editoriais, 1971, p. 415. O mesmo autor sublinha que é com o próprio Pombal e a sua *Dedução Cronológica* que se inicia em Portugal (fazendo marcha à ré da historiografia isenta de um Fr. António Brandão e um D. António Caetano de Sousa) a historiografia polémica, oficial e partidária (*op. loc. cit.*).

2. Imagens de Pombal

> *"A época de Pombal, precisamente porque não foi estudada, tem sido um campo ideal para os poetas heróicos da história."*
> Jorge Borges de Macedo[89]

Detenhamo-nos na forma como Pombal é apresentado em diversas fontes.

Tanto se tendo escrito, e contraditoriamente, sobre esta curiosa figura, chegando-se mesmo a, por mor dela, deixar no olvido não só as demais do seu século, como tudo o mais nesse tempo, não seria nem original, nem útil acrescentar mais uma versão ao rol enorme das já existentes, glosando sem fim as glosas, num processo já denunciado, com graça, por Jacques Leclercq[90] a propósito da criação artificial de definições.

Por isso, recorremos à voz dos historiadores passados e presentes que sobre a questão se debruçaram, num esforço de renovação histórica em prol de uma objectividade vívida, que já anteriormente encetámos[91]. Uma objectividade não por cinzenta depuração de testemunhos apaixonados, mas, precisamente ao invés, por não ocultação de todas as versões do mito. Aqui, seguimos aparentemente Lévi-Strauss, ao colhermos os diversos florescimentos míticos. Em ulterior estudo, regressaremos à lição de Aristóteles, no sentido de tentar identificar um mito-base, uma narrativa mítica primordial, ou algo que, para o caso, funcione como tal.

---

[89] JORGE BORGES DE MACEDO, *A Situação Económica no tempo de Pombal*, 3.ª ed., Lx., Gradiva, 1989, p. 42.

[90] JACQUES LECLERCQ, *Do Direito Natural à Sociologia*, trad. bras., S. Paulo, Livraria Duas Cidades, s/d.

[91] Na nossa *História da Faculdade de Direito de Coimbra*, Porto, Rés, 1991, 5 vols., em colaboração com Reinaldo de Carvalho. Porém, então havia a possibilidade de dar a voz, ao longo de alguns milhares de páginas, aos documentos originais. Aqui, tivemos que nos impor maior concisão, deixando falar os historiadores. Aliás, este procedimento parece-nos ainda mais concorde com o nosso objectivo, mítico-utópico. Mito e utopia sobre uma personagem ou de uma personagem histórica não se fazem tanto com os seus papéis, mas sobretudo com os que os outros teceram à volta do objecto mitificado.

2.1. Os Manuais e as Histórias de Portugal[92]

Os avós das crianças que agora demandam as escolas terão tido se não o primeiro contacto com o Marquês[93], pelo menos o primeiro conhecimento mais sistemático e teorizado com a sua figura, a partir do muito célebre (e muito atacado, também[94]) manual de António G. Mattoso[95].

Depois de se perguntar até que ponto teria Pombal seguido as doutrinas do despotismo ilustrado, que sintetiza na fórmula do "direito divino dos reis" e faz radicar na inspiração francesa[96], o autor evita responder com um *sim* ou *não* ao problema, acabando por nos remeter para a *Dedução Cronológica e Analítica*, que diz ter sido da responsabilidade do Ministro[97], respigando passos que inequivocamente identificam o seu ideário com o previamente exposto[98].

---

[92] Os manuais escolares de História de todos os países e as obras de divulgação histórica constituem sempre magníficos repositórios da mitologização de personagens e acontecimentos históricos, conforme os preconceitos ou os interesses dos respectivos autores, ou segundo a opinião dominante nos respectivos círculos inspiradores. Uma visão dos manuais escolares que os parece aproximar dos grandes mitos é a de GUY BOURDÉ /HERVÉ MARTIN, *Les Ecoles Historiques*, Paris, Seuil, 1983, trad. port., *As Escolas Históricas*, Lx., Europa-América, 1990, 109 ss..

[93] Porque até às desatrosas reformas educativas dos anos sessenta e setenta ainda se aprendia toda a História pátria na instrução primária. Nós mesmo a começámos a aprender sistematicamente a partir da 3.ª classe (hoje 3.º ano de escolaridade). Quais os mitos aí professados, essa é uma outra questão... Mas alguns eram mitos perenes - viu-se depois.

[94] Dado o seu carácter assumidamente pró-Estado Novo, visível desde logo pela citação inicial de Salazar, e pelos encómios finais à sua obra. Atente-se ainda que vigorava, então, o sistema do livro único, pelo qual um só manual era aprovado oficialmente para vigorar como cartilha (*textbook*) em todos os liceus do País. O que, aliás, esteve, decerto, na origem de uma polémica entre A. G. Mattoso e Martins Afonso.

[95] ANTÓNIO G. MATTOSO, *Compêndio de História de Portugal*, 12.ª ed., Lx., Sá da Costa, 1948.

[96] Apresenta-se Luis XIV como o introdutor (prático) destas ideias, e Bossuet como o seu formulador teórico, o qual é citado.

[97] Embora pareça interessante sublinhar que tudo indica estar hoje esclarecido ter sido o autor deste estudo nada menos que um francês.

[98] ANTÓNIO G. MATTOSO, *Op. cit.*, pp. 335-336.

O Marquês de Pombal: Estado vs. Liberdade   79

Os traços com que é pintada a "acção" de Carvalho e Melo são incisivos. Uma citação de António Sardinha, integralista, ilustrando um retrato do rei D. José, prepara o terreno:

"D. José veio numa hora em que o absolutismo corrompera já a estrutura das monarquias tradicionais. Se com D. João V as qualidades próprias do monarca servem ainda de correcção ao vício congestivo que se ia apoderando da Realeza, essas qualidades desertam em D. José, que se abandona por completo à influência do seu valido. O Rei ao torno e o Marquês no trono" – ou então, mais exactamente, o epigrama afixado na estátua do Terreiro do Paço: – *Statua statuæ.*"[99]

Passa então Mattoso a sintetizar a acção pombalina. Vale a pena uma citação longa, porque nada está ali por acaso. Iremos glosando brevemente cada passo em notas de rodapé:

"Estas ideias [em síntese, do direito divino dos reis, do absolutismo iluminista, etc.] levam-no a suprimir tudo aquilo que possa, mesmo de longe, entravar a acção do poder real: – Altera profundamente o carácter do tribunal da Inquisição, que é convertido em verdadeiro tribunal régio; firma sobre alicerces seculares a censura oficial e cria, para esse efeito, a 'Real Mesa Censória'; expulsa os jesuítas, que defendiam a doutrina da resistência ao poder dos tiranos; interrompe as relações com a Santa Sé e sugere a 'Tentativa Teológica' do P.e António Pereira[100], que defende a doutrina de que os bispos podem, durante a interrupção das relações com o Sumo Pontífice, resolver todos os negócios eclesiásticos, governar a Igreja e ser sagrados sem confirmação papal; reduz os privilégios e regalias eclesiásticas; persegue os membros da Igreja mais zelozos; aniquila a alta nobreza[101]; aprisiona, expulsa da corte e exila os secretários

---

[99] *Apud* ANTÓNIO G. MATTOSO, *Op. cit.*, p. 336.

[100] António Pereira de Figueiredo, polígrafo, tradutor da Bíblia para português, autor de uma vasta obra. Cf. JOSÉ ADRIANO DE CARVALHO, *Dos significados da divulgação de Gerson como profeta do Portugal pombalino pelo P. António Pereira de Figueiredo*, separata da "Revista da Universidade de Coimbra", vol. XXXI, 1984, pp. 337-372 (1986); CÂNDIDO DOS SANTOS, *António Pereira de Figueiredo, Pombal e a Aufklaerung. Ensaio sobre o regalismo e o jansenismo em Portugal na segunda metade do século XVIII*, in "Revista de História das Ideias", Instituto de História e Teoria das Ideias, Coimbra, 1989, n.° 4, I, p. 167-203, etc.

[101] O caso dos Távoras ainda há não muito tempo se encontraria presente na memória colectiva.

de estado que caem no seu desagrado[102]; nega às Cortes qualquer ingerência na vida da Nação; reprime com penas severíssimas e deshumanas as mais leves reclamações do povo[103]; castiga, a maior parte das vezes sem processo, todos os que, de qualquer forma, se opõem às suas decisões ou manifestam o seu desagrado pela maneira como decorrem os negócios públicos."

Todos estes aspectos têm, no fundo, a ver com a subsistência de velhos mitos, como sejam a existencia de direitos, de classes, com as suas prerrogativas, enfim, tudo isto se relaciona com a constituição do reino, que Pombal teria calcado aos pés, sufocando as liberdades: políticas, religiosas, sociais, etc.. Mas mesmo para os que queiram enaltecer a obra económica do Marquês, imediatamente contrapõe o autor em apreço:

"Sob o ponto de vista económico, tomando por modelos Colbert e Louvois[104], cujas doutrinas já estavam desacreditadas[105], proibiu a saída de ouro para o estrangeiro, medida que não foi posssível manter[106]; protegeu

---

[102] Termina aqui a citação que nos dá SÉRGIO CAMPOS MATOS, *História, Mitologia, Imaginário Nacional. A História no Curso dos Liceus* (1895-1939), Lx., Livros Horizonte, 1990, p. 69, ilustrando o que chama "um subtil mecanismo de inculcação ideológica, neste caso, no sentido de desvalorizar a figura de Pombal. O mesmo autor assinala a mudança de tom, pela utilização do pretérito perfeito em conjugação reflexa, inculcando a ideia de um sujeito indeterminado da acção, no caso da acção pedagógica de Pombal - "fez-se isto, fez-se aquilo..."

[103] Como no caso dos taberneiros do Porto, que se queixavam, invocando os seus velhos direitos, contra os monopólio das companhias vinícolas recém-criadas.

[104] Atente-se na preocupação do autor em sublinhar, mais uma vez, a filiação francesa (logo não nacional, estrangeirada) do pensamento de Pombal. Não só se lhe retira originalidade como, num período de forte nacionalismo como ideologia oficial, tal influência adquire uma conotação negativa. Aliás, não deixa de ser interessante efabular um pouco sobre a recepção deste aspecto, uma vez que esta obra teve, pelo próprio facto de ter sido livro único, uma enorme difusão no seu tempo (a nossa edição é, relembremo-lo, a 12.ª, a 2.ª edição data de dez anos antes, é 1939, e o nosso exemplar vem numerado 26491). Refira-se a coincidência (obviamente fortuita) de que, logo na quarta linha do seu livro sobre Pombal Agustina refere a influência de Colbert. Cf. AGUSTINA BESSA-LUÍS, *Sebastião José*, 2.ª ed., Lx., Imprensa Nacional - Casa da Moeda, 1984, pp. 9 e 10. Será um "tópico"?

[105] Note-se a tomada de partido.

[106] Regista-se o primeiro fracasso da mão de ferro do Marquês, incapaz de dominar leis mais fortes.

a indústria nacional, por meio da proibição da importação de certos artigos[107]; fundou empresas do Estado ou por ele subvencionadas; criou companhias majestáticas, às quais concedeu o monopólio de certas transacções, serviços e venda de artigos[108]; lançou indústrias novas, com o fim de evitar ao mercado interno a compra de artigos estrangeiros, etc."[109]

Para quem tivesse alguma veleidade de julgar favoravelmente esta acção governativa no plano económico, conclui Mattoso: "Estas medidas não produziram os resultados que o Marquês tinha em vista (...)".

A justificação desta improficuidade de esforços não nos é dada aqui, mas prometida para depois, ganhando esta conclusão o sabor de verdade apodíctica, de dogma inquestionável, ou de conclusão evidente. De facto, o período que acabamos de citar termina assim: "...como mostraremos brevemente."

De facto, mais tarde somos esclarecidos, e desta feita com o auxílio de uma *autoridade*, Lúcio de Azevedo, citado longamente. Destacamos o seguinte passo, mais esclarecedor:

"No próprio momento em que as criações de Pombal parecem inaugurar uma nova época de riqueza e de bem-estar, situação mais outra se nos revela nos brados do povo clamando a sua miséria, nas angústias do tesouro sob o constante assédio dos credores. Sem embargo de fama em contrário, a gestão económica de Pombal foi quase sempre infeliz."

E, parecendo corroborar expressa e directamente a afirmação anteriormente feita por Mattoso:

"Providências em que fundava seguras esperanças, davam afinal precário resultado, depois de haverem introduzido graves perturbações na vida económica, generalizado o descontentamento, arruinado não poucas fortunas (...)"

---

[107] Uma nota simpática, e nacional. Mas, mesmo assim, só à custa de "proteccionismo" (que, contudo, era bem visto na época em que o livro saíu) e de proibição (o que, apesar de tudo, dá o tom do tipo de métodos utilizados, mesmo nos benefícios advindos do Marquês).

[108] Colectivismo *avant-la-lettre*?

[109] O quadro parece inflectir um pouco nas cores tão negras. Mas...eis que o período e o parágrafo seguintes vão rematar, com um balanço profundamente negativo.

Mas o mais decisivo, nesta apreciação de Pombal[110], parece-nos ser dado pelos dois parágrafos seguintes, os quais encerram toda a "moral da história". O primeiro, sintetiza o governo nefasto de Pombal. O segundo, fazendo prospectiva e avaliação, indica as terríveis consequências que acabaria por acarretar, por via dos maus remédios que para os seus males se procuraram aplicar:

"A acção de Pombal foi nefasta à Monarquia Portuguesa[111]. Trocou o sistema paternal da Realeza pela autocracia intolerante; deu ao monarca o carácter dum Deus despótico, convertendo-o, de chefe e primeiro português, em tirano omnipotente; aniquilou a força das classes, sobre as quais se apoiava o governo da Nação."

E o parágrafo seguinte, explicando afinal toda a história futura:

"A reacção que se levantou contra as suas medidas envolveu no mesmo ódio a soberania do Rei e os princípios tradicionais do governo do País[112]. Para se evitar a repetição de uma situação semelhante substituiu-se

---

[110] Que, de resto, se prolonga por várias páginas, debruçando-se sobre a acção política, a obra de fomento, e a pedagógica (pp. 338-346)

[111] É interessante e significativo dizer-se "à *Monarquia*". Pelo que se vai ver a seguir.

[112] Assim fica facilmente explicado muito do republicanismo ulterior. De facto, as acusações de monarcómano e republicano começam realmente após a desgraça de Pombal. E Ribeiro dos Santos não será poupado a suspeitas. E há alguma verdade neste facto, independentemente das paixões políticas. Ainda hoje, muito boa gente pensa em Portugal que o absolutismo dos nossos primeiros reis era algo de semelhante ao poder férreo do despotismo iluminado. Esta crença encontra-se espalhada mesmo em pessoas com obrigações de cultura. Por vezes, alguns manuais, acabam por inculcar essa ideia, sem dúvida involuntariamente. Cf. a seguinte passagem do livro oficialmente adoptado para o 2.º ano do ciclo preparatório, da autoria de FINS DO LAGO, *História e Geografia de Portugal*, Porto, Porto Editora, s/d [ante 1971], p. 104 : "Era costume os reis, em Portugal, governarem como senhores absolutos. Eram eles que *faziam as leis* como entendiam e queriam. Eram eles que as aplicavam, através dos ministros e de outros seus servidores. E eram ainda eles que julgavam ou mandavam julgar, nos tribunais, os que não cumpriam essas leis. E isso de ser o rei a *fazer* e a *aplicar* as leis e ainda a julgar os que as transgrediam é que é propriamente o **absolutismo real**" (*sic*). A referida cosmovisão geral da monarquia é soberbamente ilustrada, ainda que de forma caricatural, por estas respostas dadas em pontos escritos, por vários alunos do Ciclo Preparatório (6.º ano de escolaridade): "monarquia hereditária [quer significar] uma forma de governo que busca o desenvolvimento da actividade económica através do lançamento de impostos"; "monarquia constitucional é um país

o governo de um só pelo governo de todos, fórmula nova da tirania, com a única diferença do tirano passar a ser o povo, com as suas mil cabeças e mil braços."

Em suma, a história de Pombal é uma parábola de aviso para a história futura, isto é, para a história do presente.

Ao império da obra de Mattoso sucedeu em Portugal, no ensino secundário, uma situação de maior flexibilidade, que na prática resultou na divisão do mercado entre dois manuais aprovados oficialmente, seguidos por um outro, como que *tolerado* como obra de apoio, mas não oficial. Todos tiveram bastante longevidade. Entretanto, nesta nova fase, os autores lançaram-se *à conquista* do mercado do ensino técnico profissional e depois do ensino preparatório.

Os manuais abandonam claramente o discurso de mais ou menos explícita consonância com o regime, à excepção (mas bastante mais moderada) da obra oficial do último ano do liceu. Importa também reconhecer que nem todos os autores de manuais aprovados se identificariam com o regime. Em alguns casos, muito pelo contrário, até.

Com estes dados de base, analisemos brevemente a imagem que de Pombal é dada nestes manuais. Ela reflecte decerto algumas das primeiras informações que tiveram sobre o Marquês os actuais professores do meio da carreira, e os pais das crianças que eles ensinam, na medida em que um daqueles manuais certamente os apanhou durante o seu *cursus studiorum*.

O Manual do Ciclo preparatório de Camilo Fins do Lago[113] começa por uma predisposição positiva face a Pombal:

---

que governa um rei através de leis" (que, aliás, encerra profunda sabedoria); correlativamente, "República é os partidários da monarquia que não desistiam de tomar o poder." (*sic*) (o que pode, nalguns casos, ter certo fundamento subtil), etc. Cf. LUIS MASCARENHAS GAIVÃO - *História de Portugal em Disparates*, Lx., Europa-América, 1987, respectivamente pp. 18-19, 77, 84, etc.. Recentemente, chamando a atenção para uma visão comum (mas inadequada) dos "privilégios", GUILLAUME BERNARD, *Morale, Politique et Droit. Des Classiques aux Modernes: Remarques sur l'inversion des principes philosophiques du droit pénal*, in "Anales de la Fundación Francisco Elías de Tejada", Madrid, ano V, 1999, p. 128.

[113] FINS DO LAGO, *História e Geografia de Portugal*, Porto, Porto Editora, s/d [ante 1971].

"...Sebastião José de Carvalho e Melo, futuro marquês de Pombal[114] que procurou resolver as dificuldades existentes através de um conjunto de medidas e reformas."[115]

E acrescenta logo a seguir, concretizando a actividade benéfica do benemérito governante:

"O Marquês[116] publicou várias leis, com o fim de facilitar o desenvolvimento do comércio, das indústrias e da agricultura.[117]"

No capítulo seguinte, passa-se à instrução. Aqui, por mera coincidência com Mattoso, Lago é também, a princípio[118], impessoal, mas não deixa de atenuar a carga negativa do apodo de "estrangeirados", tão responsáveis pelas reformas no sector. Além de não se referir a esse conteúdo semântico[119], o que é uma omissão significativa, ensina Fins do Lago:

"Chamou-se até 'estrangeirados' a esses homens, por terem vivido muito tempo no estrangeiro e se terem deixado influenciar[120] pela cultura, usos e costumes dos países onde estiveram."

---

[114] Só o nome completo e o título "futuro", que para mais aparecem no texto a cheio, são impressionantes para o desprevenido estudante de onze anos. Para mais num tempo em que a desmitificação dessas coisas sonantes ainda não era lugar comum. Estamos no Portugal do início dos anos setenta. Já há contestação estudantil, mas não aos onze anos...

[115] FINS DO LAGO, *História e Geografia...*, cit., p. 40.

[116] Agora com maiúscula e continuando em caracteres a cheio (negrito).

[117] A acção positiva do Ministro centra-se, assim, nos factores prevalentemente económicos, dessa infraestrutura que na época a esquerda marxista ortodoxa sinceramente acreditava ser a base da sociedade. Logo, uma boa actividade no domínio económico equivaleria ao principal. Registe-se ainda, lateralmente, a crença de que a economia se desenvolve por decreto. Afinal, para haver riqueza, basta publicar umas leis. Esta mentalidade persiste arreigada, e cuidamos que também aqui não há uma intenção ideológica positivista legalista do autor. Apenas reproduz o que é voz corrente. De seguida, passa a enumerar as medidas concretas na indústria, no comércio, nas pescas, novamente na indústria e finalmente na agricultura (*Op. cit.*, pp. 40-41).

[118] O mérito das reformas educativas é-lhe creditado a pp. 48 ss..

[119] O "até" é o único indício, muito ténue, dessa conotação. E obviamente nada significa para quem o não saiba contextualizar por referentes prévios nesse sentido. Por outro lado, o itálico de "estrangeirados" e "estrangeiro" atenua mais ainda a carga pejorativa do primeiro vocábulo, sugerindo e aproximando uma derivação "tranquila".

[120] Dá-se a ideia de uma aculturação natural, nada dramática, nem sequer na importação que subsequentemente procurarão fazer de modelos alheios. O que vai ser ainda mais patente no parágrafo seguinte, não só desdramatizador, como apoiante.

O parágrafo seguinte é ainda mais esclarecedor:

"Esses 'estrangeirados' criticaram a instrução e a cultura portuguesas, considerando-as muito atrasadas em relação às dos povos que eles conheciam.[121]"

E segue-se o rol da tradicional desgraça nacional na educação, seguida das maravilhas conseguidas pelo Marquês.

Apenas começa a empalidecer a imagem do estadista quando, no capítulo seguinte, se tem de curar do absolutismo. Além de a páginas 54 se repetir o nome completo e o título futuro, que já conhecíamos da página 40, desta feita, respectivamente em itálico e cheio, alguns adjectivos menos agradáveis vão ter que figurar, contrabalançando o quadro idílico[122]. Fala-se então na "horrorosa forma" como foram "castigadas"[123] as pessoas envolvidas no alegado atentado a D. José. Fala-se na bárbara execução de alguns nobres, e alude-se mesmo ao facto de os criados destes terem sido estrangulados, depois de lhes terem quebrado os ossos dos braços e das pernas[124].

Mesmo assim, a obra em análise dá-nos uma sequência de acontecimentos que nos podem fazer pensar que todas as atrocidades do Marquês seriam qualquer coisa como excesso intensivo de legítima defesa.

A história começa assim:

---

[121] É a veiculação pura e simples do mito provinciano (mas pseudo-progressivo) do atraso nacional, indício seguro de "estrangeiramento".

[122] *Op. cit.* , pp. 55-56.

[123] Se há castigo, há crime, há culpa. Este é um decerto involuntário elemento de atenuação.

[124] É de notar esta nota de realismo na descrição precisamente da sorte dos criados e não dos amos, também eles "barbaramente" torturados. Por mais bárbara que seja a tortura, produz muito maior impacto a apresentação de factos concretos da tortura. Em contraste com vários outros autores, Fins do Lago aproveita para propiciar um paralelo entre a repressão à nobreza e ao povo, porquanto após o relato do caso do atentado, e uma breve alusão à expulsão dos Jesuítas (e na repressão religioso haveria também muito que dizer-se), passa ao episódio do aumento do preço do vinho a retalho e da manifestação contra tal ocorrida no Porto, assinalando a condenação à morte de dezenas de populares (p. 56).

Primeiro, logo no início das suas funções[125], sabedor de algum descontentamento na nobreza e no clero[126], Pombal teria advertido *"que [eles] tinham que obedecer rigorosamente á vontade do rei."* (*sic*, p. 55). Este aviso parece ser uma espécie de hombridade de quem fixa desde logo as regras do jogo.

Depois, veio esse providencial terramoto, no qual, a acção pronta de Pombal salvou o país. Isso terá inculcado nas classes privilegiadas a ideia de que D. José estava "manejado" por Carvalho e Melo. Não se diz, mas ficamos com a suspeita que nobreza e clero tivessem ficado roídos de inveja.

Vai daí, "para se oporem a esse *absolutismo"* (*sic*), esforçaram-se por que o rei demitisse o Marquês, acusando-o de atropelos e ilegalidades.

Debalde – "o *ministro*[127] manteve toda a confiança e todo o apoio do *rei*[128].

E depois desta derrota completa dos inimigos do Marquês, sem mais, introduz-se o facto de um atentado. O autor faz-nos ouvir tiros, disparados contra a carruagem real, e dá-nos mesmo a data do sinistro sucesso – 1758. Tudo contribui para a cor local, para a acção, para a verosimilhança. Mais. Diz-se que o rei ficou ferido.

E é óbvio que nós temos que ver clero e nobreza, enraivecidos e vingativos, tentando matar o seu rei, por ciúmes do seu ministro[129].

---

[125] É significativo que o texto diga : "Logo no início do reinado", fazendo-se eco inconsciente das já referidas ideias de confusão entre o ministro e o rei.

[126] Em itálico no texto. Note-se a omissão do povo.

[127] Em itálico, talvez para reforçar o sentido etimológico e arcaico de humilde, mínimo, servidor...

[128] Também em itálico, em plena harmonia com o seu ministro... até graficamente.

[129] O móbil do crime é complexo. Queixa-se a nobreza e queixa-se o clero por o rei não ser mais rei, cedendo poderes ao seu valido. Mas em lugar de eliminar o ministro, extermina-se o rei. Sem ser impossível, nem inédito, é tortuoso. Embora não pareça à leitura apressada do aluno, o qual vê na concatenação dos factos uma clara responsabilidade dos incriminados. Sobre a imprescindibilidade de se matar primeiro o rei (e o dito corrente então "Só por morte do Rei!"), sem o que Pombal, por ele apoiado sempre, não cairia, Cf. ANGELO RIBEIRO, "D. José e Pombal: o governo de força", in DAMIÃO PERES (direcção), *História de Portugal. Edição Monumental comemorativa do 8.º centenário da fundação da nacionalidade*, Barcelos, Portucalense Editora, 1934, Vol. VI, p. 213.

O *Marquês de Pombal: Estado vs. Liberdade*

É verdade que Fins do Lago alude ao julgamento secreto dos acusados. Mas não refere, como fazia Mattoso, que houve tortura nos interrogatórios, não só aos réus que foram questionados (porque nem todos o seriam) como às testemunhas, que a sentença foi proferida sem se ouvir a defesa, (que não pôde sequer falar com os demandados) e que as penas aplicadas deram de barato o princípio (todavia ainda não aplicável na época) do *nullum crimen sine prævia lege pœnale*: eram mais graves que todas as previstas[130].

Finalmente, Fins do Lago só termina a sua exposição sobre Sebastião José depois de desfazer o mito do "nivelamento social" que ele teria introduzido[131]

Explica Fins do Lago que a parificação social então ensaiada mantinha as diferenças de classe: fá-lo ao longo de mais de uma página[132].

Em 1973, um ano antes da queda do Estado Novo, o mesmo autor, escrevendo agora uma História Universal, em colaboração, e para estudantes do Ensino secundário[133], toma mais fôlego ainda na defesa de Pombal.

---

[130] ANTÓNIO G. MATTOSO, *Compêndio de História de Portugal*, cit., p. 339.

[131] É possível que o autor tivesse na memória o impressivo título da parte da obra de João Ameal dedicada ao período pombalino: *a monarquia da tábua raza*. Cf. JOÃO AMEAL, *História de Portugal*, das origens até 1940, 4.ª ed., Porto, Livraria Tavares Martins, 1958. É importante lembrarmo-nos que esta obra foi muito popular no seu tempo (talvez pelo seu carácter patriótico, aliado a um estilo muito vivo e de fácil e empolgante leitura, ao ponto de Reis Torgal a ter considerado o produto mais acabado da ideologia histórica do Estado Novo. [Esta observação, porém, talvez seja exagerada, porquanto Ameal é um monárquico e legitimista convicto, o que não esconde, enquanto Salazar, pelo seu carácter pragmático, se era monárquico de formação, considerava porém a questão do regime uma matéria secundária].

[132] *Op. cit.* , pp. 56- 57.

[133] Mas numa edição que em muitos aspectos nos parece ser a adaptação a alterações de programa de um mais antigo manual, com várias edições já, e cuja inovação mais marcante consiste nos capítulos terminarem por um resumo, um questionário, um vocabulário e uma cronologia, deixando transparecer mais o abrandamento da exigência dos estudos, características típicas das reformas sucessivas do ensino, a partir pelo menos dos anos 70, em Portugal. Cf. FINS DO LAGO/MARIA JOSÉ DINIZ, *História. 5.º ano. Idade Moderna. Idade Contemporânea*, Porto, Porto Editora, 1973. Cf. ainda mais antigas obras de Fins do Lago, que reputamos de excelentes, e que transcenderam a da sua inspiração ideológica.

88   *Faces da Justiça*

Primeiro, arremete contra a ideia da passividade de D. José, comprometendo-o com a governação. Fá-lo pedagogicamente, sem polémica, sem aludir directamente à discussão[134]. Insiste depois na advertência do novo *dura lex sed lex*, fazendo os bons alunos recordar o estudado três anos antes.

Explica-se melhor de seguida a razão da malquerença dos Jesuítas, e elogia-se mais rasgadamente a acção reconstrutora do estadista aquando do cataclismo lisboeta.

O que permite explicitar também o que antes se calara[135], isto é, que tudo era uma grande questão de inveja: "As medidas tomadas prestigiam o Marquês e aumentam o número dos seus inimigos."

Depois, o autor repete, embora com mais pormenores, o discurso anterior, aludindo sucessivamentre ao caso do assalto à Companhia dos Vinhos do Alto Douro, ao atentado ao rei, e à expulsão da Companhia de Jesus.

Um processo retórico novo, pacificador, é introduzido. Consiste ele na inversão dos termos da questão, na mudança da ordem dos elementos mais negativos e mais positivos do governo do ministro.

Assim, se no livro do 2.º ano primeiro vinham os aspectos positivos (economia) e depois os negativos (excesso nas punições), terminando-se novamente por aspectos positivos (ensino), moderando, embora, no final, um possível entusiasmo (afinal *não houve nivelamento de classes*), estratégia sobretudo apta a criar, antes de mais, uma boa receptividade à figura, por parte de quem provavelmente dela pouco saberá[136], já no livro do 5.º ano, com um público presumivelmente mais preparado, pode-se conglobar numa parte final toda a obra positiva do marquês (economia e

---

[134] Refere apenas que, "à luz da actual investigação histórica", coisa algo mítica assim dita sem mais, "a acção de ambos [rei e ministro] de tal modo se identificará que não é possível distinguir (...)" (FINS DO LAGO/MARIA JOSÉ DINIZ, *História, cit.*, p. 176).

[135] Estamos agora em pleno consulado de Marcello Caetano, pode-se falar mais alto. E falar bem do Marquês já é corrente. A propaganda anti-clerical - ou apenas jocosa - já diz sem receio, virando-se para a estátua desse homem que nunca o foi: "salta daí ó marquês, que eles aí estão outra vez", em clara alusão a Jesuítas e outros religiosos.

[136] Já que a primeira impressão conta muito, é vital começar-se por dizer bem ou mal da figura, consoante o impacto que se pretenda produzir.

ensino), não esquecendo a inevitável referência a que não houve igualitarização de classes. Nesta fase, avalia-se Pombal não já pela primeira
impressão, mas pela última, a qual se liga à reminiscência do 1.º ano. Um
homem de acção, de mão pesada, mas competente, progressivo, embora o
seu tempo ainda não estivesse maduro para a igualitarização de classes. Se
não, qual o significado deste período: "Não se vislumbra, nas medidas
tomadas, qualquer intuito de nivelamento de classes, aliás incompreen-
sível naquela época e circunstâncias históricas."?

Aliás, assim pode precaver o autor os seus leitores contra as ideias
adversas que ligam tal igualitarização com despotismo, por um lado, e,
por outro, desfaz essa outra ideia, também corrente noutro tipo de historiografia, segundo a qual o pombalismo foi época de rebaixamento de todos à coroa, e a uma classe burguesa-burocrática, uma espécie de *nomen-
klatura avant-la -lettre*.

A comparação entre Mattoso e Fins do Lago já nos parece bastante
esclarecedora de duas atitudes, para mais representadas por dois manuais
escolares que influenciaram muitos e muitos portugueses.

Mas outros houve, a que faremos referência, embora mais breve,
porque o essencial da questão já se encontra, assim, ilustrado.

Os manuais classicamente concorrentes, no mesmo período, com o
de Fins do Lago, foram os de Fernada Espinosa e Maria Luisa Guerra. No
ciclo preparatório, passou a haver já mais títulos. Julgamos que tendo
entretanto falecido Fernanda Espinosa, Maria Luisa Guerra procurou o
apoio de um geógrafo, Amílcar Patrício, dado o carácter ecléctico desta
cadeira preparatória do Liceu. Todavia, durante vários anos, no Liceu[137],
os dois manuais correram a par[138].

O estilo deste manual de Fernanda Espinosa e Maria Luísa Guerra é
mais sincopado, mais incisivo, o que é facilitado por uma clara divisão de
cada simples parágrafo.

---

[137] Por economia expositiva, e para arredar tautologias escusadas, só curaremos a
partir de agora, em sede de manuais, dos referentes ao ensino liceal.

[138] O aspecto gráfico do manual de autoria feminina era talvez mais cativante, desde
as primeiras edições. Os manuais de Fins do Lago tinham aspecto mais severo, o que só
se viria a alterar nos que assinaria em colaboração com Maria José Diniz.

Carvalho e Melo é neste livro, tal como no de Mattoso, desde logo enquadrado no programa político do "despotismo esclarecido". Fala-se logo a seguir nas perseguições (omitindo-se a repressão aos populares), mas poupando-nos quaisquer pormenores ou até adjectivos. O mesmo se diga da política económica, e educativa.

De uma maneira geral o estilo é directo, seco, sem comentários. Aqui e ali, na enumeração dos melhoramentos, escapa uma formulação que pode sugerir encómio. Por exemplo: o dizer-se que foi criada a primeira fábrica de refinação de açúcar, conquanto seja um facto simples, não pode deixar de provocar nos espíritos educados para o desenvolvimentismo, uma certa adesão. O mesmo poderá sugerir a própria palavra "fomento"[139], etc. Mas são pequenos tópicos...

De uma maneira geral, nota-se a preocupação de não fazer ideologia. Mas a vivacidade do quadro e a avaliação real do sentido da situação pode resultar prejudicada. A enumeração dos eventos, com comentário (e sobretudo a sua acomodação segundo uma perspectiva) pode deformar. Mas pouco forma um catálogo de factos[140]. Deve reconhecer-se. E que factos nos trazem "interpretações"?

A obra de Ferreira Torres tinha de competir em clareza, concisão e atractivos com as demais, não no sentido de as destronar, mas alcançando um lugar paralelo e complementar[141].

A maior novidade deste manual[142] face aos analisados é fazer constar as ideias políticas de Pombal do *Testamento Político* de D. Luís da Cunha,

---

[139] Estava-se na época dos modernizadores e desenvolvimentistas "planos de fomento nacional".

[140] Embora a pacificação de Maria Luisa Guerra e Fernanda Espinosa não deixe de constituir uma trégua na historiografia dos livros adoptados, pode tratar-se de uma paz geradora de passividade e equívoco. Poderia proferir-se a esta relativa diluição da polémica a apresentação agónica e a discussão dialéctica dos pontos de vista em confronto.

[141] A obra de Ferreira Torres, editada pela dinâmica concorrente da Porto Editora (decerto a principal, à época, para livros escolares), as Edições Asa, manteve, ao longo de várias edições (usámos a 5.ª do vol. III e, por essa altura, o vol I ia já na 6.ª), o formato de livro de bolso e, mesmo quando os manuais oficiais eram apenas expositivos, incluía questionários, muitos deles tirados de provas de exame, que na altura eram nacionais.

[142] FERREIRA TORRES, *História Universal. Idade Moderna - Idade Contemporânea*, III vol., 5.ª ed., Porto, Edições Asa, s/d [meados da década de 70].

seu antecessor no cargo, como "primeiro ministro" de D. João V[143]. O autor mostra claramente (mas sem a eloquência empenhada de Mattoso) a sua antipatia pelo Marquês, apesar de não minimizar nem sequer comentar a obra educativa, económica ou de reconstrução[144], e neste último ponto se assemelha a Maria Luísa Guerra e Fernada Espinosa.

A antipatia resulta, pois, de razões propriamente políticas. Apenas um exemplo: ao contrário de Fins do Lago (isolado neste tipo de obras quanto a este aspecto), acentua o nivelamento social, aproveitando para utilizar algumas expressões inequívocas:

"O país, apavorado com a hecatombe de 1755, entregou-se nas mãos do marquês. E a acção do *déspota* não se fez esperar. *Esmaga* a nobreza e o clero, classes já sem a preponderância de outrora mas ainda assim as únicas capazes de se oporem às suas *prepotências de ditador.*"[145]

O autor não deixa também de assinalar as arbitrariedades no processo e a barbára execução dos incriminados no caso do atentado ao rei, embora poupando-nos os pormenores[146]. Também assinala a expulsão dos Jesuítas, a que faz seguir um pequeno título a cheio sobre o "Procedimento anti-religioso do marquês de Pombal"[147]

Duas palavras sobre a obra Martins Afonso[148] que, nos anos quarenta, polemizou com Mattoso.

Mercê do âmbito do seu trabalho, dedicado a alunos do 7.º ano do Liceu[149], Martins Afonso apenas cura de Pombal sob os aspectos económico e educativo.

---

[143] *Op. cit.*, p. 113: "Toda a actividade do marquês de Pombal encontra-se resumida nesse testamento."

[144] *Op. cit.*, respectivamente pp. 120-121; 118-119; 115-116.

[145] *Op. cit.*, p. 116 (sublinhados nossos).

[146] *Idem, ibidem.*

[147] *Op. cit.*, p. 117.

[148] A. MARTINS AFONSO, *Curso de História da Civilização Portuguesa*, 8.ª ed., Porto, Porto Editora, s/d.

[149] E que já haviam cursado, apenas no ensino secundário, dois anos de História e Geografia de Portugal, três de História (geral e pátria), e um de História (geral) da civilização (na época, em dois volumosos e documentados tomos de ADRIANO VASCO RODRIGUES, *História Geral da Civilização*, Porto, Porto Editora, com várias edições).

Começando por este, é muito claro. Até parece mais claro que Mattoso[150], pois intitula o seu capítulo "A ditadura económica de Pombal"[151].

Resumindo: Pombal encontra, ao chegar ao poder, uma má situação económica. Entendia "libertar o país da vassalagem ao comércio britânico", o que até parece ter sido boa coisa[152]. Para atingir o seu objectivo, chama a si toda a economia, e a sua obra "revela uma certa grandeza e unidade de conjunto, no sentido de activar e valorizar a produção nacional (...)"[153]

Contudo – e este ponto é mítico-ideologicamente muito importante – foi um precursor da "economia dirigida". Além de que exerceu uma "autoridade despótica e sem limites", e, na sua política de fomento, esqueceu algo de elementar, cometendo um erro de palmatória: não curou das vias de comunicação.

As expectativas não se verificaram, as companhias arruinaram muitos, o Tesouro alimentou um comércio marítimo e uma indústria artificiais e efémeros. Em consequência, e para terminar:

"Quando D. José faleceu, o erário régio devia grandes somas: crescera a dívida pública em padrões de juros, devia-se o pré às tropas, deviam-se os salários aos operários das oficinas do Estado, muitos fornecimentos à Casa Real, e aos criados do paço as soldadas de muitos anos."[154]

Como dissemos, Martins Afonso louva as reformas educativas do período pombalino, e dá dos estrangeirados uma visão em tudo semelhante à de Fins do Lago, embora talvez mais sóbria. Parece, porém, pelo

---

[150] Quiçá para compensar a ausência de oportunidades para uma crítica no terreno político, e até porque a sua opinião sobre a obra educativa de Pombal (já o mostrara na polémica com Mattoso) é até positiva. De resto, o autor aproveita uma nota de pé de página para, a propósito da Real Mesa Censória, criticar o carácter retrógrado, e assim não iluminista, de Pombal. Cita os exemplos de censura a obras progressivas, e assinala a brutal acção do Santo Ofício, designadamente mandando queimar vivo o "velho e inofensivo jesuíta Pe. Malagrida" (*Op. cit.*, pp. 309-310).

[151] *Op. cit.*, pp. 288-292.

[152] *Op. cit.*, p. 289. Aliás, se Martins Afonso não valorasse positivamente o facto, não utilizaria o termo vassalagem, de conotações normalmente negativas, e manifestamente desadequado a espelhar simplesmente a dependência em causa, não fora o pretenderem-se, com ele, efeitos metalinguísticos.

[153] *Op. cit.*, p. 291.

[154] *Op. cit.*, p. 292.

menos condescender com o iluminismo quando acusa Pombal de com ele ser incoerente[155]. Mas se refere a "notável" reforma da Universidade, dela não lhe atribui os méritos. De facto, em nota de rodapé, explicita:

"Tudo isto [afinal, o barbarismo retrógrado da censura e da inquisição pombalinas] mostra bem que as reformas pedagógicas denominadas pombalinas foram obra, não propriamente de pombal, mas dos eruditos colaboradores de que soube rodear-se."[156]

Além disso, é também referida a ditadura pedagógica do marquês, o ataque à escolástica e a Aristóteles, e um empirismo férreo, fiscalizado, impeditivo da "livre especulação filosófica"[157].

Em suma: nos últimos anos do Estado Novo a pluralidade de opiniões e tratamento oficial ou semi-oficial do tema é um facto. Todavia, é inegável que os aspectos negativos ainda prevalecem sobre os positivos. Nem sempre foi nem será assim...

Pombal foi deificado por alguma historiografia liberal e sobretudo pela da República positivista.

Emídio Garcia, conhecido professor de Direito em Coimbra e propagandista acérrimo do credo comteano – o qual pregava em todas as cadeiras, por mais técnicas, que lhe fossem confiadas – é um panegirista do Marquês[158].

O mesmo sucederia com Teófilo Braga, primeiro Presidente da República, principal e incansável teórico das ideias positivistas entre nós[159], para o qual todo o mal feito pelo ministro está compensado pela

---

[155] Cf. nota a tal propósito, *supra*.

[156] *Op. cit.*, p. 310.

[157] *Op. cit.*, p. 313.

[158] Cf., a começar pelo título, evidenciador das razões do encómio, EMÍDIO GARCIA, *O Marquês de Pombal. Lance d'olhos sobre a sua ciência, política e administração; ideias liberais que o dominavam e primeiras tentativas democráticas* , 2.ª ed., Lx., Oficina Tipográfica, 1905.

[159] O qual, porém, seguindo aliás o exemplo dos contestatários da geração de 70 e próximos (excepção feita de Antero, que se suicidara), como um Eça, escrevendo vidas de santos e pregando, n'*A Cidade e as Serras*, a saída de Paris e o retorno à aldeia natal portuguesa, viria nos últimos tempos a propender sobretudo para a defesa de valores nacionais. Além de que - conta-se, entre o verídico e o anedótico -, perguntado durante a guerra se era anglófilo ou germanófilo, teria respondido, algo enfadado com a política: "sou Teó...filo !" (e, na altura, escrevia-se, mais convincente e etimologicamentre, *Teóphilo*).

luta sem quartel que contra os Jesuítas travou. Para o anticlericalismo republicano[160], que teria o seu expoente mítico em Afonso Costa, Pombal era um precursor, um desses nobres pergaminhos de ascendência ilustre a venerar e enaltecer.

As posições favoráveis ao Marquês nos manuais escolares datam já da monarquia constitucional. E só a partir dos anos trinta se começa a instalar o mito negativo[161].

Cândido de Figueiredo já vai em 1888 na 3.ª edição da sua *História de Portugal sumariada*[162], atingindo a 5.ª depois de implantada a República (1910), em 1913. Esta frase tudo esclarece: "homem reformador, activo e desafeiçoado dos jesuítas"[163].

Em 1896, sai a primeira edição da *Notícia...* de Arsénio A. Torres de Mascarenhas, reeditada em 1901[164], obra destinada ao ensino no primeiro ano do curso liceal. O autor publicaria ainda um *Compêndio*, dirigido aos três primeiros anos liceais[165], em que prodigaliza os elogios ao "ilustre" e "benemérito" estadista. Para Mascarenhas, Pombal é um "génio organi-

---

[160] Que, além de confiscar os bens da Igreja, laicizar por completo a sociedade (ao ponto de proibir manifestações religiosas, como toque de sinos ou procissões), tratou os sacerdotes como criminosos, submetendo muitos deles a testes criminológicos, designadamente antropométricos, com a lombrosiana pista de que, eventualmente, fossem criminosos natos. Cf. JAIME NOGUEIRA PINTO, *As Origens do 28 de Maio*, in "Futuro Presente", n.º 5/6, Lx., 1981, pp. 16-19; VASCO PULIDO VALENTE, *Ideias feitas e por fazer*, 'República', in "O Independente", n.º 175, p. III, 11.

[161] A "revolução nacional" que acabou com a I República, instituindo uma "ditadura" (oficialmente terminada com a Constituição de 1933), deve ter favorecido o que a pressão (se não mesmo a censura) positivista não permitia. Coincidindo neste eixo temporal para a mudança de sentido, SÉRGIO CAMPOS MATOS, *História, Mitologia, Imaginário Nacional*, cit., p. 161.

[162] CÂNDICO DE FIGUEIREDO, *História de Portugal sumariada. Para uso do povo e das escolas*, 3.ª ed., Lx., Livraria Ferreira, 1888.

[163] *Idem*, p. 101

[164] ARSÉNIO A TORRES DE MASCARENHAS, *Notícia de alguns homens mais notáveis e episódios da História Portuguesa*, 2.ª ed., Lx., Tipografia do Comércio, 1901.

[165] ARSÉNIO A. TORRES DE MASCARENHAS, *Compêndio de História de Portugal*, 4.ª ed., Lx., Libânio da Silva, 1907. Além de ser também responsável por várias edições de um *Resumo da História de Portugal* para o ensino primário.

zador"[166], homem dinâmico, resoluto, mas, talvez por isso mesmo, inclemente e "inexorável" e capaz das mais "atrozes torturas"[167].

Eurico de Seabra publicou já em pleno declinar da monarquia constitucional. Data de 1907 a primeira edição da sua *História Sumária de Portugal*[168], reeditada várias vezes, até 1918 (5.ª edição). Neste manual, o autor tece os mais rasgados elogios ao significado histórico da acção de Pombal e à sua inteligência[169]. Antes de Pombal, a decadência; com a sua acção, a prosperidade.

Nos anos 20, Damião Peres, professor liceal e depois universitário muito prestigiado, especialista dos Descobrimentos, e que viria a ser o coordenador da monumental *História de Portugal* dita de *Barcelos*, comemorativa dos centenários, tal como o insigne historiador do Direito Paulo Merêa, em obra conjunta[170], não criticam Pombal[171].

De uma maneira geral pode dizer-se que nossos avós foram educados no louvor ao marquês, e nossos pais na sua crítica[172]. Fortunato de Almeida[173] esboçou algumas reticências, Alfredo Pimenta[174] pintou-o

---

[166] ARSÉNIO A TORRES DE MASCARENHAS, *Notícia de alguns homens mais notáveis e episódios da História Portuguesa*, cit., p. 107.

[167] *Idem*, p. 108.

[168] EURICO DE SEABRA, *História Sumária de Portugal*, 4.ª ed., Lx., Livraria Clássica Editora, 1918.

[169] EURICO DE SEABRA, *História Sumária*, cit., p. 156.

[170] MANUEL PAULO MERÊA/DAMIÃO PERES, *História de Portugal*, Coimbra, Coimbra Editora, 1920.

[171] O mesmo sucedendo com a obra que Peres publica com Cardoso Júnior: DAMIÃO PERES/ F. J. CARDOSO JÚNIOR, *Noções de História de Portugal*, 2.ª ed., Coimbra, Lvmen, 1926.

[172] Nós fomos educados num certo eclectismo, e os actuais estudantes, mesmo os universitários, na sua ignorância. Nos finais do séc. XX, numa turma do 4.º ano de Direito, nem um só aluno nos soube enquadrar a data fatídica de 1755.

[173] Entre outras das suas obras, cf. FORTUNATO DE ALMEIDA, *História das Instituições em Portugal*, Porto, Magalhães e Moniz, 1903; Id., *Curso de História de Portugal*, Coimbra, 10.ª ed., 1945 (6.ª 1919).

[174] ALFREDO PIMENTA, *Elementos de História de Portugal*, 1.ª ed., Empresa Nacional de Publicidade, 1934 (3.ª ed. 1929)

(aliás numa obra bastante ilustrada, para a época) como tirano, e depois já estamos na era de Mattoso, que já conhecemos.

Três enciclopédias essenciais têm marcado o panorama cultural português. A *Grande Enciclopédia Portuguesa e Brasileira*, a *Verbo – Enciclopédia Luso-Brasileira de Cultura*, e a FOCUS. Outras tem havido, mas de divulgação mais elementar, jogando sobretudo com a ilustração, ou dirigindo-se ao público mais jovem. Analisemos brevissimamente a sua imagem de Pombal.

A *Grande Enciclopédia Portuguesa e Brasileira* publica um longo artigo, nos seus caracteres tipográficos pequenos, muito abundante em pormenores biográficos, factuais e cronológios[175].

Contém afirmações e pormenores efectivamente muito significativos: em Londres, Pombal, espírito "duro e autoritário", nada teria aprendido sobre os direitos individuais[176]. Os colegas de Pombal no governo (quando ele para lá entrou) eram todos quase medíocres ou sem valor ou utilidade[177]. Uma longa lista de diligências diplomáticas e económicas parece prepararem o leitor para o herói que, evidentemente, se revelará no sismo.

O texto sobre a catástrofe natural é absolutamente mitificador, e fornece dados que se encontrarão dificilmente noutras fontes:

> "estava-se, pois, já num ambiente de luta – com jesuítas, com mercadores, com fidalgos – quando ocorreu o grande terramoto de 1.XI.1775. Manifestaram-se nesse lance as extraordinárias faculdades de trabalho do ministro, a sua energia, a sua decisão, os seus recursos de imaginação prática. Autorizado pelo rei a tomar todas as providências que julgasse necessárias, introduziu-se no meio das ruínas e por uns poucos de dias viveu na sua carruagem, traçando rascunhos de proclamações e ordens, despachando e recebendo correios, acalmando as gentes e incitando-as à tarefa."[178]

---

[175] Referimo-nos ao artigo não assinado "Pombal (Marquês de)", in *Grande Enciclopédia Portuguesa e Brasileira*, Lisboa/Rio de Janeiro, Editorial Enciclopedia, s/d, vol. XXII, p. 343-356.

[176] *Ibidem*, p. 344.

[177] *Ibidem*, p. 345.

[178] *Ibidem*, p. 347.

O texto alonga-se em pormenores tocantes, quando sublinha o papel da esposa de Pombal (uma personagem de resto já louvada anteriormente)[179].

Os suplícios dos Távoras encontram-se também aí descritos: não falta nem a alusão a testemunhos contraditórios entre os acusados, nem a pura e simples não audição da Marquesa, contudo condenada à morte[180]. A expulsão dos jesuítas também não está ausente.

Uma posição a princípio favorável, matizada pelas atrocidades a meio do texto, vai propiciar-nos uma ideia negativa do Marquês no final.

Pombal ter-nos-ia reduzido a um situação de país quase sem ensino[181], a sua obra económica foi quase sempre desastrosa ou infeliz[182], e as suas vítimas políticas forma demasiadas[183].

O balanço realça a psicologia da personagem e explica a sua fortuna mítica também um pouco por razões de aversão e de simpatia:

> "Dotado de energia e de faculdades de trabalho excepcionalíssimas, de lúcida inteligência mas de acanhado horizonte espiritual, os resultados que conseguiu foram umas vezes negativos, e outras bem pequenos em relação ao esforço que neles dispendeu."[184].

Eis a explicação do mito positivo de Pombal:

> "Como caracterizou o marquês uma imensa aversão aos jesuítas, e os democratas portugueses essa mesma aversão têm tido, resultou que se viu transformado em caudilho e símbolo da liberdade o mais violento déspota da nossa história."[185]

A *Verbo. Enciclopédia Luso-Brasileira de Cultura* (VELBC) confia o artigo sobre o Marquês de Pombal a Jorge Borges de Macedo[186]. Este

---

[179] *Ibidem*, p. 347.
[180] *Ibidem*, p. 349.
[181] *Ibidem*, p. 353.
[182] *Ibidem*, p. 353.
[183] *Ibidem*, p. 354.
[184] *Ibidem*, p. 355.
[185] *Ibidem*, p. 355.
[186] A editora Verbo está a lançar uma nova edição da VELBC, *Edição do Século XXI*. Ainda não tendo alcançado a letra P, soubemos entretanto que o artigo, pela sua excepcional qualidade, se deverá manter, mesmo tendo o seu autor falecido já.

insigne estudioso é o mesmo que critica certeiramente, num estudo mono-gráfico, o excesso de pessoalismo e de paixão sectária no tratamento deste período histórico, confundindo a história com o grande homem, e con-fundindo o grande homem com a visão partidária de cada intérprete arvo-rado em historiador[187]. Assim, o seu contributo vai ser sobretudo sereno, desapaixonado, podado de adjectivos e contido de encómios ou ataques.

Apesar desta contenção, na linha do projecto de história objectiva que elegeu, o autor não pôde deixar de assinalar o insucesso da política económica pombalina. No plano político, Borges de Macedo procura des-fazer alguns mitos da historiografia liberal, não tanto por serem normal-mente apologéticos (já que não cura nem representa os interesses con-trários), mas por serem anacrónicos, e falsos. Assim, contesta a figura do Marquês de Pombal como "anticlerical e precursor do nivelamento da nobreza"[188], muito em voga no séc. XIX, por se encontrar "fora das suas intenções, processos e possibilidades"[189]. E termina mesmo o seu artigo aludindo ao mito pombalino liberal:

> "A descrição do governo de D. José, em função de realidades que, na época, eram inimagináveis e pertencem à dinâmica do séc. XIX, foi a condição para se mitificar o M.P. [Marquês de Pombal], dado, durante dezenas de anos, como um precursor do liberalismo. Se é certo que o conceito de precursor é sempre arriscado, neste caso vai ao encontro das rea-lidades concretas mais tangíveis"[190].

Na realidade, Borges de Macedo insiste, ao longo do seu texto, em vários aspectos da política de "aumento do poder do Estado"[191].

Quanto ao utopismo de Pombal, apenas uma pista directa, afastando o sentido de utopia como quimera, obra de lunáticos, mas não a recusan-

---

[187] Cf. JORGE BORGES DE MACEDO, *A Situação Económica no Tempo de Pombal*, cit., máxime pp. 39 ss..

[188] Esta ideia niveladora tem também, como vimos, uma versão pouco simpática para com o Marquês, que, assim, acaba por ser apresentado ao imaginário dos leitores, através de alguns subentendidos e conotações como uma espécie de "proto-comunista".

[189] Verbo. *Enciclopédia Luso-Brasileira de Cultura*, XV, col. 484.

[190] Verbo. *Enciclopédia Luso-Brasileira de Cultura*, Vol. XV, col. 486.

[191] Verbo. *Enciclopédia Luso-Brasileira de Cultura*, Vol. XV, col. 484.

do explicitamente enquanto mundo racional, geométrico, planificado (pelo contrário – como vimos, pelo aspecto do acréscimo do poder do Estado): "As propostas pombalinas, sem serem irreais, não logram fazer face à crise."[192]

O pequeno artigo consagrado a Carvalho e Melo na enciclopédia FOCUS, sobretudo descritivo, e não assinado, é, porém, suficiente para ficarmos com a ideia (embora não absolutamente indesmentível) de ter-se tratado de um homem de iniciativa, de acção, capaz de salvar o país nos momentos difíceis[193], mas que depois cairia em desgraça[194]. É mais a biografia, o drama humano da estrela decaída que parece importar aqui[195]. Aliás, Pombal parece ter tido todas as classes contra si, e sido apenas "apoiado" pelos monopólios das companhias.

Uma enciclopédia especificamente votada às questões da História portuguesa é o *Dicionário de História de Portugal*, dirigido por Joel Serrão. Aí, vários artigos teriam importância para compreender a sua imagem de Pombal. Concentremo-nos, porém, no que trata da personagem *ex professo*, que é longo e judicioso. O seu autor é ainda Jorge Borges de Macedo.

Pombal é desde logo apresentado sob o signo da oposição. Objecto de interpretações históricas antagónicas e polarizadas, e ele próprio introdutor em Portugal dessa forma de lidar com o fenómeno histórico, a sua sombra projectou-se de tal forma por sobre o seu século, que

"(...) ainda hoje, em muitos casos, e apesar de todos os esforços, a historiografia referente ao século XVIII vale mais como depoimento histórico do que como contribuição científica."[196]

---

[192] Verbo. *Enciclopédia Luso-Brasileira de Cultura*, Vol. XV. col. 485.

[193] "[...] teve uma importante acção governativa, que se manifestou com as imediatas providências que tomou a seguir ao catastrófico terramoto de 1755. A partir de então passou a ser o 'homem forte' da governamentação (...)" *in* FOCUS, Vol. IV, p. 28.

[194] "A morte de D. José I e a subida ao trono de D. Maria I fazem passar Pombal da situação de senhor todo-poderoso à de perseguido e acusado, no processo Mendanha, de abuso do Poder e roubo, pelo que foi condenado ao desterro." *in* FOCUS, Vol. IV, p. 29.

[195] Saliente-se que JORGE BORGES DE MACEDO, no *Dicionário de História de Portugal*, começa logo por nos dar uma visão como que simétrica desta. Pombal teria passado, durante a sua vida quase centenária, de uma "família da pequena nobreza, e não muito afamada", a "senhor de uma riquíssima casa" (artigo cit., dic.º cit., p. 415)

[196] JORGE BORGES DE MACEDO, *Pombal*, cit., p. 416.

Comentando largamente a paixão da doutrina, Borges de Macedo não apenas assinala os perigos da historiografia do pró- e do contra, mas também as ciladas do "meio termo"[197], propondo ao invés a regra metodológica do "não julgar, mas compreender as intenções e finalidades da figura que se quer tratar."[198]

O historiador passa depois a traçar um quadro das diversas fases da vida de Pombal, desde o período essencialmente privado, ao diplomático, ao de governo, e ao que se seguiu à morte do seu rei. Dá maior relevo à situação que o habitual, procurando enquadrar nela a vontade do Homem. Dedica mais atenção aos factores económicos. Não trata o período global do governo pombalino como um todo, nem como uma política absolutamente traçada de uma vez por todas, mas atende aos avanços e recuos dos diferentes contextos.

Julgamos ser significativo, em todo este tipo de estudos, o final que cada historiador elege para rematar o seu estudo. Ele é um resumo (ou um balanço) do que, afinal, para a História deveria constar da personagem em apreço. Este artigo termina assim:

"E em Agosto de 1782 morria aquele que durante vinte e sete anos fora o agente, ou o inspirador, do governo mais duro que Portugal conheceu. Mas, se o facto é verdadeiro, é preciso reconhecer que o não exerceu sozinho, nem agiu desprovido de apoio. Por isso, os actos do seu governo não podem ser considerados da sua exclusiva responsabilidade pessoal. Nem podemos esquecer, para os explicar e julgar, a época em que viveu, o ambiente histórico em que agiu, o Estado e o país em que exerceu a sua acção, entre grupos de interesses implacavelmente antagónicos, uns favoráveis, outros opostos à

---

[197] Cf. JORGE BORGES DE MACEDO, *Pombal*, art. cit., máxime p. 416. Realmente, apesar de uma orientação sentimental (dir-se-ia um nível mais inconsciente) num sentido positivo ou negativo, muita da historiografia mais recente tem acabado na prática por confundir objectividade com o "nem-nem-ismo" burguês de que fala Barthes nas suas *Mythologies*, versão negativa do meio termo. Ou então, assume a posição do compto contabilístico de defeitos e qualidades. Ainda que nem um nem outro dos processos sejam explícitos ou (como sugerimos) conscientes. Aliás, toda esta questão se prende com o velho e gravíssimo problema da objectividade em ciências sociais, como é óbvio.

[198] JORGE BORGES DE MACEDO, *Pombal*, art. cit., p. 416.

O Marquês de Pombal: Estado vs. Liberdade

sua política económica. Dentro deste condicionalismo natural, tem o marquês a grandeza de um chefe de governo que compreendeu e enfrentou alguns dos problemas da sua pátria."[199]

As mais clássicas e mais difundidas Histórias de Portugal terão sido, antes da explosão historiográfica do final da segunda metade do século XX, e por ordem cronológica: as de João Ameal[200] e Caetano Beirão[201], a dirigida por Damião Peres[202], a referida História de Portugal de Barcelos (lugar da impressão), e depois continuada, na parte mais recente, pelo Embaixador Franco Nogueira, a pequena história interpretativa de António Sérgio[203], a de A. H. de Oliveira Marques[204], a de Joaquim Veríssimo Serrão[205], e a de José Hermano Saraiva[206]. Refira-se ainda a obra de José Carlos Amado[207], destinada a jovens, muito popularizada. Consagremos algumas linhas a estas obras, deixando as mais recentes – algumas do maior valor – para novo estudo, já sobre *Pombal no séc. XXI*.

Ao titularem os seus capítulos, respectivamente, "A monarquia da Tábua raza" e "ditadura pombalina", os seus autores, João Ameal e Caetano Beirão, já anunciam o seu posicionamento anti-pombalino, privilegiando a crítica do despotismo político.

---

[199] *Idem*, p. 423.

[200] JOÃO AMEAL, *História de Portugal*, das origens até 1940 , 4.ª ed., Porto, Livraria Tavares Martins, 1958.

[201] CAETANO BEIRÃO, *História Breve de Portugal*, Lx., Verbo, 1960.

[202] Para o nosso estudo, tem particular interesse o vol. VI. Damião PERES (director literário), *História de Portugal*, VI, Edição Monumental da Portucalense Editora, Porto, Barcelos, 1934.

[203] ANTÓNIO SÉRGIO, *Breve Interpretação da História de Portugal*, 4.ª ed., Lx., Sá da Costa, 1975.

[204] A. H. DE OLIVEIRA MARQUES, *História de Portugal*, desde os tempos mais antigos até ao governo do sr. Pinheiro de Azevedo. Manual para uso de estudantes e outros curiosos por assuntos do passado pátrio, 7.ª ed., Lx., Palas, 1977 (1.ª ed., 1972). O mesmo autor daria a lume uma *Breve História de Portugal*, Lx., Presença, 1995 (várias vezes reeditda já), explicitamente baseada na edição maior. Por isso não a consideramos aqui.

[205] De particular interesse se reveste, para nós, o vol. VI: JOAQUIM VERÍSSIMO SERRÃO, *História de Portugal*, VI. *O Despotismo Iluminado* [1750-1807], Lx., Verbo, 1982.

[206] JOSÉ HERMANO SARAIVA, *História concisa de Portugal*, Lx., Publicações Europa-América, 1978 (múltiplas edições saíram desde então).

[207] JOSÉ CARLOS AMADO, *História de Portugal*, Lx. , Verbo Juvenil, 2 vols..

A pedra de toque da exposição de João Ameal, aliás autor de estilo elegante e prosa directa, será porventura o episódio sinistro do terramoto. Em lugar de dar o gosto a uma pena de propensão literária, que a tanto se presta sempre a descrição da calamidade, assinala que tal já foi muito glosado[208]. Em lugar de brilhar na prosa inflamada, vai repensar um evento em que a intervenção de Carvalho e Melo normalmente concita geral aplauso, mesmo entre os seus confessos adversários.

O processo retórico de Ameal é consabido, mas eficaz. Afirma por diversas formas que ninguém nega a Pombal louvores pela sua acção determinada, embora já na aprovação introduza uma nuvenzinha negra. Assim, afirma, em tom agridoce:

"As providências rápidas, e em parte eficazes, tomadas nessa altura por Sebastião José foram um dos mais consistentes pilares do pedestal que lhe elevaram."[209]

E Ameal logo de seguida enaltece a acção privada de vários nobres e clérigos, enumerando-lhes os actos beneméritos, enquanto as providências de Pombal se quedam, por então, no nebuloso da quase vazia (ou *esvaziada* fórmula). Note-se a ambivalência nesta passagem também, em que enumera as acções do Ministro:

"Mas várias medidas oportunas lhe são incontestavelmente devidas: requisição de mantimentos das províncias; proibição do aumento do preço dos géneros na capital; vistoria aos barcos ancorados no Tejo, a fim de virem para terra os víveres lá existentes; imposto de quatro por cento sobre as mercadorias entradas em Lisboa (o que permitirá a construção do Arsenal da Marinha a das Secretarias da Praça do Comércio); batida geral aos malfeitores que infestam a cidade em ruínas e seu vigoroso castigo."[210]

---

[208] JOÃO AMEAL, *História de Portugal*, cit., p. 476.

[209] *Idem, ibid.*.

[210] *Ibid.*, p. 477.

Até aqui, tudo parece bem, ressalvado o "incontestavelmente", moderador ou modelador, e a ausência de adjectivos laudatórios na descrição das medidas. Mas no parágrafo seguinte, muda logo o autor de tom, minimizando as medidas, pelo seu enquadramento numa política. E em apoio de tal tese chama Ameal em seu socorro a autoridade de Camilo, com igual opinião:

> "Tudo isto, embora digno de elogio, não suscita admiração. Ambicioso, desejoso de possuir a integridade do mando, tem Sebastião José de aproveitar o ensejo para se valorizar e impor – ou de renunciar a todo o seu futuro. Lucidamente o acentua, no *Perfil*, Camilo Castelo Branco."[211]

Aliás, Ameal não esconde a sua aversão ao valido de D. José, por múltiplas alfinetadas. A frase que o celebrizou "sepultar os mortos, cuidar dos vivos e fechar os portos", atribui-a (como outros, é certo) ao Marquês de Alorna. Mais nega que o ministro haja dado um centavo aos pobres, ou colaborado na sepultura dos mortos. Além disso, a reconstrução de Lisboa não é, afinal sua. São nomeados explicitamente os respectivos arquitectos, e convocado o testemunho de vários viajantes estrangeiros para matizar o sucesso da reconstrução. Quinze a vinte anos depois ainda havia quem deplorasse a ruína da cidade. Logo, a reconstrução não teria sido assim tão pronta...

O uso imoderado, por Ameal, de elementos modeladores (e por vezes com inserção contextual ambígua) do tipo "incontestavelmente", "digno de elogio", "Quem lhe regateará as homenagens merecidas?", "Ninguém contesta (...) o merecimento" atesta o juízo final do momento que, para os mais frontais adversários de Pombal, teria sido, apesar de tudo, positivo: "A moderna Lisboa é um pouco obra sua – mas também de uma legião de colaboradores e de continuadores."

Quanto à acção económica, Ameal é dos que a consideram "pelos seus frutos" e não, eventualmente, pelas boas intenções. Citando Lúcio de Azevedo, como autoridade para um péssimo balanço global, João Ameal termina esse capítulo com um daqueles testemunhos insuspeitos de amigo que, quando dão razão aos adversários, consumam um juízo negativo.

---

[211] *Ibid.*, p. 477.

Invoca, pois, o enviado austríaco Lebzeltern, amigo do Ministro e seu admirador, referindo-se a 1776, o que é já como que um fecho da acção de Pombal:

"Este povo, que D. João V, apesar dos seus gastos desmedidos, de sua liberalidade excessiva, deixou, ao morrer, abastado, contente e feliz, oferece, à primeira vista, a imagem da indigência e da escravidão."[212]

Apenas nos causa impressão e desconforto aquele "à primeira vista". Como continuaria o texto? Não o conseguimos localizar.

João Ameal é dos mais radicais também no plano político. Num patente intercalado entre travessões pergunta-se mesmo, quanto ao atentado de 1758, se fora verídico ou inventado, e dá-nos que pensar sobre a própria inocência dos incriminados, enquanto a maioria dos autores se inclina mais para a desproporção do castigo ou a falta de garantias do processo[213]. Também a questão normalmente apresentada como jesuítica é aqui posta como mais vasta: tratar-se-ia de puro anti-catolicismo[214].

Outro aspecto que também não costuma ser muito atacado na obra de Pombal é a sua componente pedagógica, mormente a reforma da Universidade. O veredicto de João Ameal neste domínio é, coerentemente, adverso a Sebastião José (como lhe chama por vezes[215], quiçá seguindo o uso pejorativo dos seus coevos detractores, ou talvez curando apenas do estilo literário, que manda evitar as repetições). Baste-nos a sentença:

"Das reformas pedagógicas de Carvalho, pouco haverá que dizer. Exaltam-nas os seus apologistas[216]. Infelizmente, porém, enfermam de leviana improvisação e refletem péssimo espírito orientador."[217]

---

[212] *Ibid.*, p. 480.

[213] pp. 480 ss.

[214] pp. 484 ss.

[215] *v.g.* pp. 476, 493, etc.

[216] É sintomático que o autor não pretenda alcandorar-se, como é hábito, a uma posição de supremacia por isenção, acrescentando outro exagero, por parte dos detractores do Marquês. O ritmo normal da frase seria antes qualquer coisa como isto: "Exaltam-nas os seus apologistas; minimizam-nas ou reprovam-nas, ou, mais simétrico ainda, rebaixam-nas os seus opositores"

[217] JOÃO AMEAL, *Op. cit.*, p. 493.

O Marquês de Pombal: Estado vs. Liberdade   105

Frontal e claro, mesmo nos seus pressupostos ideológicos, nos mitos que defende e nos mitos que combate, João Ameal encarna a lucidez mais esclarecida da parte dos adversários monárquicos e tradicionalistas a Pombal. É no fim do seu relato, todo votado a explicar como a monarquia pombalina ou josefina é um meio caminho andado para o demo-liberalismo, e até a república, ao arrepio da benévola e meramente arbitral monarquia portuguesa tradicional[218], que Ameal nos esclarece, afinal, as razões da sua retórica mais depurada de pormenores sangrentos, que são o habitual quadro pintado pelos críticos de Pombal. É que esses pormenores negros são apenas meios, instrumentos (em tantos aspectos só chocantes à nossa consciência e sensibilidade contemporâneas – enquanto eram relativamente vulgares na época). O que contaria, para julgar Pombal, seriam antes os fins:

> "Dom José e Pombal fazem o que os outros fazem à sua volta; nada mais. Prescinda-se, pois, da *lenda negra*. E para julgar os dois protagonistas deste dramático e sombrio lance da nossa História, esqueçam-se os atropelos episódicos e olhe-se unicamente à obra essencial: a destruição da Monarquia tradicional portuguesa e o estabelecimento, em seu lugar, da pré-revolucionária *Monarquia da tábua raza*" [219].

E assim encerra Ameal o seu estudo sobre Pombal, fechando o círculo que começara, precisamente, com aquele título.

O curto espaço que, naturalmente, um a *História Breve* tem dedicar a Pombal chega, porém, para detectar na obra de Caetano Beirão uma grande proximidade com a de Ameal, embora matizada na exposição, menos crítica.

Também Caetano Beirão compara os nulos actos de caridade de Carvalho e Melo com a prestimosidade da nobreza e do clero[220]. E, sobretudo, faz igual balanço político da inspiração pombalina:

> "Construiu assim um Estado artificial, contrário à índole e à tradição da Monarquia portuguesa, abrindo inconscientemente as por-

---

[218] *Ibid.*, máx. pp. 498 ss.
[219] *Ibid.*, p. 502.
[220] CAETANO BEIRÃO, *História Breve de Portugal*, cit., p. 110.

tas às ideias heréticas e democráticas, que começavam então a alastrar pela Europa."[221]

No entanto, é menos claro na condenação da reforma pedagógica (apenas diz que foi feita "num sentido antijesuítico"[222]). E embora critique a monotonia geométrica da nova Lisboa (numa observação estética quase original)[223], deixa-nos na ambiguidade da sua avaliação quanto às reformas económicas até ao derradeiro balanço. De facto, começa por nos dar a impressão de estarmos perante simples desenvolvimento, embora servido ou imposto com mão de ferro:

> "Num ambiente de coacção e terror, pôde o Marquês de Pombal realizar uma obra de desenvolvimento do comércio e da indústria nos moldes do tempo (...)"[224]

Mas a rematar, é mais claro, e o *déficit* emerge. Sublinhe-se ainda uma certa divergência, ao que parece, com Ameal. Enquanto para este a obra de Pombal vai ser a sementeira de novos tempos revolucionários, já para Beirão, ela morre com o desterro Marquês[225]. Mas atentemos no resumo de Caetano Beirão:

---

[221] *Ibid.*, p. 111.

[222] *Ibid.*, p. 112.

[223] *Ibid.*, p. 112.

[224] *Ibid.*, p. 112.

[225] Cremos, porém, que os autores que se referem a este tema da supervivência ou não da obra pombalina – Hermano Saraiva é outro – não falam todos da mesma coisa. O que parece morrer com o Marquês é o sonho de grandeza, não alguns processos de quase irreversível estadualização, os quais nenhum governo de boa mente alija. Quanto ao legado económico, das duas uma: ou Pombal deixou a bancarrota, ou a prosperidade. Se a primeira, os seus detractores falarão em ulterior melhoria; se a segunda, dirão que foi sol de pouca dura. De todo o modo, começa a compreender-se como, para uns e para outros, a obra da economia terá que morrer com Pombal. Porque se foi boa e persistiu, ninguém deu por isso. Nem mesmo os demo-liberais amigos do Marquês à distância, que fizeram a seguir várias revoluções, decerto porque as coisas não iam bem. Porque se foi má e continuou, teria que possuir decerto a consistência e a longevidade que os inimigos do marquês sempre negaram à sua política artificial e só durável - diziam - enquanto suportada pelo ferro e pelo fogo.

"Resultado: quando o Rei D. José deixou de existir e Pombal se viu obrigado a pedir a demissão de todos os cargos, a sua obra de administrador ruíu com ele; a Marinha tinha descido à última decadência, o Exército desmantelado, o País em ruína, e no Brasil os espanhóis infligiam-nos memorável derrota. Da obra da ditadura pombalina muito pouco ficava de pé."[226]

A edição monumental de Barcelos confiou a Ângelo Ribeiro os capítulos sobre Pombal. O tipo de abordagem é literária[227] (aliás com excelente português), e aparentemente mais interessada até na *petite histoire* dos corredores da corte que até na própria história política.

Começa com um retrato simpático para o Marquês, enfatizando as suas qualidades pessoais. Depois de defender Pombal da acusação de, embora ministro em Londres, não ter nunca aprendido inglês[228], baseia-se nas memórias de um certo Smith, para traçar o seguinte perfil:

"(...) possuía qualidades de sedução que em geral não são postas no devido relevo. Alto, de bela figura, feições espirituais e expressivas, modos insinuantes, palavra fácil e fluente, voz melodiosa e muito agradável, solidez dos argumentos, brilho na elocução, afabilidade e cortesia no trato particular"[229]

No capítulo seguinte, acentua-se a teoria da inveja dos nobres[230], e nega-se a tradicional teoria da incapacidade do rei, o que não quer dizer

---

[226] CAETANO BEIRÃO, *Op. cit.*, pp. 112-113.

[227] Há tiradas de escassa historicidade (substituída por adesão a mitos correntes, ainda hoje), como aquela em que o autor faz derivar, em última instância, o alto conceito em que D. José e os soberanos iluminados tinham a sua missão na terra, do... "ambiente absolutista do direito romano" em que haviam sido formados os seus bajuladores ministros e funcionários. Cf. *História de Portugal*, cit., p. 214.

[228] Porque o francês era a língua da diplomacia e o diplomata mandaria traduzir o que lhe interessasse... (*História de Portugal*, ed. Barcelos, cit., p. 196)

[229] *Ibidem*.

[230] *Ibid.*, p. 213

que se recuse a sua indolência, e até, eventualmente, um certo absentismo[231].

Ângelo Ribeiro é, de entre todos os historiadores mais lidos, aquele que mais pormenores nos confia das atrocidades punitivas do Marquês. Primeiro, referindo a brutalidade com que o motim do largo da Cordoaria, no Porto, foi reprimido – não sendo poupado sequer o conjunto da cidade, que teria praticado crime de omissão ao permitir a manifestação[232] Depois, pormenorizando as arbitrariedades e particular crueldade no processo dos Távoras e do Duque de Aveiro[233], aludindo de seguida à expulsão dos Jesuítas[234], e à ferocidade da punição de um hipotético autor de um atentado à própria pessoa do Primeiro Ministro[235], e do fantasista e já velho padre Malagrida[236].

Em suma: o final é sempre esclarecedor. Morto D. José, os saídos das prisões enchem as ruas, as manifestações de júbilo sucedem-se[237]. O estado das finanças é desastroso, ao contrário do que afirmavam os apoiantes do Marquês – diz Ângelo Ribeiro[238].

O pequeno livro assumidamente interpretativo (e pessoalíssimo) da personalidade fortíssima, marcante, que foi a de António Sérgio, não avalia pessoalmente Pombal (outro homem forte) com simpatia. Alinha até com os seus detractores "reaccionários" em algumas críticas: "(...) faltava-lhe a ele [Pombal] a generosidade de espírito, o horizonte mental, a larguesa de vistas (...)"

Propositadamente cortámos o texto no início e no fim. Porque Pombal é considerado não em si mesmo, agigantado e obnubilando o rei e o país, mas, singularmente, à sombra dos estrangeirados, da "sua falange",

---

[231] A formulação é dúbia. "Uma no cravo..." (p. 212). O testemunho de absentismo aqui invocado, como moderação da assiduidade de D. José ao despacho diário das onze horas da noite, é do Conde Stahrenberg, num relatório ao Imperador, datado de 1751.

[232] *História de Portugal*, cit., pp. 208 ss..

[233] pp. 214-225.

[234] pp. 226 ss..

[235] p. 249.

[236] p. 250. Neste último caso, é citado ainda o testemunho de Voltaire: "Assim, o excesso do ridículo se juntou ao excesso do horror." (*Précis du siècle de Louis XV*).

[237] p. 251.

[238] p. 253. Também o exército e a marinha se encontram mal (p. 254).

de que teria sido "homem de acção", mas não de pensamento. Para Sérgio, o principal protagonista são os estrangeirados[239], e Pombal interessa precisamente enquanto se estrangeirou[240]. Isto esclarecido, já podemos citar de novo o trecho completo:

"A coorte dos 'iluministas' é numerosa e muito notável, e teve em Pombal o seu homem de acção; porém, não esteve à altura da sua falange: faltava-lhe a ele a generosidade de espírito, o horizonte mental, a larguesa de vistas, que foram timbre dos 'estrangeirados'."

E acrescenta Sérgio, numa passagem que prudentemente não surge na versão espanhola deste texto (de que, aliás, o autor não gostou nada, por a ver truncada): "A estes se deveu, em suma, tudo que se fez de bom em Portugal nos reinados de D. José e D. Maria I, e no Brasil no tempo de D. João VI."[241]

Não esconde Sérgio, na sua prosa frontal, que Pombal odiava antes de tudo os Jesuítas, mas a isto acrescenta, significativamente que os atacou "nem sempre com os motivos com que nós hoje os criticamos"[242], o que levou a edição espanhola a escrever: "no por los motivos invocados por los liberales"[243]

Além disso, as execuções dos implicados no atentado contra o rei, de 3 de Setembro de 1758, são por Sérgio qualificadas como tendo tido "requintes de crueldade"[244]

O Autor assinala ainda algumas reacções francesas[245] à manifestação de "rancor" de Pombal ao mandar queimar "o pobre jesuíta Malagrida,

---

[239] Chama-se o V Capítulo da sua obra precisamente "A Intervenção reformadora dos 'estrangeirados'" (p. 121 ss.).

[240] ANTÓNIO SÉRGIO, *Breve Interpretação da História de Portugal*, cit., p. 123.

[241] *Idem, ibidem*.

[242] *Idem, ibidem*.

[243] *Apud* nota 154 e p. 163, ed. port., cit..

[244] ANTÓNIO SÉRGIO, *Breve Interpretação da História de Portugal*, cit., p. 124.

[245] Designadamente Voltaire, citado em francês, e não traduzido, como fizera Ângelo Ribeiro ("l'excès du ridicule et de l'absurdité y font joint à l'excès d'horreur."). Também se cita Saint Priest e Boehmer, em tradução francesa.

velhinho doido, que escrevera e declamara alguns dislates em prosa mística."

O balanço global da personagem dá-no-lo Sérgio num final de página, em corpo menor, e fá-lo de forma muito consentânea com a de uma imagem mítica. Na verdade, preocupa-se com o espectro que do Marquês teria ficado para os portugueses. É curioso, porém, que, sem evidentes razões para matizar, fala só de "alguns portugueses". Talvez queira ressalvar os que assim não pensem... Mas citemos:

> "O exemplo de Pombal ficou, no cérebro de alguns portugueses, uma associação deplorável da ideia de génio político com a ideia de energia feroz, ferocidade (...) manifestada por Pombal em muitos casos (alçada do Porto, incêndio da Trafaria, abuso enorme dos encarceramentos, etc.)"[246]

Finalmente, Sérgio faz suas as belas e judiciosas palavras (em estilo antinómico) de António Ribeiro dos Santos, bem caracterizadoras do utopismo pombalino, e suas insanáveis contradições:

> "Este ministro quis um impossível político: quis civilizar a Nação e ao mesmo tempo fazê-la escrava; quis espalhar a luz das ciências filosóficas e ao mesmo tempo elevar o poder real do despotismo; inculcar muito o estudo do direito natural e das gentes e do direito público universal, e lhes erigiu cadeiras na Universidade; mas não via que dava luzes aos povos para conhecer por elas que o poder soberano era unicamente estabelecido para bem comum da Nação e não do príncipe, e que tinha limites e balizas em que se devia conter."[247]

Oliveira Marques, apesar de no seu trabalho privilegiar o económico e o institucional, preferindo-o ao pessoal, é muito directo na sua exposição, poupando-nos a longos relatos preparatórios e subentendidos. Para ele, Pombal

---

[246] ANTÓNIO SÉRGIO, *Breve Interpretação da História de Portugal*, cit., p. 124.
[247] *Ibidem*, p. 125.

O Marquês de Pombal: Estado vs. Liberdade 111

"(...) controlou, não só a governação, mas igualmente a totalidade do País, aniquilando toda e qualquer veleidade de oposição, incluindo a do próprio rei, que mostrava escassos talentos governativos."[248]

Além disso, o interesse de Pombal (o seu "mérito", na valoração do historiador), no processo histórico, encontra-se bem balizado, desde o início da exposição, o que é feito de forma frontal e lúcida:

"O regime pombalino teve o grande mérito de (involuntariamente) preparar o país para a revolução liberal do séc. XIX."[249]

O autor alinha na teoria dos inimigos de Pombal, neles incluindo a "muito devota" e fraca de espírito princesa D. Maria[250], que Pombal queria fazer abdicar em favor do filho, D. José, que era seu discípulo[251].

Oliveira Marques apresenta a curiosa singularidade, relativamente a boa parte da historiografia anterior, de considerar a perenidade da obra de Pombal, e não apenas da de fomento, arquitectura, ou educação. Mesmo a sua utopia política lhe teria sobrevivido. Este texto revela-o perfeitamente:

"[depois da morte de D. José] Foram libertados a maior parte dos presos políticos, reabilitada a memória de alguns dos nobres executados, julgado e banido o marquês de Pombal e afastados do poder muitos dos seus partidários. Mas a sua obra não pôde ser abolida, a não ser em pormenores de somenos importância."[252]

---

[248] A. H. DE OLIVEIRA MARQUES, *História*, cit., I, p. 570.

[249] *Idem, ibidem*. Vale a pena continuar a citar, porquanto o texto seguinte, explicitando a tese exposta, é toda uma epítome de história interpretativa: "Tanto a Igreja como a nobreza sofreram um golpe mortal de que nunca se conseguiram recompor. Ao mesmo tempo, foi dada à burguesia (homens de negócio e burocratas) o poder de que necessitava para tomar conta da administração e do domínio económico do País. Ao nivelar todas as classes, leis e instituições ante o despotismo único do rei, Pombal preparou a revolução da igualdade social e o fim dos privilégios feudais; ao mesmo tempo que, reforçando a máquina repressiva estatal e rejeitando toda e qualquer interferência da Igreja, preparou a rebelião contra a opressão laica e, portanto, a revolução da liberdade."

[250] Fraqueza de espírito e até religiosidade exagerada que, por exemplo, Ângelo Ribeiro nega, com vários testemunhos (*Op. cit.*, pp. 254 ss.).

[251] *Ibid.*, pp. 573-574. Cf., sobre o príncipe, o estudo monográfico de João Pedro FERRO, *Um príncipe iluminado português*: D. José (1761-1788), Lx., Lucifer, 1989.

[252] H. DE OLIVEIRA MARQUES, *Op. cit.*, p. 574.

Nova tese, que Oliveira Marques vai provar, com argumentos (numa espécie de Lei de Wagner do poderio estatal, a que, como se sabe, um Bertrand de Jouvenel se havia referido já):

"O despotismo era um facto, a burguesia, aliada à nova aristocracia, governava o País, os Jesuítas estavam extintos e a Inquisição amordaçada. Assim, os governos de D. Maria e D. João limitaram-se a continuar a nova ordem e, em certos aspectos, ajudaram até a fortalecê-la. Dois ou três ministros da situação pombalina foram até mantidos no poder. E as perseguições a todo aquele que resistisse ao despotismo estatal prosseguiram, ainda que num ritmo mais lento e menos feroz."[253]

José Carlos Amado insiste no traço mítico do *trono e do torno*, desta vez para o rejeitar. Apoiado pelo rei, Pombal desejou pôr aqui em prática as doutrinas mercantilistas, já então ultrapassadas (pelas doutrinas fisiocráticas), e "abater a Companhia de Jesus cujos membros se insurgiam contra o absolutismo férreo em que vivíamos".

Desejava também liquidar "o poder da nobreza, que era um obstáculo sério ao domínio absoluto do soberano." Para isso, apesar de não se ter nunca provado a responsabilidade dos incriminados, foram muitos nobres "executados, de maneira bárbara" .

Como é patente a diferença com o livro anterior. E como a avaliação do que sucedeu depois do desterro do ministro parece responder a Oliveira Marques:

"O reinado de D. Maria I representa um sábio e fecundo abrandamento em relação aos extremos absolutistas do regime de D. José. É verdade que, com D. Maria, não se voltou à monarquia tradicional, pois o desvio fora longo e muito pronunciado. E seria milagre conseguir agora, num reinado, ganhar completamente a consciência dos vícios que se verificavam desde os fins do séculos XVII e corrigi-los completamente".

---

[253] *Idem, ibid.*

O Marquês de Pombal: Estado vs. Liberdade   113

E o autor alude depois à falta de convocação de cortes.

É longa, na *História de Portugal* de Veríssimo Serrão, a parte dedicada ao tempo de Pombal. Ocupa pouco menos que trezentas páginas. Embora, como noutros autores recentes, o homem Pombal e a sua utopia pessoal se encontrem enquadrados nos ventos dominantes do seu tempo, este historiador não deixa de nos dar um escorço biográfico de Carvalho e Melo, que nos permite mais facilmente ajuizar do que pensa sobre o Marquês.

Tal como Borges de Macedo, também Veríssimo Serrão alude ao "complexo debate que tanto o leva aos píncaros da grandeza, como o agrilhoa ao pelourinho da história."[254]

Veríssimo Serrão considera não haver dúvidas, hoje, quanto à existência de uma conspiração visando a morte do rei, e alude a ressentimentos da nobreza contra o Marquês[255]. Fala ainda do "forte sentimento de aversão aos Jesuítas"[256], e considera, em título, a condenação dos Távoras um "suplício". Mas Serrão procura concluir (nesta questão que é pedra de toque[257]) com moderação e distanciamento. E se concorda ter-se tratado de uma sentença bárbara, mesmo iníqua, até porque os marqueses de Távora, seus filhos e genro "nada tinham a ver com o atentado"[258], a verdade é que a sentença seria compreensível para os padrões da época. E o caso de Robert Damiens, que atentara contra Luís XV é apresentado como exemplo de idêntica ferocidade punitiva.[259]

Veríssimo Serrão faz um balanço positivo do intervencionismo económico e do fomento pombalino[260], louva-o pela melhoria da situação dos escravos[261], pela política colonial em prol de uma maior unidade nacional[262], e pela acção assistencial (embora considere que a grande

---

[254] JOAQUIM VERÍSSIMO SERRÃO, *História de Portugal*, cit., p. 19.

[255] *V.g. Op. cit.*, p. 40.

[256] *Ibidem*, p. 41; cf. ainda p. 260, etc..

[257] Diz o Autor que "o processo dos Távoras tem servido apenas para desacreditar o *Marques de Pombal*" (p. 44).

[258] *Op. cit.*, p. 45.

[259] *Idem, ibidem*.

[260] V. pp. 99-100. Mais em pormenor, pp. 191 ss..

[261] V. p. 135 ss.

[262] V. p. 139 ss.

reforma neste sector não fora empreendida)[263]. Também a reforma educativa parece merecer a aprovação de Veríssimo Serrão, o qual, todavia, prefere seguir uma linha expositiva de eventos a comentários e valorações pessoais[264].

Tal como víramos com Oliveira Marques e, de uma outra perspectiva embora, com José Carlos Amado, também Serrão relativiza o alcance da "Viradeira". Esta ter-se-ia saldado pela renovação do pessoal político dirigente e a libertação e reabilitação dos caídos em desgraça no período pombalino[265].

A História de José Hermano Saraiva começa por nos apresentar um Pombal de fidalguia provinciana, mas bastante dinheiro para ter construído um palácio em Lisboa (o que contrasta com as versões mais correntes, que assinalam as posses mediocres, a dissipação de bens pelo pai, e mais tardiamente um certo desafogo, por morte do tio, Paulo de Carvalho). Tal parece caracterizar mais um espírito burguês. Saraiva assinala que Sebastião José era "mal aceite pela nobreza velha"[266], e esclarece: "Por detrás dessa má vontade havia talvez receio do talento vigoroso e do feitio duro."[267]

Afigura-se-nos muito interessante e original a citação do vaticínio formulado por Alexandre de Gusmão, quando saía do governo, enquanto Pombal entrava. É de um sábio profetismo, pouco lisonjeiro para com Pombal:

> "O Baxá conseguiu o seu empenho! O povo é que há-de sofrer, e passará aos tempos futuros, que hão-de admirar os feitos das suas largas ideias em tudo o que for da sua repartição, se nas outras não tiver parte!"[268]

---

[263] V. p. 270 ss.

[264] pp. 265 ss.

[265] pp. 295 ss. É conveniente notar-se que a utopia pombalina permaneceu no período subsequente, enquanto o que ficou, ficou. Mas foi apodrecendo lentamente sem o ânimo do Marquês para a defender, impulsionar e lhe dar alma. Não se destruiu, é certo. Mas cessou a construção.

[266] JOSÉ HERMANO SARAIVA, *História concisa de Portugal*, cit., p. 226.

[267] *Idem, ibid.*, p. 227.

[268] *Apud op. loc. cit.*

O Marquês de Pombal: Estado vs. Liberdade   115

De uma maneira geral, Saraiva é dos que pintam com cores vivas e sangrentas a tortura dos Távoras, mas louvam a obra económica, administrativa, educativa, etc. de Pombal. No fim da sua exposição (e não no princípio, como fizeram Borges de Macedo ou Veríssimo Serrão), Saraiva discute o problema pombalino, identificando os partidos pró- e contra. Assim, os tradicionalistas são antipombalinos. Por reacção, os liberais passaram a ser pró-Pombal. Mas eis que um segundo olhar liberal (ou até liberal proto-socializante, em certos casos) sobrevaloriza em Pombal o tirano – tais seriam os casos de Camilo, Oliveira Martins, Lúcio de Azevedo, António Sérgio.

Hermano Saraiva detém-se ainda na explicação de que se não pode ver o passado com os olhos do presente, desta forma sintetizando esse anti-etnocentrismo histórico:

"Mas julgar Pombal em função dos credos do liberalismo é um anacronismo menos flagrante, mas do mesmo género do que seria, por exemplo, julgar D. Afonso Henriques por não ser republicano."[269]

Acaba o historiador por sintetizar o pensamento político de Pombal centrando-se no problema crucial da liberdade. Segundo o Marquês, só haveria liberdade para obedecer, confundindo-se o bem do povo com a razão de Estado.[270] É uma teoria conhecida. É o despotismo iluminado ou esclarecido. Contudo, o Autor faz uma distinção de sua lavra entre os despotismos – os reaccionários e os progressivos. Pombal enquadra-se, para Saraiva, nestes últimos, graças à sua obra de progresso. O balanço é positivo, e Pombal é apresentado, no fim, como tendo conseguido fazer recuar o atraso, outro grande mito nacional dos tempos decadentes.

2.2. Os Coevos

Poderia pensar-se que uma análise dos escritos coevos viria trazer mais luz sobre o mito do Marquês. Traz, na verdade, ainda mais paixão, e

---

[269] JOSÉ HERMANO SARAIVA, *História concisa de Portugal*, cit., p. 236.
[270] *Ibidem*, p. 237

alguns pormenores pitorescos, aqui e ali. Não esclarece mais os factos, ornamenta mais os mitos, de um lado e de outro.

Mesmo os contemporâneos do Marquês, ou dele quase contemporâneos, estrangeiros, em princípio menos apaixonados[271], entram numa versão mítica canónica, das nossas conhecidas. E é curioso que, de uma maneira geral, se agora e logo reconhecem o dinamismo de Pombal, poucos terão sido os que aplaudiram por completo as suas ideias, os seus métodos, e as suas realizações.

O caso de Giuseppe Gorani, aventureiro italiano de boa cepa mas arruinado, é particularmente interessante, porquanto se trata de um admirador do Marquês, que acorre a Portugal pela fama do Ministro, e acaba por daqui sair completamente desiludido – e acossado[272].

Conta Goranni, depois de expor sucintamente o seu entusiasmo por um país de grandes feitos com poucos meios (e que tinha tido uma dinastia[273] de reis gloriosos e nenhum tirano), e depois de dele fornecer, finalmente, algumas estatísticas demográficas:

> "Embora tal situação se não pudesse considerar brilhante [refere-se, certamente, à escassa população de dois milhões e cem mil habitantes], eu conceituava tão desmesuradamente o Primeiro-Ministro, José de Carvalho e Melo, então conhecido pelo título de Conde de Oeiras, que esperava ver em breve este país restabelecido [após a dinastia brigantina, que tem por medíocre] nas alturas onde campeara no tempo dos reis da primeira dinastia e à minha imaginação seduzia a esperança de poder colaborar em tal obra, com os serviços para que me ia oferecer."[274]

A duas páginas do fim da sua narrativa, e a pouco tempo de deixar, aliviado, o Portugal-prisão em que se encontrava (embora estimado pelo

---

[271] Em princípio, este distanciamento é um pouco a arqueologia da visão sociológica ou antropológica, que teve nas *Cartas Persas* de Montesquieu o seu auge.

[272] Cf. GIUSEPPE GORANI, *Portugal. A Corte e o País nos anos de 1765 a 1767*, tradução, Prefácio e Notas de Castelo-Branco Chaves, Lx., Lisóptima, 1989.

[273] Na verdade, trata-se de duas: a afonsina e a joanina. Mas o autor considera um todo, do Conde D. Henrique ao Cardeal homónimo (p. 36).

[274] GIUSEPPE GORANI, *Op. cit.* , p. 38.

O *Marquês de Pombal: Estado vs. Liberdade*

117

Marquês, e suspeitando a iminente nomeação para algum cargo de grande relevo[275]) o estado de espírito de Gorani era completamente outro. Assim relata a utopia realizada do Marquês:

"De resto, por então, em Portugal, já o irmão se não fiava no irmão, que o podia denunciar e fazer prender; o filho denunciava o pai e o pai delatava o filho; o que recebera benefícios traía o benfeitor e o criado denunciava o patrão. O homem de honra, indignado, não ousava levantar a voz e a mulher sensível escondia-se para chorar. Pensava-se timidamente, porque nada escapava ao tirano, não havendo sequer quem consolasse os presos no seu desamparo."[276]

Gorani conta episódios kafkeanos de intriga na corte, de quedas em desgraça no exército e punições capitais e imediatas, e finalmente o caso, passado consigo, de quase ter sido considerado traidor por ter falado, no Teatro, com um indivíduo ocupante de um camarote vizinho, que acabava de ser marcado pelo poder. Salvara-se pelo seu rasgo e pela intervenção directa do filho de Pombal[277].

Mas Gorani persiste na sua inicial antipatia pelo clero[278], e, se bem que não a considere tão má como a pintava o Marquês, continua a não gostar da nobreza.[279] No fundo, o que mais o choca no Ministro é a sua crueldade, tirania, etc.

O Conde de Saint-Priest, cavaleiro da Ordem de Malta sob o grão mestrado do português Pinto da Fonseca, esteve mais que uma vez em Portugal, a última das quais como embaixador[280]. E também se referiu a Pombal nas suas Memórias.

---

[275] GIUSEPPE GORANI, *Op. cit.*, pp. 203, 205.

[276] GIUSEPPE GORANI, *Op. cit.*, p. 204.

[277] GIUSEPPE GORANI, *Op. cit.*, pp. 201 ss..

[278] *Op. cit.*, v.g. pp. 136-137.

[279] *Op. cit.*, v.g. pp. 135-136.

[280] Cargo para que foi nomeado por Choiseul. Cf, dados biográficos in CASTELO BRANCO CHAVES, nota Introdutória a CONDE SE SAINT PRIEST, *Uma Campanha Militar. 1762, e Uma missão diplomática. 1763-1766,* in *Portugal nos séculos XVII e XVIII. Quatro Testemunhos*, Lx., Lisóptima, 1989.

Considera Saint-Priest a autoridade de Pombal superior à de Richelieu, em quanto tangia às relações de dependência para com o soberano, e às intrigas da corte[281]. O rei "era governado pelo marquês"[282]. O ministro dos negócios estrangeiros, D. Luís da Cunha, era um "verdadeiro manequim" às ordens de Pombal[283].

As recordações pessoais do diplomata são agradáveis. Pombal era amável, e até brando, numa reprimenda que lhe deu, pela sua impetuosidade juvenil, jamais lhe tendo recusado uma pretensão. Mas Saint-Priest não se deixa iludir. Na verdade, os assuntos que com Pombal tratara eram não políticos, mas comerciais. Portugal, em política externa, apostaria na Inglaterra contra a Espanha, e pouco mais que isso.[284]

O retrato de Pombal coincide, pois, com tantos outros: era alto, de boa figura, loquaz, jovial, agradável, e "ninguém suspeitaria que possuía uma alma enérgica e dura."[285]

O diplomata francês alude ainda ao discutível gosto das fachadas demasiado iguais da Lisboa pombalina, mas condescende[286], ao sentimento de inveja do ministro para com o alemão Conde de Lippe, que lhe reorganizara o exército[287], e é crítico da perseguição desmedida por Pombal lançada contra os jesuítas. Relata, porém, um caso em que conseguiu repatriar um, de Lião, com a condescendência de Carvalho e Melo[288].

O inglês Arthur William Costigan refere-se muitas vezes a Pombal nas cartas que de Portugal enviou ao irmão, algumas com claro intuito de formação política e doutrinária.

Tal como os precedentemente citados, não nos dá nenhuma visão inovadora. Seria fastidioso citar todas as referências à personagem, ao longo dos dois volumes da edição portuguesa. Duas linhas são suficientes para se aquilatar da interpretação deste oficial britânico. Começa o Autor

---

[281] SAINT-PRIEST, in *Portugal nos séculos XVII e XVIII*, cit., p. 147.
[282] *Idem, ibid.*, p. 149.
[283] *Idem, ibid.*, p. 149.
[284] *Idem, ibid.*, p. 150.
[285] *Idem, ibid.*, p. 150.
[286] *Idem, ibid.*, p. 149.
[287] *Idem, ibidem*, p. 157.
[288] *Idem, ibid.*, pp. 153-154.

pela sua própria especialidade, o exército, para logo dar um perfil de Pombal – um déspota:

"...e o governo do Marquês de Pombal, do qual se esperavam milagres, mas que não foi de nenhum proveito para o exército. O ministro começou por firmar a sua autoridade pelo aprisionamento ou ruína de antecessores seus que ocupavam qualquer cargo importante, promulgando leis para reforma de abusos ! Mas que utilidade podem ter as leis, por melhores que elas sejam, nas mãos de um déspota !"[289]

Costigan prevê ainda que, num novo terramoto, os edifícios muito altos construídos por Pombal vão soterrar os que não saírem das ruas[290], apresenta o Marquês no seu ódio aos padres[291], e alonga-se quanto à ineficiência do Ministro, em texto de que reproduzimos apenas o início:

"...indolência e delongas do Marquês. Apesar do que os seus aduladores, então, disseram dele, o facto é que estava muito longe de ser aquele diligente e laborioso ministro que eles apregoavam, e certamente causava mais dano pelos resultados da sua ambição e ciúme por qualquer rival ou competidor (não admitindo que qualquer questão fosse tratada a não ser por ele, e assim descurava e desprezava a maior parte dos pormenores), do que por qualquer outro acto censurável do seu governo."[292]

Contudo, Costigan, ao contrário de Gorani, não é demasiado lisonjeiro para com os portugueses em geral. É natural que considere Pombal como "dotado de um carácter muito superior ao dos seus compatriotas"[293].

Facilmente se vê tratar-se da defesa de alguma liberdade contra a tirania, mesmo demofílica. Costigan alude também ao caso de Vila Real

---

[289] W. COSTIGAN, *Cartas*, I, p. 130

[290] *Ibid.*, II, p. 19

[291] *Ibid.*, II, p. 33

[292] *Ibid.*, II, p. 97. E passa depois o autor a relatar um longo caso concreto de injustiça por causa de uma carta que se não abriu a tempo.

[293] *Ibid.*, II, p. 20.

de Santo António, como se fora da construção de uma micro-utopia, talvez balão de ensaio de uma maior. Fala-nos desse "monumento falante da teimosia e da vaidade do Marquês de Pombal".[294]

E na carta seguinte empreende a teorização das suas ideias, inspirado no que acabara de observar. Começa assim:

> "Se não estou enganado, a minha última carta deu-vos uma prova indiscutível de que é tempo especialmente perigoso para o bemestar de qualquer Estado, aquele em que a suprema autoridade se encontra nas mãos de um único homem, ainda que este tenha grandes e vastos talentos. E os mais servis lisonjeadores do Marquês de Pombal nunca poderão ter a presunção de afirmar que lhe tivesse passado pela cabeça ser tomado como um génio universal na arte de governar. É inquestionavelmente um solecismo político, e o mais perigoso de todos os precedentes, que, numa comunidade formada e organizada, publicamente, por determinadas leis, possa aparecer um indivíduo como primeiro ministro, ou um ministro qualquer, e substituirse no seu cargo à regra ou ordem estabelecida, a qual deve seguir o seu próprio curso e garantir as necessidades particulares; julgo que este tem sido sempre e continuará a ser o grande problema no governo deste país."[295]

O mito do homem de acção fica assim perturbado. E também não podemos esquecer a detecção do que poderá eventualmente constituir uma perigosa tendência nacional.

2.3. Algumas monografias

Se passarmos dos que ao de leve se referem a Pombal àqueles que a ele especificamente devotaram o seu labor, não encontraremos, ainda aí, mais que uma mais abundante explanação e um mais rico acervo de

---

[294] *Ibid.*, I, pp. 54-58.
[295] *Ibid.*, I, pp. 58-59.

O Marquês de Pombal: Estado vs. Liberdade

dados, na fidelidade aos mitos já nossos conhecidos. Vejamos, de entre a inumerável panóplia de obras, apenas algumas, mais significativas.

Um autor francês não identificado, e traduzido para português, em 1843, por Luis Inocêncio de Pontes Athaide e Azevedo[296], traça-nos um retrato muito favorável.

Se se comparar a avaliação económica e financeira do governo de Pombal feita por este livro, com a dada por um Caetano Beirão ou, mais explicitamente até, por um João Ameal, temos frente a frente o mito da abundância e o da miséria, as duas faces (ou fases) de Job, em ordem simétrica. Assim, dizem-nos agora que:

"pode dizer-se em geral, que o reino era mais bem administrado que durante o reinado do Senhor Dom João V.: é um facto em que ainda hoje concorda grande número de pessoas."

E é deveras interessante notar como de factos em si desagradáveis, ou nefastos, ou até ruinosos, que ocorreram durante o consulado pombalino, o autor se apressa a tirar partido:

"É necessário acrescentar, em louvor do ministro, que a maior parte das suas reformas foram operadas no meio das perturbações, que agitavam o reino; tais como o terramoto de Lisboa, a conjuração contra a vida do monarca, o desterro dos jesuítas, a desavença com a Cúria de Roma, as dissensões com a Inglaterra, e a guerra com a Espanha: todas estas vicissitudes parece que deveriam distrair o ministro dos negócios domésticos; ainda assim, nem um só instante deles se descuidou."[297]

---

[296] Só nos chegaram, apesar de aturadas buscas, o III e IV volumes de uma obra intitulada *A administração de Sebastião José de Carvalho e Mello, Conde de Oeiras, Marques de Pombal*, etc., Lx., Typ. de Luiz Correa da Cunha, 1843. É sempre de pôr a hipótese tratar-se, como era hábito na época, de uma falsa tradução, ou de uma versão muito livre, seguindo um texto estrangeiro, é certo, mas acrescentando-lhe ou suprimindo-lhe partes, ao gosto do "tradutor". Porém, Latino Coelho cita uma obra quase homónima em francês - será o original ? (Cf. LATINO COELHO, *O Marquez de Pombal*, p. 30, n. 1.).

[297] *A Administração*, IV, cit..

Quão fácil seria culpar Pombal por tudo isto – à excepção do sismo, para os mais cientistas, e até mesmo dele, pelos que (e muitos eram na época) o atruibuíam a castigo divino...

Com uma visão tão idílica do Marquês, era forçoso que a teoria (mito, também) da conspiração e do bode expiatório viessem a atribuir o mal e a caramunha aos nefandos "inimigos do Marquês". É o que sucede quando, reinando já D. Maria I, se vai proceder ao julgamento e condenação do herói caído em desgraça. É pura demagogia a insidiosa indignação do autor, que oculta deliberadamente a permanente oposição (sempre sufocada, e por isso pouco audível) ao governo de Pombal:

> "Eis aqui um grande ministro declarado réu de crimes, que só um grande malvado poderia perpetrar. Não é espantoso – interroga-se o nosso autor – que um tal delinquente governasse o reino por espaço de vinte e cinco anos com as sublimes virtudes próprias do político, do legislador e do reformador, sem que se suspeitasse que estas qualidades eram vícios, e que só depois de tão longo intervalo se viesse no conhecimento disso? Os que conhecem o coração humano que expliquem este problema: quanto a nós nada mais diremos."[298]

Simétrica à visão de Ameal, a deste Autor. Ambos, porém, coincidem em dar pouco valor à severidade de métodos, que condói tantos outros. Agora, porque parece ser graças a essa força e ao medo que há liberdade e prosperidade. O capítulo XVII do tomo III diz-se "Concernente à severidade de que é arguido o conde de Oeiras", e assim o defende, no essencial:

> "Quando qualquer povo se acostuma a viver com uma liberdade imoderada, o ministro, que pretende restaurar[299] as leis, é reputado sempre sobremaneira severo. Como cada cidadão se assemelha a um escravo fugido ao senhor, entende que querem de novo carregá-lo dos ferros que uma vez quebrou (...)"[300]

---

[298] *A Administração*, III, cit., pp. 144-145.

[299] Note-se que aqui se fala em restaurar, quando os tradicionalistas monárquicos acusam Pombal de revolucionar, de desrespeitar as leis fundamentais.

[300] *A Administração*, III, pp. 88-89.

O Marquês de Pombal: Estado vs. Liberdade 123

E depois de transcrever uma carta descrevendo a Lisboa de Pombal como um mundo de insegurança, medo e opressão, em que a convivência social quase se extinguira, o Autor rebate-a, nestes termos:

"As pessoas que têm notícia do Portugal daquele tempo, poderiam atestar a falsidade de semelhante descrição: no meio das grandes revoluções políticas, que deviam suscitar a perplexidade e a confusão no estado civil, reinava, como nunca, a tranquilidade e a ordem na capital do reino, onde se vivia com segurança, gozando de uma certa comodidade, que as riquezas, as artes e o comércio ali haviam introduzido."[301]

E o remate não deixa quaisquer dúvidas:

"É verdade que se temiam as leis, porém é este temor que dá liberdade a cada cidadão, que só pode tornar ditoso qualquer estado."[302]

Toda a acção de Pombal foi positiva, para este Autor. E o Marquês é assim apresentado como um Sólon ou um Drácon mítico: é o legislador primordial de uma nova era de prosperidade.

Idêntico panegírico se pode encontrar no clérigo polígrafo fecundíssimo, seu contemporâneo e apoiante, António Pereira de Figueiredo, que lhe chama "esse grande homem, ou, para falar com toda a propriedade, este herói."[303]. Assim cobrindo também de carga mítica a sua figura.

Míticas são claramente as visões que dele nos dão Acúrsio das Neves, que o eleva a demiurgo, a divindade criadora, "Criando um mundo novo onde só achava ruínas."[304]

---

[301] Ibid., pp. 89 - 90.

[302] *Ibid.*, p. 90.

[303] Atente-se no próprio título da obra que respigámos: ANTÓNIO PEREIRA DE FIGUEIREDO, *Paralelo entre o Imperador de Roma Augusto e D. José I.* Quanto à heroicidade de Pombal, os coevos oficiais são concordes. Assim, também, o *Hebdomadário Lisbonense*, n.º 7, do ano de 1765, apelidando o ministro de "herói o maior entre os grandes".

[304] *Apud* JORGE BORGES DE MACEDO, *A situação económica no tempo de Pombal*, cit., p. 42.

Mas concentremo-nos em estudos monográficos mais significativos pela sua expansão.

Latino Coelho inicia o seu *O Marquês de Pombal* com páginas de pura doutrina, afeita ao estilo de filosofia da história política. Antes de curar do homem, cuida dos grandes movimentos da História, e acaba por concluir que a personagem esteve à altura do que se lhe pedia. Até o seu nascimento a meio nível da escala social parece providencial. Ressurge aqui o mito do providencialismo histórico português. Nada surgiu por acaso...

Atentemos na bela prosa que legitima, pelo mito do progresso e das Luzes, quer revolução, quer despotismo esclarecido. A citação é longa, mas justifica o esforço, porque se quer sólida como um sistema, e resume perfeitamente o mito de Pombal em Latino Coelho – ele encarna uma das duas soluções abstractamente possíveis, e a única no concreto viável. É, afinal, o mito do salvador:

> "Quando um povo, pelos erros dos seus monarcas, pelos vícios da sua índole, e pela influência das circunstâncias, degenerado inteiramente da sua actividade primitiva, da sua pristina grandeza, e da sua prosperidade nacional, chegado à última degradação da inteligência e dos costumes, está prestes a apagar o seu nome na lista das nações, só dois caminhos se lhe oferecem para frustar o destino, que o está ameaçando. Só há dois meios para evocar de novo à existência um povo, que raiou as extremas da sua decadência: a revolução, que é a energia violenta da própria sociedade acordando do seu letargo diuturno pela ressurreição da consciência, ou o despotismo iluminado, que é a força de um só homem, substituída à dormente razão da sociedade."

Mas o povo está embrutecido, adormecido e verde demais para fazer a revolução. Logo, há-de bendizer a ilustração que, como um terramoto, como um camartelo, com uma mão destrói, reconstruindo também, de esquadro e compasso (símbolos maçónicos – sinais dos tempos), com a outra mão, em prol da proporção e da harmonia[305]

---

[305] As imagens são de LATINO COELHO, *Op. cit.*, p. 2.

O Marquês de Pombal: Estado vs. Liberdade   125

Daqui decorre o elogio nos domínios educativo[306], social e económico[307], etc., o que naturalmente o leva ao "Triunfo" (tal é o título de Coelho)[308]. Depois deste, a queda será, naturalmente, "Martírio"[309].

O mito do inimigo, da conspiração, é a explicação de contraste. De um lado, a luminosidade gloriosa do Marquês; do outro, tramando na sombra, a malevolência invejosa de medíocres, de privilegiados receosos ou vingativos, etc.[310]

Resta-nos fazer a derradeira prova, perguntando pelo tratamento da questão do atentado ao rei.

Latino Coelho entra em pormenores processuais e judiciários, e procura atenuar a crueza da situação à luz dos usos do tempo. Dá, no fim de contas, os nobres por culpados. E apesar dos adjectivos negros com que pinta o suplício (aliás retratado igualmente em desenhos esclarecedores que ornamentam a obra), é o próprio autor quem regula a sua balança histórica:

> "...em nome da lei saibamos também descontar na severa dureza do ministro o que pertence às ideias e aos costumes do seu tempo e ao preceito imperativo da pública salvação."[311]

Camilo Castelo Branco e Agustina Bessa Luís (embora afastados entre si no tempo) dão-nos o exemplo de incursões de dois literatos, romancistas, no tema, o que já de si é esclarecedor quanto à sua intrínseca apetência ficcional. Camilo delicia-se com os horrores do carrasco que, no final, teria ficado impune "a coçar a sua lepra", e não será certamente por acaso que a aristocrática autora que é Agustina Bessa Luís intitula o seu livro simplesmente "Sebastião José".

---

[306] *Ibid.*, pp. 221 ss. .

[307] *Ibid.*, pp. 239 ss..

[308] *Ibid.*, p. 267. Título do Capítulo XVI.

[309] *Ibid.*, p. 297 ss.

[310] *Ibid.*, v.g., pp. 77 ss. , 105 ss..

[311] *Ibid.*, p. 122. O autor dá outros exemplos portugueses de liquidação, por vezes cruel, de nobres e clérigos (p. 123), corroborando a sua atenuação da crueldade assacada a Pombal. E não podia faltar o caso de Damiens (pp. 123-124).

Regressados já à actualidade com Bessa Luís, passemos, nela, à obra de Jorge Borges de Macedo. A monografia que sumariamente analisaremos trataria aparentemente apenas desse desconsertante aspecto da obra de Pombal, o domínio económico.

Numa personagem em que, aos mesmos factos, diferentes perspectivas atribuem as mais diversas colorações, abre-se a obra de Borges de Macedo com a esperança de que a matematização da ciência económica, e a objectividade de um autor rigoroso, além da distância cronológica do nosso tempo, nos forneçam uma pista segura, isto é, dados que nos permitissem julgar com segurança Pombal, ao menos nesse aspecto.

Já sabemos que a distância temporal sem a probidade autoral é fútil. O que importa é a objectividade do autor. Ora Borges de Macedo esforça-se por alcançá-la. Não tem a obra interesse apenas pelos dados económicos, constituindo uma verdadeira mudança de sentido no plano do tratamento mítico da questão pombalina em geral. Também aqui, Borges de Macedo, se insiste em rejeitar, em nome da verdade e da objectividade históricas (não infalibilidade, não impermeabilidade ao erro, claro), os mitos positivo da "missão redentora do ministro de D. José" e negativo do "governo-catástrofe de Pombal", não se propõe qualquer *via per mezzo* conciliatória, um meio termo. Visa antes analisar a conjuntura económica

> "a mais ignorada e, paradoxalmente, a mais sujeita – segundo os debates do tempo – às medidas governativas, como criadoras de prosperidade ou de crise."[312]

Os prefácios das três sucessivas edições são muito esclarecedores do projecto do Autor e do seu posicionamento epistemológico ao tratar o tema. O mesmo se diga do capítulo inicial, em que se debruça especificamente sobre a imagem de Pombal na pena dos diversos historiadores que o precederam.

---

[312] JORGE BORGES DE MACEDO, *A Situação Económica no Tempo de Pombal*, cit., p. 11.

Confidencia-nos o autor no prefácio à segunda edição que se dispôs a tratar este tema pelo facto de que "nele a historiografia portuguesa revelava as suas mais significativas deformações."[313]

E já antes tinha assinalado o carácter partidário das interpretações pombalinas[314], dando ao mito de Pombal, como à própria política dera Maurice Duverger, o bifrontismo do deus Jano. Borges de Macedo parte não do terreno exclusivista e sectário do mito positivo ou do mito negativo, não do salvador ou do tirano, mas de uma situação de instalada hibridação, no caso dos autores da "terceira via", ou dos meias-tintas, e da coexistência e eterna luta do mito pró- e do mito contra. Assim, a primeira "démarche" metodológica teria que ser evitar o contágio bibliográfico:

"Afastei, pois, deliberadamente, toda a bibliografia acerca de Pombal-pessoa, desde a que se lacrimava com os 'pêlos no coração', até à que fervia em 'patriota esclarecido'."[315]

No plano histórico-político, a inovação mais marcante de Borges de Macedo será, para o que nos interessa, ter inserido o mito-homem no contexto da ascenção de mitos-ideias, ou melhor: ideologias. Se é inegável haver o homem Pombal e o seu mito, os seus mitos, sobre os quais se tinham edificado montanhas descomunais de literatura, vem agora Borges de Macedo recordar-nos que Pombal é servidor de um outro conjunto

---

[313] JORGE BORGES DE MACEDO, *A Situação Económica no Tempo de Pombal*, cit., p. 25.

[314] Afirma o autor: "No que se refere à escolha do tema, a figura de Sebastião José de Carvalho e Melo interessou-me pela natureza do debate político-cultural que envolvia. As duas posições contrapostas, que os estudos a seu respoeito mais praticavam, implicavam o projecto de intervenção na sociedade portuguesa, o que ia ao encontro da análise concreta das deformações do pensamento, quando motivado pela práxis. Uma primeira corrente considerava a acção de Pombal como catastrófica para o País, que precisava ser defendido contra governantes da sua natureza ou ideologia. Outra tornava-o precursor do laicismo anti-clerical: ele tinha, desse modo, posto o "dedo na ferida" quanto às causas da decadência de Portugal. Portanto, para remover essa decadência, era preciso continuá-lo. Problemas práticos, julgavam os autores." JORGE BORGES DE MACEDO, *A Situação Económica no Tempo de Pombal*, cit., p. 25.

[315] *Ibid.*, p. 26.

mítico, ideológico, que radica nas ideias do despotismo iluminado. Uma coisa é o mito do homem Pombal, o tal tirano de "pêlos no coração", ou incansável reformador, jovial mas determinado; outra é o próprio mito do governo forte e demofílico, progressivo. E este outro mito vai a caminho da utopia, cidade ideal construída com base em tal ideologia.

A ascensão pessoal de Pombal, que propiciaria o seu mito, teria sido impossível sem o triunfo (arbitrado pelo monarca, mas ajudado por muitos ventos favoráveis da "opinião pública"[316]) de uma equipa que desejava a introdução das ditas reformas. Pombal teria subido, depois, dentro desse novo contexto[317].

Do mesmo modo, a queda de Pombal – e isto explica melhor a querela da sobrevivência ou não da sua obra – não foi apenas a queda de Ícaro, que ousara subir excessivamente alto, nem a de um (mais nacional) perdigão, a quem não há mal que não venha (até a lepra) depois de ter perdido a pena. Tratar-se-ia antes de

> "...um processo de retirada do apoio, tanto por parte das instituições antigas como das recém-criadas, a um governante cujo critério de governo punha, agora, em perigo, não a autoridade do Estado, mas a sua unidade e coerência. O problema era outro (...) Entre outras razões, deve dizer-se que a hierarquia católica nunca aceitou a posição galicana de Sebastião José de Carvalho e Melo e dos seus partidários."[318]

No fundo, concluiríamos nós, tratava-se certamente de não deixar que se rompesse mais o bloco no poder que tinha permitido a ascensão de Pombal, e que o Marquês teria de alguma forma atraiçoado. Pois não fora ele promovido por nobres e até por jesuítas, que acabaria por expulsar?[319] O despotismo esclarecido não obrigaria a um tal excesso de zêlo.

---

[316] Sobre a existência de opinião pública na época, *Ibid.*, p. 15.

[317] *Ibid.*, po. 26 ss., máx. 28.

[318] *Ibid.*, p. 29.

[319] A corroborar este aspecto está o facto sabido da manutenção de ajudantes e familiares de Pombal - até o filho - em lugares de destaque na *viradeira*.

E que se continuaria depois na mesma senda, viria a prová-lo a persistência (naturalmente sem o génio empreendedor do activo ministro) de políticas mais inócuas para as classes dominantes[320]. Assim, "a alternativa económica era muito limitada, assim como se deve dizer que, em política externa, a diferença foi insignificante."[321]

Porém, até o próprio ataque de Pombal à nobreza teria sido de um alcance a rever. Limitara-se fundamentalmente a pontos nevrálgicos, de importância extra-metropolitana, e que, por isso, poderiam constituir uma ameaça? Teriam perecido os Távoras pela sua grande influência no Ultramar, e o Duque de Aveiro pelo seu prestígio internacional? São questões que é lícito formular depois de ler Jorge Borges de Macedo.[322] Aliás, o Autor dá-nos uma ideia da escassíssima eficiência da alegada perseguição pombalina – ao menos no mito e no imaginário, que são os lugares onde paira a noção de prestígio:

> "Como mero pró-forma, deve dizer-se que, mais tarde, se procedeu à verificação de processos de nobilitações pela Ordem de Cristo: pouco se alteraram. Mantinha-se, pois, intacto o prestígio da nobreza. Mas, na verdade, até a literatura o podia provar."[323]

Estivemos até aqui a considerar os prefácios, textos sempre dotados de alguma especificidade relativamente ao *corpus* original (por isso se qualificam como *paratextos* e são alvo na teoria literária de um tratamento diferenciado). Mas a mesma tendência se apreende no seu primeiro capítulo, programático, ou metodológico-epistemológico: Borges de Macedo propõe-se expressamente indagar o tónus histórico do séc. XVIII e não se perder nas simpatias ou antipatias pessoais (que reflectem as míticas e ideológicas). Identificando, e bem, a ideia de herói com a de mito,

---

[320] A própria expressão *viradeira* é um *vira*, uma dança, ou uma volta da roda da fortuna. Nada de muito profundo (mas coisa idêntica se diria para revolução). Por outro lado, as expressões *cair de Pombal em Valadares* e *Mal por mal, antes Pombal*, com sabor da época de D. Maria, fazem crer que o eterno descontentamento persistiu, e, talvez mais que isso: muito teria quedado mais ou menos na mesma, só que afectando outros em concreto.

[321] *Ibid.*, p. 29.

[322] *Ibid.*, máx. p. 30.

[323] *Ibid.*, p. 30.

afirma, peremptório, nesse escrito cuja primeira edição tem toda a fogosidade de um jovem historiador[324] que se afirma inovador e talentoso: "O que interessa é o homem histórico"[325] começa por dizer, contra o anedotário pseudo-histórico e a sectarização das versões. E depois eleva-se directamente à questão mítica:

> "O velho mito dos heróis milagrosos não convém à história. Antes que se tenham esses sonhos poéticos amáveis, cumpre examinar concretamente a época em questão e por esse exame ver – entre outras coisas – até que ponto essas facilidades apreendem a realidade histórica e a explicam."[326]

A tese de Borges de Macedo é a da continuidade do pombalismo face ao que o precedia e relativamente ao que se lhe sucedeu. Esta teoria, baseada antes de mais em pressupostos metodológicos gerais[327], embora naturalmente, também, na meditação dos factos, pode contradizer em boa medida o carácter ucrónico (e de isolamento em geral) que caracteriza a utopia, o qual é sublinhado por exemplo por Oliveira Martins[328], a quem Macedo explicitamente critica, neste ponto[329]. Pelo contrário, o Autor termina o seu capítulo programático-metodológico precisamente com este parágrafo um tanto provocatório, quer para panegiristas, quer para anatematas, porquanto empalidece a aura mítica do herói, situando-o, enquadrando-o; isto é, limitando-o também:

---

[324] A versão dactilografada é de 1944. Tinha o Autor 23 anos então.

[325] JORGE BORGES DE MACEDO, *A Situação Económica no Tempo de Pombal*, cit., p. 43.

[326] Ibid., p. 43. O Autor parece-nos até sugerir que este procedimento que agiganta Pombal e deixa na penumbra tudo o mais seria uma espécie de alibi de historiadores pouco documentados sobre uma época que abunda em eventos que não saberiam, sem esse passe de magia, explicar (cf. p. 45).

[327] JORGE BORGES DE MACEDO, *A Situação Económica no Tempo de Pombal*, cit., pp. 44-45. Referindo, entre outras passagens: "A continuidade, lei fundamental da metodologia histórica...".

[328] Afirma Oliveira Martins: "a história interrompe-se".

[329] JORGE BORGES DE MACEDO, *A Situação Económica no Tempo de Pombal*, cit., p. 44.

"A época chamada pombalina não é uma quebra, é uma continuação. Pombal pertence à sua época, ao Estado dentro do qual serviu, às classes de que dependeu, ao ambiente histórico que o criou e orientou. O sobrinho do morgado Paulo de Carvalho[330] não saiu inteiro da cabeça de Júpiter, nem era, como ele próprio dizia, 'um homem inexperiente que tivesse tentado melhorar o que é bom.'"[331]

Longe de ser um dotado planificador que viesse pôr em marcha um esquema pré-concebido, eventualmente preparado nas frias noites dos invernos rigorosos de Londres ou de Viena, Pombal recupera aqui aquele seu timbre um tanto "confuso" (ou, talvez mais propriamente, "dispersivo" ou pedante[332]) que já aflora, para alguns, na própria recomendação de

---

[330] Atente-se nesta filiação espiritual que, mais ainda que a da progenitura (esta necessária nos heróis humanos), dá uma raiz ao herói, o qual, por paradigma, por tradição, é sempre um pouco desligado de fontes, sempre um pouco *Minerva ex Jove* (imagem que, aliás, Borges de Macedo já contraditara antes, a páginas 42 deste estudo que vimos citando, e que está bem longe de se limitar a problemas económicos). Lembrar o facto comezinho que Pombal só levanta a cerviz quando herda os bens do tio é recordar uma dessas desagradáveis verdades materiais da infraestrutura que mostram os pés de barro dos mitos superestruturais. Assinale-se, porém, que o Autor também se apressa, num prefácio, a negar o mecanicismo pré-concebido (e em boa medida tão mítico) do jogo histórico do marxismo, com estas curtas mas judiciosas palavras: "Desde logo, pareceu que delimitá-los [aos grupos sociais] em abstracto, pelo modo de produção, como o materialismo histórico estipula, só conduzia à reprodução psitacista de uma dinâmica antecipada" (p. 29).

[331] JORGE BORGES DE MACEDO, *A Situação Económica no Tempo de Pombal*, cit., p. 46.

[332] Pedantes, empolados, cheios de gongorismos e declamações, seriam os seus textos, em que avultam despachos diplomáticos com notas de rodapé e citações várias, não faltando as de jurisprudência – tal lhe assacam os seus detractores, e Lúcio de Azevedo recolhe também essa tradição (sintetizada no apodo de "ministro letrado", com que por mofa o teriam baptizado os ingleses) (LÚCIO DE AZEVEDO, *O Marquês de Pombal e a sua época*, 2.ª ed., Lx., Clássica Editora, 1990 [1.ª ed. 1909], pp. 30-31). Contudo, há textos cristalinos, quando Pombal quer. Azevedo cita um sobre a Constituição de Inglaterra (que é curioso comparar com o de Montesquieu), e nós lembramos apenas a carta ao reformador reitor da Universidade sobre o jardim botânico, em que com graça explica a utilidade prática do mesmo, e jamais a de sorvedoiro de dinheiros púbicos para deleite de excêntricos apreciadores de raridades vegetais. Cf. texto *in* SEBASTIÃO JOSÉ DE CARVALHO E MELO, *Memórias Secretíssimas do Marquês de Pombal e outros escritos*,

D. Luis da Cunha[333]. Assim, para o presente Autor, a sua política económica foi, em múltiplos aspectos, ditada pela conjuntura, de crise económica. Contentemo-nos com duas ou três citações:

"Se o fomento industrial pombalino não nasceu no deserto industrial[334] e não se constituiu uma revolução técnica de qualquer natureza, não foi também o resultado de uma visão antecipada ou um esforço voluntário relacionado com as luzes da Europa. A raiz do fomento pombalino provém das dificuldades da crise do ouro e da produção colonial que obriga a produção industrial a tentar diminuir essas novas desvantagens da importação estrangeira."[335]

E ainda: "As providências industriais pombalinas trazem bem marcado o cunho do fomento de circunstância (...)"[336]. Em conclusão: "O fomento industrial assenta na realidade concreta e corrente da época sem pertencer ao domínio das planificações *avant la lettre* ."[337]

Sabemos como as aproximações puramente económicas costumam apoucar e rebaixar os grandes ideais e reduzir à expressão mais simples os mais engalanados mitos. Mas mesmo dando o desconto a essa idiossincrasia epistemológica não há dúvida de que o trabalho de Borges de Macedo, investigando o velho e o novo, o inovador e o conservador no Pombal "reformador económico" parece demonstrar, num ponto bem concreto ao menos, que o gigante tinha dimensão humana. E tinha-a em todos os aspectos da palavra humanidade.

Este estudo permite-nos encerrar as narrativas míticas de Pombal, porquanto como que liquida o mito pombalino. Ao humanizar o herói, tira-lhe irremediavelmente a aura. Ao inserir a obra na conjuntura, e ao

---

antologia, Lx., Europa-América, s/d., pp. 52-53. Mais uma vez valerá a pena lembrar ainda o estilo da época, sobretudo em Portugal, que teve um Barroco de muito persistente longevidade.

[333] Cf. uma alusão no próprio JORGE BORGES DE MACEDO, *A Situação económica no tempo de Pombal*, cit., p. 27.

[334] E aqui de novo retoma o autor a sua tese da continuidade histórica.

[335] JORGE BORGES DE MACEDO, *A Situação Económica no Tempo de Pombal*, cit., p. 171.

[336] *Ibidem*, p. 181.

[337] *Ibidem*, p. 183.

fazê-la depender dela, situa-a, dá-lhe um lugar. E então as reformas pombalinas e a cidade nova do Marquês passam a ser apenas reparações (de maior ou menor vulto, é certo) num velho edifício, sempre mais ou menos em ruínas. E assim se perde a dimensão utópica de um projecto que afinal o não teria sido.

Borges de Macedo não retira o mérito a Pombal. Apenas desfaz o seu mito[338], bem como o de um certo Portugal setecentista. Como é hábito, as últimas linhas deste estudo são significativas. E são-no para nós tanto mais quanto é certo que falam de dois mitos a abater:

> "Corpo vivo extremamente sensível aos problemas das grandes rotas e da produção das matérias-primas da época, a economia portuguesa intercalava-se nos complexos movimentos contemporâneos e reagia com uma orgânica sua.
>
> "A natureza das suas reacções é tal que teremos de pôr de parte o mito do século XVIII português decadente e submisso, assim como temos que pôr de parte o mito de Carvalho e Melo planeando, com antecipação exemplar, sobre as necessidades industriais do País. Não mérito menor, porque é mais real, o facto de ter tentado defender o País de uma crise que o ameaçava."[339]

O olhar da História Económica quando olha a história política é como uma cabeça de Górgona. Destrói o elemento mítico, congelando-o.

3. Proto-Conclusão

Borges de Macedo, que foi um eminente historiador, aniquilou em jovem o mito pombalino e a utopia de Pombal no plano da análise históri-

---

[338] No desfazer do mito, não podemos, apesar de tudo, deixar de experimentar um certo desconsolo, português que somos, para quem só as grandes aventuras são dignas de viver. Para quem a História, apesar das prevenções racionais e científicas, sempre tem que ter um travo de génio e de heroísmo, com seus vilões e seus santos, seus mártires e seus carrascos.

[339] JORGE BORGES DE MACEDO, *A Situação Económica no Tempo de Pombal*, cit., p. 184.

ca. Mas não conseguiu que a sua voz ecoasse. Apesar das três edições do seu estudo, citado por todos os trabalhos eruditos ulteriores, não parece ter convertido ninguém. O mito sobrepôs-se à história, a dramatização à desdramatização.

Mais de cinquenta anos depois deste estudo, vimos que as narrativas que se oferecem aos escolares ou aos homens cultos, mesmo aos universitários, persistem no mito. Essa a prova da sua longevidade.

E essa também a prova da sua razão. Porque é possível, é provável que Macedo esteja certo ao dizer que Pombal não foi assim tão grande, ou tão planificador. Mas não o viram gigantesco e de caso pensado – para o bem e para o mal – seus coevos e pósteros? A imagem de uma época e a imagem de um homem, numa colectividade, também faz parte da História. E o erro colectivo (que em si é incorrespondência com os factos) pode impulsionar factos, esses agora verdadeiros.

Assim, a aceitar a liquidação do mito operada por Borges de Macedo, veríamos que o mito renasce na história como história de uma mitificação. Além do mais, pode Pombal ter vogado com as marés; se todos dizem que as comandou, o mito persiste. Pode Pombal ter continuado o que estava. Se há unanimidade em que inovou, o efeito psicológico foi ter inovado. Não está em causa a verdade, ou a vontade, mas a representação. E, permitamo-nos a caricatura: no plano utópico, pode o Portugal pombalino não passar de uma pálida transição entre o do rei Magnânimo e o da rainha Piedosa. Se se passou a dar vivas à nova cidade do sol por entre as ruínas de uma cidade cujos planos nunca se chegaram a dar por findos e até foram atravessados por um convento (jamais na mente do ministro) no período marino, tal utopia efectivamente existiu. Assim como na maior das liberdades há censura e grilhetas se o cidadão as imagina existentes (e como se foram reais procede), e vice-versa (o que, no plano prático, pode, porém, causar alguns dissabores aos iludidos).

Em resumo: o mito vive enquanto nele se acreditar. Mas isso já se sabia. A atestá-lo estão até todos os mitos semi-acreditados[340] e persistentes. A ilusão, e a ilusão sabida, são, por vezes ambas, parte do mito.

---

[340] Cf ., por todos, o clássico PAUL VEYNE, *Les Grecs ont-ils cru à leurs mythes?*, Paris, Seuil, 1983, trad. port. de António Gonçalves, *Acreditavam os Gregos nos seus Mitos?*, trad, port.. Lx., edições 70, 1987.

CAPÍTULO III
DIREITO, HISTÓRIA E MITO:
A POLÉMICA DA *HISTORIA DO DIREITO CIVIL PORTUGUÊS* DE MELLO FREIRE

*A Mitologia é a mesma História, no seu princí-
pio, desenvolvida ainda em pleno sono ou esquecimento.*

Teixeira de Pascoaes – *São Jerónimo e a
Trovoada*, Lx., Assírio & Alvim, 1992, p. 5.

1. Na pista de mais um contraditor de Pascoal José de Mello Freire

O século XVIII português viveu uma interessante polémica jurídica e política[341]. Morto D. José (1777), e uma vez retirado da política o Marquês de Pombal, a nova rainha, D. Maria I, quis dotar o país duma legislação mais moderna (ou de uma melhor arrumação da antiga), em vários domínios, e até mesmo no constitucional. Uma primeira comissão de reforma legislativa não saíu do impasse. Mas o professor da Universidade de Coimbra Pascoal José de Mello Freire dos Reis[342], trabalhando incansa-

---

[341] Cf. o nosso *Mythe et Constitutionnalisme au Portugal* (1778-1826), tese, Univ. Paris II, Paris, 1992.

[342] Paschoal José de Mello Freire dos Reis, filho de Belchior Freire dos Reis, oficial cumulado de glória nas guerras de sucessão de Espanha, viu pela primeira vez a luz do dia a 6 de Abril de 1738, em Ansião, Leiria. Após distintos estudos de Leis, obteve o doutoramento com a idade de 19 anos (a 3 de Maio de 1757). Imediatamente se dedicou ao ensino, e depois da reforma da Universidade (1772), foi-lhe dada a oportunidade de inaugurar

a cadeira de Direito português ("Direito Pátrio"), que o Marquês de Pombal acabara de criar. Muito jovem, não era titular da cadeira de que seria o arquitecto e o obreiro, tendo o curioso título de " substituto", embora tenha sido ele quem, sem qualquer colaboração, percorreu toda a antiga e moderna legislação nacional, e pela primeira vez a dotou de um verdadeiro sistema doutrinal. Quando foi nomeado definitivamente, apenas nove anos antes da sua aposentação, um monumento jurídico havia já sido erguido pela sua pena: a primeira história do direito português (*Historiae Juris Civilis Lusitani*, 1788), os dois tratados fundamentais do nosso direito, o " Civil" e o Criminal, que ninguém jamais ousara escrever (*Institutiones Juris Lusitani, cum Publici tum Privati*, 1789, e *Institutiones Juris Criminalis Lusitani*, 1789), esta última numa perspectiva mais prospectiva, infuenciada pelo iluminismo penal de Beccaria e Filangeri, aos quais se juntam muitas obras menos conhecidas, ditadas sobretudo pela motivação polémica do momento, alguns inéditos, ou publicados *post mortem* por seu dedicado sobrinho, Francisco de Melo, ou por outros. Sublinhamos: *Dissertação histórico - jurídica sobre os direitos e jurisdição do Grão - Mestre do Crato...; Ensaio de Código Criminal; Projecto de Código Criminal; Alegação jurídica: Discurso sobre os votos de Santiago; Projecto de regulamento para o Santo Ofício*; diversas respostas aos críticos das suas obras, etc. Mas Mello Freire, embora titular de diversos cargos e sinecuras - Grão-Mestre do Crato (1785), juiz de tribunais superiores (1785), deputado da " Bula da Cruzada " (1783), deputado do Conselho Geral do Santo - Oficio (1793), Conselheiro da Rainha (1793), membro da Academia Real das Ciências (idem), etc. - entrou verdadeiramente na vida pública e adquiriu interesse como juspublicista e teórico constitucionalista *avant la lettre* sobretudo com a sua nomeação para a comissão de elaboração do "Novo Código", em 1783. Aí, o famoso jurista, que tinha seguido o humanitarismo penal do iluminismo em voga, e adoptado da escola alemã o *usus modernus pandectarum*, teve o seu baptismo de fogo. O seu projecto e a resposta às suas críticas testemunham uma muito curiosa atitude. Ribeiro dos Santos, seu colega da gémea faculdade de Cânones, acusa-o e estigmatiza-o como o representante do despotismo português.

É desnecessário dizer que os ventos revolucionários de França e a dissensão entre os nossos jurisconsultos desencorajaram a rainha a promulgar os códigos constitucional e criminal.

As exéquias fúnebres de Melo Freire, falecido a 24 de Setembro de 1798, em Lisboa, foram uma grandiosa homenagem do mundo jurídico nacional ao grande mestre jurisconsulto. O elogio, em latim, de Garção Stockler, é uma bela peça de oratória e um exemplo da sua fama.

Entretanto, daí em diante quase foi esquecido. Os estudo sobre ele contam-se pelos dedos da mão, e actualmente quase não aparece citado senão nos trabalhos de História Jurídica e na parte histórica dos tratados de Direito Criminal...

Para além das referências deste artigo, cf. JOSÉ ESTEVES PEREIRA, *Mello Freire* (*Pascoal José de*), in "Logos", Lisboa, Verbo,1991,vol.II, col, 783 - 786; Idem, *O pensamento político em Portugal no século XVIII. António Ribeiro dos Santos*, Lisboa, Imprensa Nacional - Casa da Moeda, 1983, pp. 243-406, e o nosso *Mello Freire, advogado, Notícia de um (?) manuscrito*, Lisboa, in "Revista da Ordem dos Advogados", 1992.

A Polémica da "História do Direito Civil Português" de Mello Freire

velmente durante todo um ano, acabou por redigir um projecto de código de direito público, o chamado "Novo Código". O seu texto, verdadeiramente utópico, na linha pombalina (posto que moderada), e adepto do despotismo esclarecido, foi vivamente contestado pelo seu colega canonista e membro da comissão de censura do código, António Ribeiro dos Santos[343]. A polémica sobre a nova legislação, que substituiria as antigas

---

[343] Nascido no Porto, a 30 de Março de 1745, filho do coronel Manuel Ribeiro dos Santos Guimarães, António Ribeiro dos Santos fez os seus estudos secundários, sobretudo de Filologia e de Humanidades, no Brasil, no Rio de Janeiro, sob a orientação dos ex-jesuístas (a Ordem já não existia oficialmente) do Colégio de Nossa Senhora da Lapa. Regressando a Portugal (1764), concluíu o seu curso de Direito Canónico em Coimbra, e as suas altas classificações conduziram-no ao doutoramento, que obteve em 1771. Tornou-se professor titular em 1790.

Sendo subdiácono, também ocupou elevados cargos não só na magistratura mas também na Igreja. Foi Cónego doutoral em Viseu (1793), Faro (1800) e Évora (1801), juiz em diversos tribunais superiores do Estado, membro do Colégio Real das Ordens Militares (1772), e o primeiro director não somente da Biblioteca da Universidade de Coimbra, como também da Biblioteca Nacional de Lisboa (1796).

Duma cultura enciclopédica - desde os clássicos gregos e romanos à mais pura literatura nacional e aos contemporâneos estrangeiros, franceses e italianos, sobretudo - Ribeiro dos Santos deixou a sua marca em todos os lugares por onde passou, nomeadamente na Biblioteca Nacional, onde as suas determinações orgânicas resistiram ao tempo e foram objecto de elogio, mesmo nos nossos dias, pelos seus sucessores. Os seus estudos dispersam-se desde a História da Literatura e da Linguística, à História das Matemáticas, da questão judaica em Portugal à navegação e à Cartografia.

Também foi poeta e membro da Arcádia Lusitana, sob o nome de "Elpino Duriense". Além de paixonado pelas ciências naturais e vulgarizador de Newton.

Não se pode dizer que seja muito conhecido. O "Dicionário da História de Portugal", sob a direção de Joel Serrão, uma obra capital da nossa historiografia moderna, dele afirma: "... [Ribeiro dos Santos] aguarda uma biografia compatível com a sua muito notável figura." Mas o artigo que se segue não nos diz uma só palavra sobre a polémica do Novo Código, que o opôs a Mello Freire. Os comentários limitam-se a questões literárias na sua maioria duns poucos especialistas que o estudam. Evidentemente, que este artigo é anterior à tese e outros estudos de Esteves Pereira, que todavia não se centrou especialmente na dimensão jurídica e jusfilosófica do Autor.

Vivendo, como Freire, perto dos círculos do poder na época da " Viradeira", Ribeiro dos Santos, tal como o primeiro, partilharia pouco mais ou menos da mesma formação e (falando em abstracto) dos mesmos interesses pessoais. São ambos dois teóricos "pombalinos" e "marinos". Ribeiro dos Santos adopta, contudo, uma teorização de aparente recuo,

Ordenações Filipinas em boa parte[344], prolongou-se durante anos, sem que se tenha chegado a qualquer solução. A Revolução Francesa, que rebentara entretanto, acabaria por pôr um ponto final no entusiasmo codificador da rainha, que veio, como se sabe, a morrer louca, sonhando dia e noite com as atrocidades que vitimaram os soberanos franceses. Entretanto, o "Novo Código" nunca chegaria a ver o dia da aprovação. Irónico destino para o seu nome.

Mello Freire e Ribeiro dos Santos ficarão decerto para a posteridade como os pais fundadores míticos de duas correntes jurídicas e políticas em Portugal: a linha absolutista iluminada, e a liberal *avant la lettre*, ou, melhor ainda, a liberal aristocrática, à Montesquieu.

Mas Mello Freire não encontrou no célebre Elpino Duriense o seu único contraditor. Segundo Mário Júlio de Almeida Costa[345], o oratoriano António Pereira de Figueiredo[346] poderia até, de alguma maneira, servir-

---

um regresso à Idade Média, para - a relação é curiosa - justificar o novo contrato social. Melo Freire insiste num absolutismo que não deixa de recordar o passado recente, mas temperado para servir num futuro próximo.

Parece que esta polémica aguda e violenta no plano da teoria, onde se chegaram a brandir argumentos tão terríveis, como a acusação de monarcómano e republicano, não teve, a final, graves consequências pessoais para qualquer dos doutrinadores. Exactamente como Mello Freire, Ribeiro dos Santos morreu (em 16 de Janeiro de 1818) pacificamente, rico e glorioso, num parnaso de flores e livros, ajudado na sua fraqueza visual, por uma angelical e dedicada pupila.

Bibliografia principal: *Do sacerdócio e do império* (1770); *A verdade da religião cristã* (1787); *Memória da literatura sagrada dos judeus portugueses* (1792-93); *Poesia de Elpino Duriense* (1812-1817, 3 vols.); *Considerações sobre alguns artigos de jurisprudência penal militar* (1817); *Notas ao plano do Novo Código de Direito Público do Doutor Paschoal José de Mello Freire, feitas e apresentadas à Comissão de Censura e Revisão, pelo doutor António Ribeiro em 1789* (1844).

[344] Dos que Mello Freire haveria de redigir projecto, o dito "Novo Código" substituiria o Livro II das Ordenações, o Código Criminal, o Livro V... E outros Livros haviam sido distribuídos, para revisão, por outros membros da Comissão de Reforma.

[345] MÁRIO JÚLIO DE ALMEIDA COSTA, *Pascoal José de Mello Freire*, in Joel SERRÃO (dir.), *Dicionário de História de Portugal*, Lx., Iniciativas Editoriais, 1971, vol.III, p.14.

[346] Teólogo e polígrafo, defensor das doutrinas galicanas do Marquês de Pombal e célebre pela sua *Tentatica Teológica*. Nascido em Mação, a 24 de Agosto de 1797. A bibliografia sobre este autor tão produtivo (a sua obra é imensa) é rara. Cf. JOSÉ ADRIANO

A Polémica da "História do Direito Civil Português" de Mello Freire 139

nos como contraponto a Ribeiro dos Santos na crítica das posições de Mello Freire. Foi este o caminho que procurámos seguir, tendo tido a sorte de dispor, além do material conexo editado, também do acesso directo a manuscrito do texto de Pereira de Figueiredo.

O texto crítico em questão[347] baseia-se num *corpus* da obra de Mello Freire diferente do da polémica com Ribeiro dos Santos: trata-se de censura do manual universitário da história do direito civil da autoria do professor de leis. Mas, sendo as matérias diferentes, o projecto jurídico (e mítico) de Freire permanece naturalmente o mesmo.

2. A censura de Pereira de Figueiredo
à "História" de Mello Freire

O texto crítico de Figueiredo é breve. Começa por enunciar o sumário da obra de Freire e, segundo as boas regras retóricas, tece-lhe até um elogio formal: mas tal elogio contém já o germe da crítica:

> "Por todo o livro mostra o Author hum grande cabedal de notícias importantes: muita lição de Escriptores Estrangeiros, e Nacionaes: nem se lhe pode negar o louvor de que com muita curiozidade e trabalho extrahio dos cartorios publicos, e particulares grande copia de monumentos raros que em todo o genero podem illustrar muito a nossa Historia".

Mas, logo de seguida, a erudição de Freire é posta em causa:

FREITAS DE CARVALHO, *Dos Significados da divulgação de J. Gerson como Profeta do Portugal Pombalino pelo P. António Pereira de Figueiredo*, separata da "Revista da Universidade de Coimbra", vol. XXXI, 1984,pp. 337-372 (1986); CÂNDIDO DOS SANTOS, *António Pereira de Figueiredo, Pombal e a Aufklaerung. Ensaio sobre o Regalismo e o Jansenismo em Portugal na 2ª. metade do século XVIII*, in "Revista de História das Ideias", Instituto de História e Teoria das Ideias, Coimbra, 1989, nº. 4,I, p. 167-203.

[347] *Censura do P.e António Per.a de Figueiredo ao Compêndio de História do Direito Civil Portuguez*, Biblioteca Municipal do Porto, Ms. 1061. E.1, datado de 26 de Outubro de 1786.

"Com tudo isso se eu tenho na materia algum voto, ainda a este livro falta muito, para chegar àquella perfeição que os Estatutos da Universidade, justamente requerem em [simples ? – palavra de difícil leitura] compendios".

E o autor passa a um ataque impiedoso: o estilo é bárbaro, e faz-se eco do mau latim dos juristas[348], o texto é por vezes obscuro, e fastidio-so. Depois, o tom seria pouco crítico. E Pereira de Figueiredo desenvolve a sua acusação dos erros apoiando-se em questões estilísticas, por quase duas dezenas de exemplos.

Contudo, para nós, é muito mais importante compreender o que Pereira de Figueiredo considera como a ausência de espírito crítico em Melo Freire. Trata-se sobretudo da precipitação e ligeireza na escolha das fontes, que ele utilizaria sem critério, criando uma mistura bastarda, para dourar a sua erudição e provar as suas teses. Ou, no limite: as suas teses seriam algumas vezes tiradas de outros, sem passar por um julgamento verdadeiramente pessoal.

Além disso, haveria também fontes que não podem naturalmente ser consideradas como verdadeiras autoridades. Por exemplo, a utilização das obras muito modernas para tratar problemas muito antigos.

Figueiredo critica, particularmente, o uso de cartas geográficas e outros documentos modernos para contextuar problemas da " última antiguidade" ["couzas da ultima antiguidade"] (sobre a p. 51). Mais vigorosa ainda é a crítica da p. 97, porque se revela, para nós, dum duvidoso significado. Freire teria aceitado sem crítica as Cortes de Lamego, e tê-lo-ia feito sob o testemunho dum autor moderno e francês: "Neus-Ville" [Neusville?].

O "francesismo" de Freire, dirigido contra a originalidade portugue-sa, vem imediatamente a seguir, por uma inevitável analogia.

Freire é criticado como responsável duma Babel linguística, des-necessária, nada conveniente para um livro escrito em latim para a nação portuguesa. E Figueiredo parece sobretudo chocado pelas transcrições, em francês, de trabalhos de autores franceses modernos. Vê-se bem que essas acusações não visam um alvo inocente.

---

[348] É preciso notar que a crítica é, evidentemente, dirigida ao texto latino do manual. A tradução portuguesa data apenas do nosso século.

E o autor regressa à pequena crítica: porque não terá Freire latinizado os nomes de Fuas Roupinho e de Ruy Fernandes, p. 82 e 68?

Tendo de iniciar a sua apreciação histórica, o oratoriano criou a expectativa, atraindo a atenção da "Real Mesa [Censória]". A questão é grave!

Erros históricos (ou omissões de monta) terão a sua repercussão sobre as gerações futuras, reproduzindo em série a falta ou a ignorância. Era-se muito pedagógico, nesse tempo.

O erudito Figueiredo não dissimula o seu saber, quer na detecção de erros, quer nas omissões enunciadas.

As duas últimas críticas por omissão podem ser significativas:

1 – Freire não fala na electibilidade no reino gótico. Poder-se-á perguntar se o professor de Direito o esqueceu voluntariamente para não perturbar a sua defesa de uma realeza despótica. Mas, sendo assim, é Figueiredo quem se deixa arrebatar pela erudição – porque, na verdade, o facto não o ajuda sequer na argumentação da sua teoria política.

2 – A última omissão refere-se a um facto de cultura jurídica da época: Freire não explica o que foi a Lei Mental e deveria tê-lo feito, porque é "coisa que muitas pessoas grandes não sabem ainda". Mas o texto é ambíguo: os"grandes" podem ser tanto os nobres, como os mais velhos, em relação aos jovens estudantes. Em favor da primeira interpretação está o conteúdo da lei – na verdade, trata-se de expropriações de terras dos senhores em favor da Coroa.

É neste imenso material considerado erróneo por Figueiredo, que se pode entrever a sua perspectiva jurídico-política. É através do método de comparação com o pensamento de Mello Freire, que se ajuizará o de Figueiredo.

Este critica pormenores sobre os Fenícios, sobre cronologias précristãs, sobre a fundação de cidades na Espanha antiga, sobre confusões entre povos bárbaros, sobre a geneologia de D. Henrique, etc., etc. A confusão entre Sto. Isidoro de Sevilha e de "Idacio" é célebre, assim como a entre Afonso XI e X, o das "Siete partidas".

Figueiredo reserva para o fim o melhor dos argumentos. Porá em questão os fundamentos da teoria da soberania nacional admitida por Mello Freire.

De facto, o mito fundador da nacionalidade, tal como é exposto pelo jurista, é muito débil, mesmo como mito e discurso de legitimação. Pode aí considerar-se um erro imperdoável. Uma análise mais detida revela-nos o seguinte:

Na p. 89 da sua obra, Freire afirma a sujeição do Condado Portucalense aos reis de Leão. No parágrafo 36.º data o nascimento de Afonso Henriques, assim como o da independência do território. Na verdade, o rei Afonso VI de Leão, entusiasmado pela alegria de ver o seu neto, teria de algum modo aberto mão do condado, concedendo-lhe a soberania. O único problema é que o rei Afonso teria morrido em 1109, e o nascimento do nosso primeiro rei dataria de 1110.

Sublinhamos que não é somente a confusão das datas, já grave, que é posta em causa; é a ingenuidade da narrativa que é criticada. Além disso, há documentos comprovando que a sujeição continuou após 1110, especialmente a *Historia Compostellana*.

E a polémica sobre os documentos e os títulos de D. Afonso Henriques continuará, com outros argumentos e textos.

Pereira de Figueiredo não é somente o crítico atento, o erudito à procura do menor deslize. Pensa também nas grandes questões, e dá a Mello Freire uma grande lição de historiografia e de probidade intelectual. Um outro exemplo é o das Cortes de Lamego. Brandão, o editor do texto, já tinha confessado ter hesitado na sua publicação, porque não tinha visto o original. É verdade que os espanhois nunca reconheceram a autenticidade deste texto, porque na verdade era um argumento adverso aos seus interesses. Mas o interesse dos espanhois não é um motivo para acreditar, tacitamente, que não têm razão, ou, pelo contrário, que a tenham.

Damos agora a palavra a Figueiredo, que, a este respeito, acusa Freire de agir de má fé:

> "He finalmente supôr contra todas as regras da crítica, que para um documento se qualificar de authentico basta achar-se elle escripto de mão em algum cartório, ou impresso em algum Livro. Devia logo o Author fallar neste delicadissimo ponto ao menos com a sinceridade e tento com quefallou aquele Chronista-mor, e não dezafiar com [ilegível] absoluta as penas dos nossos vezinhos, que agora mais que nunca estão àlerta vigiando o que sahe d'entre nós".

A crítica continuará, fazendo aplicação *in hoc tempore* do problema da efectiva realização das Cortes de Lamego. O crítico declara que D. Maria I não precisa dessas Cortes para ser rainha, porque tem o direito ao trono por sucessão, aliás de harmonia com uma fórmula comum a quase toda a Europa, e como sem dúvida também aconteceria em Espanha. Na dedicatória, de facto, Mello Freire evocara essas Cortes como justificação dos direitos de D. Maria...

Quando Freire se apoia nas Cortes de Lamego, poder-se-á pensar numa espécie de " complexo de soberania popular"? Seria contra isso que Pereira de Figueiredo se insurgia?

Seja como for, revelou-se muito subtil. Após uma crítica final sobre o pedantismo de Freire[349] , o censor recomenda à Academia das Ciências a comunicação ao Autor das críticas feitas ao seu trabalho, para uma ulterior correcção, visando a edição do seu trabalho.

3. A resposta de Mello Freire

Mello Freire respondeu a esta censura[350]. O texto mostra um certo menosprezo associado à estima formal pelo tribunal que julgara o seu texto. Utiliza a fórmula: "Antes de comunicar o que me ocorrer", o que é, aliás, um sinal de que o autor não se esforçará demasiado em organizar a sua defesa, que escreveria um pouco *currente calamo*. Portanto, despreza o valor dos julgamentos recebidos.

---

[349] Que estaria patente, por exemplo, quando chama a João de Aregas João das Regras, o célebre jurisconsulto que advogou por D. João, Mestre de Avis, futuro rei D. João I, nas Cortes de Coimbra. No entanto, parece que os dois nomes estão correctos: Aregas seria o nome do lugar de nascença de João, sob a jurisdição do episcopado de Lamego. Regras é um nome atribuído aos juristas ilustres desde pelo menos D. Afonso II. Cf. CARLOS OLAVO, *João das Regras Jurisconsulto e Homem de Estado*, Lisboa, Guimarães, s/d (1941?), p.17 ss.. Cf. ainda NUNO J. ESPINOSA GOMES DA SILVA, *O Chanceler João das Regras, Prior da Igreja da Oliveira, em Guimarães*, separata da "Revista da Faculdade de Direito da Universidade de Lisboa", vol. XXV, 1974.

[350] *Resposta de Pascoal José de Mello contra a censura do compendio de História Juris Civilis Lusitani, feita por António Pereira de Figueiredo, Deputado da extinta Real Meza Censoria* (obra póstuma), Na Impressão Regia, Lisboa, 1809.

Mello Freire passa a uma defesa inteligente, bastante erudita, mas sobretudo argumentativa e razoável.

O autor considera que o maltrataram; que as críticas, vivas pela forma, revelam a sua rigidez dogmática, não admitindo alternativa – nem a flexibilidade dum "talvez" – e que nada desculparam.

O contra-argumento para se defender das omissões é simples – o texto destina-se a ser completado pela lição oral. É um texto escolar. Não pode plausivelmente conter tudo.

Freire explica o seu objectivo: dotar de uma história a ciência da legislação nacional. Para que

> "[...] os estudantes, para não serem toda a sua vida meros Rabulistas, se preparassem com a Historia das Leis Portuguezas".

A uma outra crítica de Figueiredo (que o tinha acusado de falar do chefe lusitano Viriato depois de se referir a Sertório, como é sabido um chefe militar romano que se poria à frente dos lusitanos, ulteriormente àquele), Freire responde duma maneira paradigmática[351]. Tudo depende do objectivo desejado. Ele não quis dar a lista cronológica dos capitães lusitanos, mas fazer a história da legislação. Ora, Viriato nada tinha legiferado. Sertório, pelo contrário, tinha até criado um senado, instaurou magistrados, etc.. Mudou assim a própria constituição. Viriato não merecia até referência, a não ser pela oportunidade de dizer que, após a sua morte, Brutus triunfou.

Vê-se bem a que ponto, a que minúcia, a que preciosismo, chegaram a crítica ... e a defesa[352].

---

[351] MELLO FREIRE, *Resposta...*, citado, p. 10

[352] Quanto à falta da Lei Mental, o argumento de Freire é metodológico. Tinha aprendido alguma coisa da argumentação do seu censor: numa obra de história não se utilizam explicações legais. Freire não escapa à tentação de subtilmente assinalar que de leis, é ele o especialista, e não o teólogo Pereira de Figueiredo. Termina assim a sua argumentação sobre a Lei Mental : "os inteligentes sabem se podia caber nelle huma semelhante explicação", p.18.

No jogo da querela, e até na concordância formal, Freire confessa o erro quanto a Idacio, mas atribui-o ao copista. Teria escrito Hispalenses em vez de Hispanienses (p. 25). Igualmente um lapsus calami do copista no caso de Afonso X (pp. 35,36). Mas, quanto a João das Regras, Freire clama pela sua razão. A autoridade seria Frei Luis de Sousa (p. 36), que teria seguido.

Ignorar-se-ão aqui todas essas guerras de *Arlequim e Mangerona*.

As acusações de repetição, de sistematização errónea, etc., são dissecadas ao microscópio, à boa maneira da polémica literária portuguesa – fastidiosamente, com um pouco de malevolência e defesas sempre indignadas. Guarda-se disto uma inegável sensação de esterilidade.

No entanto, algumas opções de Mello Freire, importantes na sua obra, e reveladoras da sua ideologia mítica, revelam-se na sua resposta.

Ele não quis, tudo ponderado, perturbar a mentalidade ingénua dos jovens estudantes portugueses, com a questão da electibilidade dos reis Visigodos.

Era, aliás, segundo ele, um problema de direito público e não de história. Mas esta razão, embora justificada pelo argumento duma idêntica ausência nas crónicas de Espanha, não é convincente. Na verdade, Freire não tivera oportunidade, no laconismo dum manual, para explicar os motivos (especiais) justificativos duma tal electibilidade. Estar-se-ia perante uma omissão significativa, onde se negligencia o que é inoportuno? Julgamos que sim.

Aqui e ali, as premissas míticas introduzem-se tacitamente nas disciplinas em causa, quer em História, quer em Direito.

Freire radicaliza, por exemplo, os problemas da independência nacional. Afirma que

"[...] D. Henrique foi soberano, artigo de que nenhum portuguez deve duvidar", p.26.

O que, dito assim, sem mais, soa claramente a dogmatismo, até a um certo terrorismo ideológico, pois que põe em causa o patriotismo dos cépticos sobre tal ponto.

Em seguida, argumenta, *ab absurdum*, com a possibilidade da tirania e usurpação de D. Henrique e de seu filho. Negada tal tirania, fica comprovada a soberania.

Os argumentos de autoridade (as fontes citadas) são claramente encarados como uma questão de fé.

Quanto à questão cronológica, Freire ironiza: apenas ficaremos esclarecidos e com certezas quando as certidões de baptismo e de óbito, ou outros documentos autênticos, resolverem as querelas.

Do mesmo modo, a evocação por Figueiredo duma fonte espanhola, a *Historia Compostellana*, seria considerada como a defesa inábil da causa castelhana – o tom sobe, nesta polémica.

Freire demonstra a sua evidente superioridade jurídica fazendo jogos de dialéctica entre a linguagem técnica e a corrente. Para Figueiredo, a História citada seria um documento "autêntico" porque não era forjado, apócrifo. Para Freire, não o é porque – juridicamente – só alguns documentos administrativos, notariais, ou do mesmo género, o são[353]. Freire considera que os três religiosos, autores da História em questão, agiram, indubitavelmente, *pro patria sua*.

> "[...] e ninguém poderá chamar a este simples dito e asserção de três cónegos castelhanos um documento authentico, em hum ponto tão interessante e favoravel à sua Nação".

O derrube do argumento de Figueiredo é mais convincente que o puro jogo dos códigos linguísticos. Se esta história da Galiza afirma a insubmissão de Afonso Henriques e de sua mãe Teresa, então está provado: mesmo que os leoneses a não quisessem, a independência aí estava. Este não é um argumento decisivo. Mas anula a certeza de sentido contrário.

Freire, assim desembaraçado dos pormenores, reabre as asas e, reunindo os fios dispersos, reorganiza a sua máquina de guerra e acorda os fantasmas mitológicos: parece que Pereira de Figueiredo quer apoucar o reino, pois todas as suas críticas põem em causa a sua soberania[354].

1 – O reino seria dependente de Castela, uma vez que Figueiredo não acredita na doação de Afonso VI.

2 – O reino seria vassalo de Roma (Freire considera-o ligado à Santa Sé apenas espiritualmente)

3 – As primeiras Cortes não teriam tido lugar.

---

[353] *Op. cit.*, p. 28.

[354] Esta táctica usá-la-ia também no seguimento da polémica com Ribeiro dos Santos. Tratava-se de apodar o adversário de defensor das heresias políticas mais odiadas, e de sobre tal facto (pretenso facto) chamar a atenção de poderes então muito atentos e melindrosos. A Ribeiro dos Santos a acusação foi de republicano e monarcómaco. Recordemos apenas que idêntica acusação fora lançada por Pombal contra os Jesuítas.

A Polémica da "História do Direito Civil Português" de Mello Freire 147

A pura demagogia apodera-se então do discurso de Mello Freire. E, no entanto, ontem como hoje, todo o mundo acreditaria nesta trindade mágica da fundação. Este seria, de qualquer maneira, o "credo" da Pátria quanto ao seu nascimento.

Desfazer o mito seria assim uma muito grave opção para este professor de direito nacional.

"E o professor de direito nacional [Direito Patrio], que tem por obrigação ensinar aos seus ouvintes o respeito, que se deve ás Leis, poderá, sem crime, dizer-lhes, que he falsa, ou duvidosa uma cousa, que a Nação, que a sociedade inteira, e as Leis dão por certa e verdadeira?".

Os mitos não podem de forma alguma ser postos em questão. É o servilismo, o sociologismo, a obediência à força, a recusa do espírito científico, da independência do professor e da honestidade intelectual do investigador.

Freire confessa o que já se tinha visto: que faz o elogio da fundação para agradar, para convencer ou para a aculturação dos principiantes. Freire conta um mito.

Assim, na dedicatória à rainha, Freire confirma que é verdade não necessitar ela das Cortes para ser rainha. Mas, *quod abundat non nocet*[355].

Para terminar, Freire considera que a obra tem, de facto, alguns defeitos. É um trabalho escolar, feito por dever de ofício por um principiante, e já há muitos anos atrás. Reconhece o excesso de citações, um sacrifício ao gosto da época. Em todo o caso, queria honrar a Academia com a sua publicação no país que, na sua opinião, tinha tão poucos livros.

4. A aprovação do texto de Freire, o recurso de Figueiredo e a intervenção do Procurador da Coroa

Esta resposta de Mello Freire data de 22 de Novembro de 1786. A 3 do mesmo mês, a censura tinha sido apresentada. Pereira de Figueiredo compusera o seu texto entre 15 de Setembro e 26 de Outubro. A 27 de Novembro, lida a resposta de Freire, a Comissão dá-lhe razão. É Figuei-

---

[355] *Op. cit.*, p.33.

redo quem fará um recurso[356], o que justificará a intervenção dum procurador da coroa. Figueiredo considerava como injuriosa a resolução dos seus pares. De mais de vinte críticas, nem uma só tinha sido considerada justa. Sentia-se tratado como um ignorante.

A resposta do Procurador da Coroa, o Desembargador Manuel Francisco de Moura, é convencional, retórica, burocrática. Ela não poderia ser senão a confirmação duma decisão tomada numa quase unanimidade: faz o elogio de Freire e não dá valor algum à pretensão de Figueiredo:

> "O compendio tem methodo, tem Philozofia, e a materia está anunciada por toda a parte com bastante decencia. Não vejo que por nenhum destes titullos se deva embargar a edição".

Embora as suas funções se limitassem à apreciação da conformidade da obra com as leis e os costumes do reino, Francisco de Moura toma a defesa de Freire contra Figueiredo, e critica os argumentos malévolos deste: é verdade que Figueiredo sabe muito, mas é amargo, demasiado severo:

> "[...] mas eu encontro nelles um azedume de censura, que não parece próprio de hum Philózofo que ama [o saber], e que parece só digo e que procura só descobrir a verdade[357]."

Figueiredo tinha perdido pela segunda vez. Seria uma vez mais a má estrela de Freire, ou a de Figueiredo, ou de ambos?

As desculpas de Moura são as habituais: os erros, pequenos, naturais, são simples manifestação do *errarum humanum est*; as omissões são detectadas apenas sobre matérias que realmente ultrapassam o assunto, etc..

Sobre as Cortes de Lamego, Moura tem consciência da gravidade do problema. Mas considera a posição de Freire suficientemente matizada. Acrescenta outras fontes estrangeiras (desta vez não espanholas) que as aceitam, e cita o inevitável Bossuet, a propósito da conservação das tradições dos reinos. E eis de novo o ramo arranjado ...

---

[356] Evocando o regulamento da comissão, título 8. Com a utilização deste instrumento, a licença de publicação do livro estava suspensa. Apelava-se a sua Majestade.

[357] O procurador teve um *lapsus calami*. Quer corrigir "parece só", que erradamente escrevera e ressalva com um "digo", substituindo aquela expressão por "procura só".

5. Conclusão

São, no nosso entender, apesar de tudo escassos os elementos precisos da ordem constitucional e política. As referências relativas à dedicatória são, na nossa opinião, relativamente moderadas, e poderiam, além disso, não passar de argumentos mais retóricos e circunstanciais que profundamente ideológicos.

É todavia um facto insofismável que Mello Freire deparou, ainda desta vez, com um interlocutor e um polemista bem à sua altura. É também incontrovertível que as concepções, políticas e pedagógicas de ambos diferiam substancialmente.

Encontrámos nesta polémica, para além da pista que seguíamos, um importante elemento novo, de ordem mítica e constitucional: a confissão de Mello Freire sobre o valor que atribuía à crença generalizada nas Cortes de Lamego, na soberania de D. Henrique, e na não vassalagem face a Roma.

O historiador Freire não hesita em sacrificar a verdade factual[358] a uma outra verdade, superior, constitucionalmente mais eficaz, o mito. O mito é ilusão, mas é uma verdade muita profunda. E Freire viu-o com toda a nitidez.

---

[358] O interessante é a força persuasiva do mito, que fazia crer que fosse verdade histórica. Ainda não vai afinal há tanto tempo, que assim se concluía um artigo aludindo à matéria: "O problema das Cortes de Lamego não é tal um problema arrumado - por definitivamente resolvido", depois de ter considerado que mais razões há para a veracidade que para a não existência. Cf. ALFREDO PIMENTA, *O Problema de Ourique e o problema das Cortes de Lamego*, in "Estudos Filosóficos e Críticos", Coimbra, Imprensa da Universidade, 1930, p. 194 ss., máx. p. 199.

CAPÍTULO IV
DESPOTISMO ESCLARECIDO,
HUMANITARISMO PENAL E DIREITO NATURAL

Das contradições do Iluminismo jurídico,
em torno de alguns Manuscritos de Mello Freire[359]

1. Mello Freire, um teórico moderado pombalino e marino

Poucos grandes juristas logram sequer alçar-se à pequena gloríola do conhecimento público (nisso estando muito abaixo de qualquer pugilista

---

[359] O sobrinho e grande divulgador (e panegirista) de Mello Freire, FRANCISCO FREIRE DE MELLO, num catálogo que adita à edição póstuma da obra do tio, *Dissertação histórico-jurídica sobre os direitos e jurisdição do Grão-Prior do Crato*, e do seu provisor [...] Lx., Imprensa Régia, 1808, faz constar a existência de vários trabalhos inéditos. Mas parece que não teve conhecimento deste manuscrito.

MÁRIO JÚLIO DE ALMEIDA COSTA, *Pascoal José de Melo (Freire)*, in *Dicionário de História de Portugal*, dir. de JOEL SERRÃO, Lx., *Iniciativas Editoriais*, III, p. 14, refere uma *Representação Feita a Sua Magestade* em nome e a favor de D. Martinho de Mascarenhas, baseado em INOCÊNCIO, *Dicionário Bibliográfico Português*, e afirma que a versão publicada por CAMILO CASTELO BRANCO, *Noites de Insónia*, VIII, é diferente da inédita. De facto, o célebre INOCÊNCIO (FRANCISCO DA SILVA), *Dicionário Bibliográfico Portuguez...*, Lx., *Imprensa Nacional*, 1.ª ed. VI, 1867, p. 353, diz ter visto na posse de um amigo seu uma inédita *Representação feita a Sua Magestade*, em nome e a favor de D. Martinho Mascarenhas, manuscrito de 44 páginas in 4º.

O manuscrito que seguimos (e que citamos) é o Ms. 907 do Arquivo Municipal de Braga, contíguo à Biblioteca de Braga e à Reitoria da Universidade do Minho: PAS-CHOAL JOSÉ DE MELO, *Petição que fes à Raynha, D. Martinho Mascarenhas, filho do Duque de Aveiro, que foi justiçado pelo delicto de Leza Mag. de feito a El Rey D. José I, a qual p.am foi feita por P.J.M. Lente de Direito Pátrio*, pp. 14 ss. da encadernação (mis-celânea)... Na mesma miscelânea, como veremos *infra*, figura outro manuscrito, *Memorial*

ou foca amestrada, para parafrasear livremente Dos Passos), e menos ainda projectam a sombra da sua fama para além da sua geração. Porém, há excepções. E Paschoal de Mello Freire dos Reis é, deveras, uma figura mítica na Jurisprudência nacional. Muitos o louvam, pouquíssimos o terão lido. Há quem fale de cor sobre as suas polémicas, há quem o considere inspirador da legislação do liberalismo, há quem o tenha por pai espiritual do Estado Novo... Como diz Jorge Luís Borges: *celebridade, a pior das incompreensões.*

Uma das ideias feitas sobre Mello Freire respeita ao seu teoricismo. Não há dúvida que as suas obras didácticas assustam pelos quinhentos autores citados[360]. A erudição e a afectação da erudição eram seu timbre. De tal defeito – próprio do barroquismo dos jovens investigadores (ou da muita cautela dos mais velhos...) – se penitenciou o próprio Mello Freire[361].

Todavia, por muito grandes que hajam sido os seus erros e por muito que se haja encerrado na torre de marfim de seus livros e teorias, por muito que, afinal, tenha sido um utopista[362], também travou Mello Freire algumas lutas bem reais. E, se foi projectista-legislador de relevo, e dou-

---

que apresentou a El Rei Dom Pedro 3º. [consorte de D. Maria I] Foi parte de D. Martinho Mascarenhas Filho do Infeliz Duque de Aveiro, e que precede a dita petição.

Comparando o nosso texto (o Manuscrito de Braga *Petição...*) com o que Camilo publica, a *Representação* [a D. Maria] (CAMILO CASTELO BRANCO, "As cruas entranhas de D. Maria I a piedosa", in *Noites de Insonnia offerecida a quem não póde dormir por ...*, publicação mensal nº. 8, Agosto, Porto/Braga, Livraria Internacional, 1874, pp. 34 ss. máx. pp. 37-50) conclui-se que: 1) Não há coincidências formais entre o texto publicado por Camilo e a *Petição* à Rainha; 2) Todavia, o texto que Camilo publica parece ser, com pequenas variantes, o mesmo que é intitulado *Memorial...* na miscelânea que encontrámos; 3) Tudo leva a crer, assim, que estamos perante dois textos basicamente diferentes, e três títulos: *Memorial, Petição* e *Representação*, sendo talvez a *Representação* de Camilo uma versão do *Memorial*. Cf. ainda nota 42.

[360] Elaborámos um índice de autores presentes nas principais obras didácticas de Mello Freire, delas constando mais de quinhentos nomes. Cf. anexos do nosso *Mythe et Constitutionalisme au Portugal. Originalité ou influence française*, tese, Paris, policóp. 1992 (no prelo).

[361] Na sua resposta à censura de António Pereira de Figueiredo à *História Juris Civilis Lusitani.*

[362] O que é patente em algumas partes do seu *Projecto de Novo Código de Direito Público*, máx. o Título XLII.

trinador primeiro do nosso Direito Pátrio, ao ter entrado em pleitos concretos acabou por também exercer o prático ofício de *Advogado*.

Outro lugar comum sobre Mello Freire é a sua devoção ao pombalismo. Não há dúvida de que Freire não sai, por um momento que seja, da esfera mental do despotismo iluminado. Não há dúvida que Freire é o grande teórico-jurista do pombalismo, ao qual deve o lugar universitário em que se celebrizou – a Cátedra de Direito Pátrio[363]. Mas também é verdade que Mello Freire é um homem dado às letras, ao estudo, à ponderação. Apesar da sua formação ideológica absolutista iluminada, é um moderado. E, finda a "monarquia da tábua rasa" pombalina, Freire, convidado a reestruturar num Novo Código de Direito Público (assim como num outro projecto, de Código Criminal), os verdadeiros alicerces da *pólis* portuguesa, dá-se à tarefa impossível de arquitectar um pombalismo sem Pombal, um despotismo sem déspota. Dir-se-ia até mais: uma república (monárquica) ilustrada, sem despotismo e com absolutismo iluminado. Enfim, uma utopia – enquanto quimera e enquanto sonho racionalista.

Mello Freire, após essa "Viradeira" que se seguiu à morte do rei D. José e à queda em desgraça do seu valido, Sebastião José de Carvalho e Melo, conde Oeiras e marquês de Pombal, segue o curso normal da vida política portuguesa: vira alguma coisa, ficando, porém, igual no mais importante.

D. Maria aterroriza-se já com os crimes do Marquês. Manda fechar teatros, perseguir os maçons, desconfiar dos franceses. Manda sobretudo soltar essa legião imensa de nobres de boa cepa, enclausurados sem bem saberem porquê[364]. Mas o despotismo esclarecido (mais católico, e talvez menos

---

[363] Afirma expressamente o liberal (e apologista do pombalismo e de Freire) JOSÉ DE ARRIAGA, *A Filosofia Portuguesa*, 1720-1820, Lx., Guimarães ed., 1980 [nova ed. com prefácio e notas de PINHARANDA GOMES, de *História da Revolução Portuguesa de 1820*, vol. I, pp. 331-453] p. 143: "Já teria a velha faculdade de direito receio dessa grande inteligência que mais tarde lhe descarregou golpes tão fundos? O que é certo é que, até ao Marquês, Paschoal José de Melo não conseguiu entrar na faculdade. Quando o grande reformador desejou impelir o estudo do direito para os progressos da ciência moderna, recorreu àquele homem superior, que lograva de grande fama em toda a cidade de Coimbra, e deu-lhe a regência da cadeira de história do Direito Pátrio na qualidade de substituto".

[364] Cf., *v.g.*, MARQUÊS DE ALORNA, *Relação individual dos carceres que se formarão no forte da Junqueira, situado na praya junto ao Tejo entre a Corte de Lisboa e o sitio de Bellem; onde se contão os apertos, angustias, deshumanidades ou asprezas, com*

nacional?)[365] continua como ideologia oficial. Até porque a ideologia sabe sempre esconder-se e metamorfosear-se quando é necessário. A isso chamou Roland Barthes *exnominação* ou *exdenominação* nas suas *Mythologies*.

2. A defesa de um proscrito

Mello Freire está à vontade na nova situação, quiçá mais adequada até ao seu perfil de pombalista moderado. É por isso que Freire pode ser protagonista dos grandes projectos de reforma do tempo de D. Maria – embora muito torpedeado por Gregos e por Troianos. É por isso também que Freire vai poder pleitear em favor de uma vítima dos desmandos do pombalismo brutal e antijurídico do tempo do marquês de Pombal.

Todos recordamos o fatídico processo do atentado ao rei e a subsequente execução, que se pretendeu exemplar – sempre as injustiças do exagero da prevenção geral. Os Távoras e outros nobres (e os seus criados) foram metidos a suplícios, mortos em tortura nos mais crus tormentos, sem que se tenha verdadeiramente provado o seu envolvimento num atentado ao rei (a 3-IX-1758), quando ele vinha de um encontro com uma das suas amantes, precisamente uma Távora, em pleno período de luto recente pela irmã. Muitas dúvidas enxameiam o processo. Desde logo, os arguidos não puderam comunicar com os seus advogados, e a sentença foi proferida antes destes fazerem as suas alegações.[366]

---

que são tratadas as pessoas nèlles encerradas pelo Ministerio do Marquez de Pombal, manuscrito na Academia das Ciências de Lx., série vermelha, n.º 806.

[365] Sobre o conceito de ilustração católica e nacional, cf., *v.g.*, BERNARDINO BRAVO LIRA, *Melo Freire y la Ilustración católica y nacional en el mundo de habla castellana y portuguesa*, in "Revista de Derecho", 9 Valparaiso, 1984; *Idem, Verney la illustración católica y nacional en el mundo de habla castellana y portuguesa*, "História", Universidad Católica de Chile, n.º 21, 1986, pp 55-109. O mesmo Autor tem trabalhos na mesma linha sobre Jovellanos e Feijóo.

[366] Nas alegações do Marquês de Alorna, defendendo postumamente os seus sogros e cunhados (em *Requerimentos e mais papeis pertencentes ao Marquez d'Alorna...*, manuscrito na Acad. das Ciências de Lx., série vermelha, n.º 947), aduz-se nomeadamente: a retratação do Duque de Aveiro, e a confissão da restrição da culpa a ele e a dois criados seus (f. 2 v.); que a sogra nem sequer fora ouvida (f. 3 r); nem se procedeu à acareação dos réus, tendo a defesa disposto de apenas 24 horas para os ouvir (f. 3 r), havendo sido força-

De entre os incriminados figurava o Duque de Aveiro, executado, e privado hereditariamente de suas honrarias e posses.

Defensor de uma justiça criminal de timbre moderno e iluminista, inspirado em Beccaria, Filangieri e Montesquieu, Mello Freire não podia aceitar penas que não fossem meramente pessoais, executadas ou sofridas na pessoa dos agentes criminosos.

Por outro lado, se havia ponto sobre o qual Freire talvez tivesse um matiz a introduzir no programa pombalino, tal seria a questão do papel das classes superiores. O pombalismo era elitista. Mas talvez acreditasse excessivamente nas capacidades da burguesia artificialmente engrandecida e da burocracia saída da Universidade. Conhecedor directo de ambos os meios, talvez Freire descresse dos seus como esteios da nova ordem, e condescendesse com uma nobreza antiga, desde que devidamente convertida.

Freire vai desempenhar o papel de defensor de D. Martinho Mascarenhas, filho do Duque de Aveiro, suplicando, junto da Rainha, a sua reabilitação honorífica e reintegração patrimonial[367]. E isto sem sair do pom-

---

da a defender, por junto, dez pessoas que teriam interesse e versões diversas (3 v). Sugere-se ainda que pelo menos alguns juizes tiveram que assinar de cruz uma sentença já preparada (6 r ss.). Afirmam-se as contradições na sentença (5 r ss.). E finalmente se faz a refutação do caso julgado e da inadmissibilidade da revista em causa crime (8 r ss.), fornecendo exemplos em abono de tal posição (10 v. - 11r).

[367] O que D. Martinho pretendia eram essencial e expressamente os seus direitos como Gouveia. Importa fazer uma precisão genealógica e nobiliárquica. A Casa de Aveiro fora atribuída judicialmente (por sentença da Relação, de 1752) ao pai do nosso suplicante, D. José de Mascarenhas, o qual sucedera já a seu irmão, D. João (sem descendência e envolvido num episódio escandaloso de índole romântica). Aparentemente afortunado, porque se via 8º. Conde de Santa Cruz, 5.º Marquês de Gouveia e 8.º Duque de Aveiro, D. José foi executado em 13 de Janeiro de 1759 em Belém, sujeito a baraço e pregão, esquartejado, exposto, queimado vivo, tendo depois as suas cinzas sido atiradas ao Tejo, para não conspurcarem o solo pátrio com os restos mortais dum alegado autor de crime de lesa-majestade. Os brasões das suas casas foram picados, e estas demolidas e o chão salgado. O terreno foi considerado infame. Bela bruxaria em tempo de Luzes.!

CAMILO CASTELO BRANCO (que pinta com cores negras os suplícios pombalinos no seu *Perfil do Marquês de Pombal*) relata também (em *Noites de Insónia...* cit.) o calvário da esposa do malogrado Duque, D. Leonor de Távora (filha do 3º. marquês de Távora, dessa desgraçada família que pereceu quase toda às mãos dos algozes do marquês): enclausurada no convento do Rato, abandonada por todos, servia, mísera e descalça, as freiras, para angariar fraco sustento.

balismo, e sem sequer alegar uma suspeita que fosse de tirania ou de abuso de poder por parte de Pombal ou de D. José.

Nesta intervenção, que não é propriamente forense, mas é polémica e agónica, se revela o Mello Freire prático, o Mello Freire advogado. E nela também se pode esclarecer melhor o seu pensamento político, que não deseja um "rei tirano", mas um soberano absoluto; esclarecido, mas benévolo[368]. Um pensamento pombalino, sim, mas moderado e amigo do Direito e não da arbitrariedade, de que tantas vezes se serviu o Marquês para fazer feliz Portugal a golpes de látego e tratos de polé[369].

Mello Freire dirige-se à soberana em nome de D. Martinho Mascarenhas, que "a sua infelicidade fez indigno de aparecer na Real Prezença de [S./V.] Magestade, e [de] beijar-lhe a Sua Benigna e Real Mão, por lhe conceder a Liberdade, a Luz, e a própria Vida.[370]".

O suplicante, como convém à sua condição, mantém-se então "prostrado ao Longe, e pelo modo que lhe he permitido, diante do trono [...]"[371]. Pede então licença para humildemente expor as suas razões.

Todo o início do texto é não apenas reverente, temente até, como jamais põe em causa a ordem instituída, quer a presente, quer a do anterior reinado. Pode mesmo até parecer chocante o servilismo de quem renega o pai para obter favor. Afirma, com efeito, Freire, pondo as palavras na boca de D. Martinho: "[...] protestando a V. Magestade a sua fidelidade em todo o tempo, antes e depois do horro[ro]zo Sacrilegio de seu Pay, e a profunda inclinação e respeito que professa à Sagrada Pessoa de V. Magestade, como a Sua Legítima Soberana, e Senhora Natural, e que aborrece a suma iniquidade de seu Pay [...]"[372].

D. Martinho vive a clausura na prisão da Junqueira até à queda de Pombal - dezoito longos anos de cativeiro.

[368] Como afirma na Resposta à censura ao Projecto de Novo Código feita por António Ribeiro dos Santos.

[369] O exemplo do incêndio de Monte Gordo é paradigmático. Queimam-se as casas dos pobres para que, à força e contra a sua vontade, os moradores vão habitar melhores casas, em Vila Real de Santo António.

[370] Ms. cit., f. 14. Abolimos as abreviaturas mais arcaicas na transcrição de passagens do manuscrito original. Mantivemos o texto, no mais, não actualizando a ortografia.

[371] *Ibid.*

[372] *Ibid.*

Chega-se mesmo, no bom caminho iluminista-utópico-totalitário, a sobrepor a abstracção ou a colectividade, em suma, o Leviathã, ao chamamento da lealdade natural, ao apelo natural do sangue: "[...] para o Suplicante forão [*sic*] e serão sempre mais poderozos os Direitos da Pátria, e as obrigações de bom cidadão, e fiel vassallo, do que as razões do sangue [...]"[373].

Uma vez renegada a fidelidade filial, protestada – e em que termos! – a vassalagem à soberana e à república, tem o suplicante que se mostrar integrado na ordem estabelecida, declarando-se adepto das concepções de soberania e de legalidade em curso. Até para poder depois demonstrar que as suas pretensões não invocam direito velho ou ultrapassado, muito menos resvalam para o anti-direito, mas, pelo contrário, são o corolário lógico e razoável do direito vigente. O que D. Martinho pede não é graça, mas justiça. Embora todo o seu discurso seja o do servilismo de quem corre por mercês.

Esta súplica mantém a ambiguidade de pedir a excepção e de recordar a regra. Talvez porque a regra seja incerta, ou excepcional. Talvez porque o teórico Freire reconheça que mesmo quando se pede um direito, é útil ter a simpatia (ou a força) pelo próprio lado. Não era tão ingénuo assim o nosso legislador de utopias abortadas...

Fala de novo Freire:"[...] e que reconhece o Supremo Poder de V. Magestade, para estabelecer penas capitais; e que não duvida, nem tem direito algum de duvidar da Santidade, e Justiça das sua Leys."[374].

O caminho do não dito ao dito, o percurso do pensado ao dito é, nestas coisas legais, muito sinuoso. Sobretudo numa pena experimentada como a de Mello Freire. É certo que – já lho criticara largamente António Ribeiro dos Santos – Freire é prolixo, é verboso, prefere dizer mais do que menos. E que tal não é por si considerado defeito, prova-o o brocardo latino que invoca, desta feita contra Pereira de Figueiredo: *quod abundat non nocet*[375].

---

[373] *Ibid.*

[374] Ms. cit., ff. 14-15.

[375] Resposta de Paschoal José de Mello contra a censura do compendio *Historia Juris Civilis Lusitani feito por António Pereira de Figueiredo, Deputado da extinta Real Meza Censória* [obra editada postumamente], Lx. Impressão Régia, 1809, p. 33.

Ora Freire afirma que não duvida nem tem direito algum de duvidar da santidade e justiça das Leis da Rainha. Pode ser apenas o recheio de uma frase, que se quis mais encorpada. Mas se se afirma que se não duvida, para que se vai acrescentar que se não tem o direito de duvidar? Em bom português, este reforço da afirmação tem um efeito dubitativo, modelador: enfraquece a afirmação. Uma coisa é não se duvidar, e isso parte de uma adesão interior à bondade de tais leis; coisa diferente é não se poder fazê-lo, por não se ter direito a tal.

Dir-se-á que juntando as duas coisas se reforça a ideia – combinando a adesão da alma ao constrangimento legal da pessoa. Pode ser...

Porém, o mais natural, a nosso ver, será que a leitura pretendida fosse a seguinte: Mascarenhas não só adere no seu íntimo, como reconhece a validade de nem este ser convocado a dar o seu parecer, uma vez que não tem legalmente nada com isso – pois que deve acatar, e muito bem. Ele é diferente do seu pai... Até por isso se lhe não pode transmitir a pena.

Mais uma nota de servilismo querido, de rastejar desejado, deste homem "prostrado ao longe", privado do beija-mão, e que deve à rainha até a Luz e a Vida.

A síntese da atitude deste advogado *sui generis* que é Freire vem logo na passagem seguinte. O lente de Direito Pátrio pleiteia a favor de uma causa. Disso não há dúvida. Mas não o faz contra um acusador. É advogado de vivos contra mortos, e, ainda assim, fazendo todos os possíveis por não parecer deslustrar-lhes a memória. Defende sem querer atacar.

Por outro lado, o juiz, nesta causa, é a Rainha. E daí que Freire, sabendo que o seu julgamento não será puramente jurisdicional (mas vendo também que não poderá deixar de ter uma base jurídica), jogue nos vários tabuleiros. Diz Freire, apelando para as diversas "instâncias" decisórias envolvidas no juízo régio: "Mas persuade-se [o Suplicante] que estas Leys Sagradas o defendem, e nellas mesmas, e na indefectível justiça, e inimitável Piedade de V. Magestade, confia o vencimento da sua causa".

Freire crê nas leis, que diz sagradas. Crê na justiça (geral e particular, moral e jurídica – sem dúvida) da Rainha. Crê na piedade da soberana.

Quase se está a fazer apelo para uma pirâmide de normatividade, que mistura o *intra-* e o *extra-jurídico*. Como bom jusracionalista, Freire, com os seus 2/3 de positivismo (como diria Michel Villey) começa por alegar

Despotismo Esclarecido, Humanitarismo Penal e Direito Natural   159

as leis. Elas são sagradas, claro, nesse tempo de fé matinal nos códigos e na norma escrita, ainda sem desilusões. Mas se isso não chegar, o golpe de manga do direito natural racionalista tudo resolve – e apela-se para a justiça. Naturalmente que a síncrese entre uma justiça de *suum cuique* e uma justiça-virtude se agrava quando ela é remetida para atributo de uma pessoa, para mais um não-jurista e um monarca, habituado à mistura destes dois tipos de entidades, e quiçá até mais sensível ao moral que ao jurídico...

Finalmente, se tudo isto não resultar, valha ainda a piedade de D. Maria, a qual, aliás, lhe viria a ficar como cognome na História.

Mello Freire usa artilharia pesada. Como sempre, apesar de táctico, e prático, continua a acreditar que quanto mais argumentos, e quanto mais citações, melhor.

Por outro lado, e ao contrário do que pudesse supor-se relativamente à pretensa autonomização do Direito no período racionalista, o nosso jurista insiste e aproveita da mistura de argumentos de várias ordens normativas. Mais ainda: o grande crítico da jurisprudência romana como "direito estrangeiro"[376], não hesita em usá-lo *pro domo sua* neste pleito.

Tudo é invocado em favor do seu constituinte: As leis da Rainha baseiam-se, segundo a alegação de Freire, no Direito Natural, no Direito Divino, no Direito das Gentes e nas Leis Romanas positivas. Assim, o suplicante provará primeiro que, com o argumento hermenêutico histórico-genético e comparatístico, tem razão. Depois, argumentará com o direito pátrio (sem descurar leis antigas). E finalmente apelará para graça e piedade[377].

Quando ao Direito Natural, afirma Freire nomeadamente: "As Leys naturaes, e escritas no coração do homem, mandão que se não castigue o innocente: que não possa haver pena a onde não há delicto: que o crime somente acompanhe o Seu Autor [...] e isto hé o mesmo que mandar que se não castigue o filho pela culpa do Pay"[378].

---

[376] Cf., *v.g.*, MELLO FREIRE, *O Novo Código de Direito Público de Portugal...*, Coimbra, Imprensa da Universidade, 1884, Título II § 19 (pp. 6-7): "As leis romanas, assim como outras quaisquer estrangeiras, não têm autoridade alguma, nem ainda nos casos omissos [...]".

[377] Ms. cit., f. 14.

[378] Ms. cit., f. 14.

160 *Faces da Justiça*

Embora o Autor afirme que estas "leis", que acabámos de citar, constituem "os primeiros princípios da razão, e equidade natural, de que ninguém pode duvidar", expressão aliás muito ao gosto do dogmatismo do jusnaturalismo racionalista, o que aqui está presente é o princípio do *nullum crimen sine culpa*, absolutamente imprescindível e irrecusável no domínio penal, mas que foi uma aquisição (positiva) datada, do iluminismo precisamente. Por outro lado, a alusão às leis escritas "no coração do homem", tópico vulgaríssimo, de S. Paulo a Rousseau, tem sido frequentemente identificada com a lei natural, que é moral e não jurídica, e não com o direito natural, que é jurídico, embora (obviamente) não positivo em si. Vê-se, entretanto, pelo uso indiferenciado das expressões "Direito natural" e "Leys naturaes"[379] que Freire não deveria ter deles um conceito diferenciado, mas sinónimo, ou quase. É ainda a síncrese.

Apesar destas imperfeições teóricas[380], Freire consegue fazer passar a sua verdade retórica (que coincide, aliás, com a justiça): o filho não pode pagar pelo pai. Apesar da fábula do carneiro e do lobo, e do pecado original.

---

[379] Logo nesta f. 14.

[380] Junto com este manuscrito, e até precedendo-o, figura um *Memorial* de D. Martinho de Mascarenhas. O que é particularmente interessante em tal peça é que, aqui e ali, parece revelar uma mais clara formulação no tocante ao conceito de Direito, e à questão da Justiça e do Direito Natural.

Considera como finalidade das leis o *suum cuique tribuere*. Tal *suum cuique* implica que as penas sejam, afinal, o *suum* do próprio delinquente e apenas dele. Além disso, mesmo as leis parece poderem equivocar-se, pois acima delas está a vera justiça. Mas citemos um passo esclarecedor: "O fim das Leys, consistindo em dar a cada hum o q'lhe toca, não alcança o juízo humano, livre de iluzão, como pode, sem culpa, ter logar algum castigo, nem como seria conveniente aos interesses d'um Monarcha justo, o desvio da imitação de Deus, privando da sua Graça os Innocentes: A Ley Divina o decide: Ninguém deve pagar o crime alheio, por mayor q'seja a Sua proximidade com os Delinquentes; e esta verdade muitas vezes foi descoberta, sem mais socorro q'as Luzes naturaes. Hé dicto d'um Espírito famozo, q'hua couza são Leys, outra hé a Justiça verdadeira [...]" (f. 2).

Depois o texto aduz vários exemplos de "traidores" e outros "criminosos" cujos bens passaram para os filhos (ff. 3 ss.).

O Autor domina com segurança os conceitos jurídicos, concluindo: "Estes exemplos constituem um perfeito costume, porq. concorre nelles a multiplicidade dos actos, a diuturnidade do Tempo, e a Science do Príncipe: Se forão de justiça, não hé o Supp. e menos innocente, nem menos fiel [...]" Cita depois o exemplo, sempre irradiante e mítico dos "Reynos mais policiados da Europa" (f. 5 verso).

A este problema teológico-bíblico se furta Freire com habilidade, embora não seja muito convincente. Para provar que, em direito natural, não pagam os filhos pelos pais, carregou na tecla, repetiu-se, apelou para uma *communis opinio* ("todos concordão, doutos e indoutos"[381]), apresentou a coisa como óbvia ("não poderá haver algũa duvida"[382], e invocou a consciência de cada um[383]. Agora, porém, vai ter de conceder que Deus por vezes castigou os pais nas pessoas dos seus filhos e netos[384]; mas explicará que esta punição, nos descendentes, das faltas dos ascendentes, não foi castigo de inocentes. E isto porque, diante de Si, não os há. Este argumento, juridicamente muito débil, fica, porém, reforçado pelo seu lugar sistemático, imediatamente após uma tirada eloquente: "[...] e o mesmo Deos todo poderoso que hé, não pode castigar a innocencia, porque não pode deixar de ser Justo [...]"[385]. Ainda se tinha na mente o poderoso impacte destas palavras de mármore. A excepção fica amortecida pela declaração do princípio. Até porque se alega que, verdadeiramente, ela não o é.

Mas em suma, no tocante à lei divina, as coisas parece ficarem empatadas. Ao contrário do que se prometia nas injunções iniciais, em que tudo parecia dar razão a Mascarenhas.

No final deste excurso *jusdivino*, Freire conclui que a justiça divina, pelo menos no caso, "não deve servir de exemplo à justiça humana"[386]. Porém o sujeito desta oração é obscuro, com "devolução" de subentendido...

E de novo tudo entra em contradição. Porque se começa por que "esta Ley Divina, Positiva, Natural, obriga a todos os homens". Obriga, mas não é exemplo. *Também pode ser.*

É um texto muito próximo deste que Camilo publica. Assim sendo, estamos em crer que o texto emque especialmente nos baseámos (que é o que figura a seguir na miscelânea de Braga) será inédito. Não é, porém o ineditismo os seu principal mérito, ou interesse: é, obviamente, o seu centeúdo.

No mesmo caderno constam ainda, com interesse para nós, dois decretos da Rainha (o primeiro de libertação do Marquês de Alorna - ffs.6 verso e 7, e a oração académica daquele, depois de libertado (f. 7 verso ss..).

[381] Ms. cit. f. 15.
[382] *Ibid.*
[383] *Ibid.*
[384] (Ex. C. 20 v. 25)
[385] Ms. *cit.* f. 15.
[386] *Ibid.*

O sincretismo de Freire sobre o que venha a ser o Direito Natural detecta-se bem ao longo destas páginas. Primeiro, confunde-se com leis naturais, racionais. Depois, também há uma lei divina natural, e outra positiva (compreende-se: não revelação/revelação; não escrita/escrita). Finalmente, o Direito das Gentes é o Direito "Natural, aplicado ao uzo, e trato das Naçoens"[387].

Como diria Francisco Puy, a natureza e o seu direito, ou um direito a ela conforme, são o maior dos tópicos jurídicos[388]. Freire usa e abusa deles. Mas sabe-se que é, também, um mal do tempo.

Numa época de já grande pujança do Direito Internacional, espanta que o lente de Direito Pátrio pareça confundir Direito das gentes com legislação comparada, e esta, finalmente com fontes históricas do direito. É que, no "capítulo" da argumentação de *ius gentium*, Freire diz afinal, e bem, que tal Direito é o d'"as gentes unidas em sociedade"[389], presumimos que a sociedade internacional (sem o que a *ratio* deste direito se perde, por desprovido de *differentia specifica*). Mas, dito isto, descamba depois num direito racional: "sendo pois certos e evidentes estes princípios, que todo o homem sem prejuízo de os estudar, fora de si mesmo, e os ouve e recebeo da propria natureza [...]"[390]. Ainda que, como vemos, de origem talvez inata, ou, pelo menos, "natural". Para terminar, após um clamor de interrogação retórica, em que novamente se apela para toda a panóplia argumentativa (direito divino, natural e das gentes), com a lição das leis "civis e positivas de todas as Naçoens"[391].

Passa-se, então, do direito inter-nações, para a panorâmica do direito de cada nação. Mas nem aqui se fixa Freire, pois que, decerto mais habituado com a doutrina europeia – a qual conhecia, pelo menos nas suas novidades, e especialmente na lídima versão germânica do *usus modernus pandectarum* – do que com a legislação respectiva, como bom retórico opta por falar só do que sabe. E sabendo da por si muito criticada legis-

---

[387] Ibid.

[388] FRANCISCO PUY, *Topica Juridica*, Santiago de Compostella, Imprenta Paredes, 1984, p. 135-150.

[389] Ms. cit. f.15.

[390] *Ibid.* e f. 15 verso.

[391] Ms. *cit.*, f. 15 verso.

lação romana, bem como da sua muito querida legislação nacional, baseia todo o sumo da sua defesa no *Ius Romanum* e no Direito Pátrio de todos os tempos.

Mello Freire explica as razões da sua opção com o argumento das fontes: " [...] e falando somente das [Leis] Romanas, de que em grande parte se derivão as nossas, por todas ellas reina a mesma Santa, e immutavel Regra tirada das eternas Leys da Natureza de que a pena, somente acompanha o seu Autor, e de que se não deve estender-se só o castigo, e o medo alem do Delicto".

Era um conflito de mitos o que estava em causa. Entre o mito do direito pátrio e o da mítica Roma, grande legisladora, que as Luzes apenas ajudariam a iluminar de um olvido de séculos, ganhou o segundo. O mito da Roma já *iluminista* ajudava a doirar os pergaminhos da sua tese. E Freire vai gastar uma boa meia dúzia de páginas com as antiguidades romanas, com múltiplas citações e referências[392]. Segue-se a argumentação referente ao Direito Pátrio, com o habitual aparato erudito[393]. Porém, não segue Freire totalmente o seu plano, pois não se coíbe de, a propósito, referir lei mais favorável que a lusa, em Espanha, nas *Partidas* de Afonso, o Sábio[394].

Após a exposição fastidiosíssima de lugares históricos paralelos, Freire volta a atacar pelos dois flancos: considera alinhadas as "razões de Direito"[395], e humildemente suplica justiça (eis o *intermezzo* semi-jurídico, semi-moral) e pede humanidade, piedade, compaixão. Como mago de um direito totémico[396], que conjura forças que não domina (*v.g.* o Direito Natural), Freire teme ser aprendiz de feiticeiro, e curva-se diante do maior taumaturgo, a Rainha: "estas são, em summa, as razões de Direito, que

---

[392] Ms. cit. 15 verso a f. 18 verso.

[393] O pormenor das citações legais (e doutrinais, consequentes) destas densas páginas só interessará ao erudito. Estamos certo, porém, que daí se poderá extrair um manancial comparatístico ou histórico-comparatístico de relevo. Importa trabalhar, cotejar, pensar estas alegações de Freire com tempo e estudo. Tal terá, porém, de ficar para mais detida ocasião.

[394] Ms. cit. f.22.

[395] Ms. cit. f. 28 verso.

[396] Cf. CARLOS RAUL GUILLERMO CICHELLO, *Teoria Totémica del Derecho*, Buenos Aires, Circulo Argentino de Iusfilosofia Intensiva, 1985.

favorecem toda a Cauza, e pertenção do Supplicante, e que elle humildemente expoem à indefectível justiça de V. Magestade. As de Humanidade, ainda são maiores, e mais capazes de attraiherem, a seu favor, a Real Compaixão, e inimitável Piedade de V. Magestade[397].

Perante o poder, juizes ou advogados, os juristas pombalinos têm todos a mesma atitude: estão curvados. Cruz e Silva, como juiz, para salvar uns inocentes poetas da sanha tola de um burocrata brasileiro e de uns frades talvez despeitados, tem de urdir uma presunção de vontade da Rainha (desta mesma Rainha D. Maria), para calar as bocas do mundo e as suspeitas dos colegas. Não pode libertar sem mais quem jaz no cárcere pela malevolência dos grandes[398]. Mello Freire está sujeito a pedir, a confessar fidelidade, a renegar pais, decerto também inocentes – e sem dúvida mártires. Passa Mascarenhas dezoito anos no cárcere, na Junqueira, donde só saiu em 1777, e ainda se tem de sujeitar a dizer que o pai foi um miserável.

Depois de se humilhar, e clamando timidamente a inocência, termina, com um rogo: "Pede a V. Magestade que imitando o Misericordiozo Deos de quem V. Magestade recebeo o grande poder que exercita, se digne confirmar-lhe o abençoado Perdão e a plena e Legal testação, de Sua Magestade, com todos os seus maravilhosos effeitos e Graça, e de Justiça, e a deferir-lhe a tudo o mais, segundo as intenções da mesma Senhora, e como for justiça e piedade"[399].

Por direito ou por clemência, o desfecho do pleito foi este: a súplica a D. Maria não surtiu efeito[400]. Mas outro injustiçado para quem S. M. fora

---

[397] Ms. cit. f. 28 verso.

[398] Sobre a acção jurídica do poeta português Cruz e Silva, cf. o nosso "As Contradições do Jusracionalismo, Cruz e Silva: um jurista literato do Século das Luzes" in *Pensar o Direito*, I. *Do realismo clássico à análise mítica*, Coimbra, Almedina, 1990, pp. 53-81.

[399] Ms.. cit. f. 29, verso.

[400] Além do texto de Mello Freire e do *Memorial* referido na nota 22, Dom Martinho de Mascarenhas instou o poder com outros requerimentos. Há um que começa menos humildemente: ""Senhora" Dom Martinho de Mascarenhas, a quem o Sr. Rey D. José I (...) foi servido conferir os títulos de Marquês de Gouvêa e Conde Santa Cruz", e desenvolvendo-se por forma menos erudita, conclui pedindo para recorrer às Justiças de S. M. a fim de "(...) tratar dos direitos, que lhe competirem, para gozar dos benefícios, que pel-

"clemente", o Marquês de Alorna, acabou por conseguir, não da rainha (entretanto perturbada mentalmente, sonhando com o pai no inferno), mas do regente, D. João (o futuro rei D. João VI), uma graça particular. Aquele por quem a História, por chiste ou justiça, acabará por chamar o "clemente" virá a conceder do seu património pessoal a este desventurado "Marquesinho" (como ficou conhecido) uma pensão de cem mil reis mensais. Também lhe foi permitido usar o título de 6.º marquês de Gouveia, e conferiu-se-lhe o posto de capitão do exército. Este "Marquesinho" ainda veria muito, pois só viria a falecer em 1804. Mas as armas da família adivinhavam o futuro: um pelicano de oiro ferido de vermelho no ninho. Não é só símbolo de amor paternal. É também de difi-

---

los mêsmos direitos lhe pertencem". Este texto e um outro, em tudo semelhante ao *Memorial*, (constando ambos de *Requerimentos e mais papeis de D. Martinho de Mascarenhas*, col, de manuscritos, Academia das Ciências de Lx., Ms. 948, série vermelha) foram objecto de um parecer de Frei José do Menino Jesus, "indigno Carmelita Descalço" (como se apresenta). Logo a ff. 4 considera: "Julgo que por todos os títulos de Justiça e de Misericórdia deve o supplicante ser atendido naquela supplica, e justíssimo requerimento, em que pretende não só os Morgados da Casa de Gouvêa, mas tão bem o ser constituído a todos os outros bens e Honras (...)" (*cf. ibid.*). Debalde porém.

Sobre as agitadas diligências empreendidas pelo Marquês de Alorna, genro e cunhado dos sentenciados, para sua reabilitação, boa parte da documentação inédita encontra-se nos *Requerimentos e mais papéis pertencentes ao Marquez d'Alorna* (...), na *Certidão extrahida do processo revisorio, em que se anulou a sentença proferida pelo juiz da Inconfidência contra os fidalgos, e nas Memorias Historicas contra os Embargos do Dezemb.or Proc.or da Coroa oppostos à sentença, em que se julgarão innocentes oa Marquezes da Tavora* (...), todos na Academia das Ciências de Lx., série vermelha, respectivamente, com os n.º s 947, 23 e 265.

A primeira colecção inclui um interessante parecer de um outro carmelita descalço, Frei Manuel de S. João Evangelista, paralelo ao do que aprecia o caso de D. Martinho (f. 19 ss.), datado de 6/9/1777.

Como este parecer assinala, o memorial de Alorna, é "Excelente" (f. 19 r.), e ousaríamos classificá-lo como melhor que o texto assinado por Freire, embora seja dificil comparar, pelo objecto diverso. A 12/10/1780, a Rainha concedia revista da sentença (cf. f. 20 r), e nomeava os juizes respectivos. Estes chegam a um "Acórdão do Conselho e Desembargo da Rainha" (in fl. 2.v.ss. da Certidão extraída..., Ms. 23), em que os Távoras são ilibados (cf. máx. ff. 77.v. e 78 r), em 20/8/1791. Porém a sentença é embargada, sendo o Ms. n.º 265, *Memorias Historicas*, a resposta (doutíssima) ao embargo do Desembargador Procurador.

culdades, privações. Como as que passara sua mãe, D. Leonor. No epílogo desta triste história: cabe hoje à casa dos marqueses de Lavradio a representação dos Gouveias do título antigo.

Ficava dado um prático exemplo da petição humilde contra eventuais injustiças que Mello Freire pretendera consagrar no seu projecto de Novo Código[401] (e ainda assim restringido a casos de "ordenação particular" ou "lei geral"): "Se contra as nossas intenções fizermos alguma ordenação particular, ou lei geral em prejuízo do povo, não só permittimos aos nossos fieis vassallos a liberdade de nos representarem modestamente os inconvenientes, que na prática se seguem da sua observancia, mas positivamente lhes mandamos que o fação: a qual entretanto deverão inteiramente guardar, em quanto por nós não for revogada".

Como fundador do Direito Público nacional, Mello Freire dava o tom da participação do português nos negócios públicos, ou face à Administração: como humilde súbdito, cidadão pagante, "cão de pescoço pelado"[402] sempre dependente da autorizações[403], benesses, enfim, graças de poder.

No termo desta história – que não tem verdadeiramente um *happy end*, quanto mais não seja porque a justiça realmente falta quando tarda – como encarar Mello Freire face aos lugares comuns inicialmente focados?

Sem dúvida que Mello Freire foi, neste caso, advogado. Mas advogou com tal reverência que quase só suplicou. E vimos que nada obteve. Talvez por isso, o seu prestimoso sobrinho, que muito da sua obra postumamente publicou, tivesse deixado na arca do olvido esta peça menos gloriosa. Ou melhor – ainda menos triunfante que as demais – que Freire quase nunca viu coroados de êxito os seus esforços públicos, e jamais parece ter vindo a lume sem polémica.

O Advogado Mello Freire não deixou de ser teórico. Mesmo pensando, quiçá, ser hábil, enredou-se em argumentos históricos e doutrinais. E de habilidade somente ficou a mais primária, a súplica.

---

[401] MELLO FREIRE, *O Novo Código...* cit,. Tit. II, §9, p. 4.

[402] Cf. ROGÉRIO EHRHARDT SOARES, *A propósito dum projecto legislativo: o chamado Código do Processo Administrativo Gracioso*, in "Revista de Legislação e Jurisprudência", Coimbra, n°. 3694, 3695, 3699 do ano 115.

[403] Ao contrário do espanhol. Cf. PEDRO ARROJA, *Gestão Científica em Portugal: em defesa de John Brown*, in "IV Jornadas Luso-Espanholas de Gestão Científica", Porto Universidade Portucalense, 1980, vol. I, p. 205 ss..

Quanto ao Freire pombalino, também não desdizemos o que começámos por afirmar. É um pombalino moderado. É-o, porque aceita defender o filho de um homem e de uma família totalmente estigmatizada pela maldição do Marquês. Mas a sua moderação não lhe faz (decerto por táctica, mas mesmo assim...) sequer arguir directamente dezoito anos de cárcere como uma afronta. Apenas como um padecimento a levar em conta na clemência a ter.

Freire não põe em causa, conformado, toda a enorme injustiça perpetrada pelo poder. E isto porque se não põe a questão do próprio poder. É um pombalino teórico, e por isso não pode ser advogado com êxito de uma causa de liberdade, antipombalina no seu cerne.

Mas tudo se quer situado no seu tempo. Que podia fazer Mello Freire? Irritar a Rainha? Indispô-la contra o filho de alguém que fora sentenciado por supostamente ter atentado contra a vida do seu próprio Augusto Pai?

E sobre os insistentes pedidos de clemência, não nos esqueçamos que o tópico é muitíssimo comum, não apenas nos pedidos de graça do género, como nos próprios e verdadeiros pleitos, *máxime* nos penais. A justiça não pode ser cega, ou seja, inflexível na aplicação da lei, ou na sua concretização seja por que via for. A justiça tem, para o ser, de algo se negar na sua rigidez aqui e ali, incorporando a equidade, fechando os olhos por instantes, ou focando-os no caso concreto e não tanto na abstracção das regras. Se a magnanimidade é apanágio do juiz, mais ainda o será do soberano, juiz dos juizes – com um poder que (como sublinha Freire) vem de Deus.

Freire não é por aí que se desdoira ou se desvia de uma justiça justa e jurídica. Até porque o tópico em causa é apenas substitutivo da defesa do *suum cuique*, sendo uma delicadeza, uma reverência e não uma cedência a razões extra-jurídicas.

3. Das Contradições do Iluminismo Jurídico

O que toda esta questão revela é o insanável problema do jusracionalismo do período despótico ilustrado. Há a sensibilidade para a questão da Justiça; há a clara ideia de que existem princípos que transcendem o positivado. Mas simultaneamente acredita-se que o soberano, que o é pela graça de Deus e para bem dos povos (mas não por sua mediação – os

Jesuítas são expulsos por Pombal com a acusação de republicanos e monarcómacos), tudo pode, e fará necessariamente boas leis. Crê-se no direito natural, mas crê-se já excessivamente na lei e no seu autor ou responsável, o poder. E mesmo o direito natural, em que se acredita, acaba por ser rigidificado, como esses códigos que aspiravam todos à eternidade e à universalização. É um direito natural saído da mente, da razão, mecânico, bem pouco natural. Parece-se demasiado com o livro de contabilidade do bem e do mal, com letras de oiro gravadas no mármore dos céus pelo Grande Arquitecto do Universo.

Mello Freire lutou com as armas do seu tempo. Até recorreu ao Direito Romano, sabedor de como ainda tanto e tanto por ele se julgava na prática corrente do foro, mesmo ao arrepio da Lei da Boa Razão[404] – e fê-lo contra as suas próprias convicções doutrinais.

Importa distinguir bem. Mello Freire foi, em Portugal, um divulgador incansável do Iluminismo, nomeadamente em matéria penal. Foi um compilador hercúleo de legislação, história e doutrina do Direito pátrio. Foi um dedicado e rápido elaborador de projectos de reforma, penal e constitucional. Foi o criador de muito do nosso Direito – porque muito trabalhou. E porque muito trabalhou, concitou contra si a coligação sacrossanta dos que não trabalharam. Morreu triste, amargo, realmente abandonado, embora viesse a ter faustoso funeral. Até por aí se vê a sua sina.

Não foi Freire um inovador em termos absolutos. E não ultrapassou a sua contingência. Mas será que só são precisos homens originais? Mello Freire fica bem como espelho português do seu século. É a personificação do jurista probo e iluminista, pré-revolucionário e anti-revolucionário. Sobretudo um estudioso. E só por isso já mereceria a nossa investigação e o nosso respeito. Mas também (embora procurando guardar-nos de cronocentrismos despropositados) tal não exclui o nosso olhar crítico.

Em todo o caso, estes manuscritos, muito mais que o interesse erudito que se fecha no círculo de uma espécie de bisbilhotice letrada, depuração da curiosidade antiquária, encerram lições importantes para a compreensão dessa fase complexa e multifacetada que foi o iluminismo jurídi-

---

[404] Cf., *v.g.*, GUILHERME BRAGA DA CRUZ, *O Direito Subsidiário na História do Direito português*, in *Obras Esparsas*, Vol. II. *Estudos de História do Direito Moderno*, 2.ª parte, Coimbra, Acta Universitatis Conimbrigensis, 1981, pp. 412 et sq.

co, tempo de conflito e de coexistência de racionalidades jurídicas bem diversas.

Três essencialmente aqui se detectam: a mais antiga, do Direito Natural, que aqui aparece já metamorfoseado e adaptado ao tempo moderno (o que constituiu uma decadência e certa perda de sentido até). Dialogando com o Direito Natural e em oposição entre si, avultam claramente o despotismo iluminado e especificamente o direito divino dos reis, que lhe é próprio e inseparável, e o humanitarismo penal, pregando uma suavização das penas e a sua racionalidade, segundo critérios de legalidade e de culpa.

Pode dizer-se que são razões de três tempos que aqui se encontram:

O direito natural é aqui racionalista, mas o direito natural racionalista não é verdadeiro direito natural. Pelo que esse é o tempo passado.

O direito divino dos reis do despotismo ilustrado é a própria dimensão jurídica das Luzes, ou seja, o presente.

E o humanitarismo penal, sendo sem dúvida uma realidade presente no tempo ilustrado, não poderá realmente afirmar-se senão em tempos pós-revolucionários, sobretudo liberais, pelo que é anúncio de futuro.

Mello Freire vive o drama dessa confluência e encruzilhada de tempos e de ideias.

CAPÍTULO V
LEONARDO COIMBRA: LIBERDADE E JUSTIÇA

"Que me importa a mim o código da justiça, se dentro desse código há apenas letras e não justiça?"

Leonardo Coimbra, *Discurso no Clube dos Fenianos do Porto, no 1.º de Dezembro de 1933*

1. A sede de absoluto

"As almas verídicas (porque há aparências, esboços de alma) nutrem-se dum único alimento – o absoluto.

Procurar a substância, as relações totais das coisas, o que é, para além do que aparece, eis a ansiosa tarefa das almas."[405] – todos recordamos este início retumbante e algo perturbador d'*A Alegria, a Dor e a Graça*, de Leonardo.

Início que corresponde a todo um programa e profissão de fé pessoais. Leonardo, em toda a sua vida intelectual, académica, cívica, política, nessa expansão vitalista de um ser individual fraterno e fervilhante de ideias, que estuava num verbo poderoso e eloquentíssimo e num olhar profundo e magnetizador, em todas as peripécias dessa vida breve, mas cheia, plena, procurou viver como pensava, com sede de autenticidade e sede de absoluto. E por isso é que, mais que uma vez, disse "não vou por aí" aos que o convidavam, com vozes doces ou imperativas. E por isso é que mais que uma vez se afastou de caminhos trilhados, desinteressando-

---

[405] LEONARDO COIMBRA, *A Alegria, a Dor e a Graça*, in Obras de..., I, Porto, Lello, 1983, p. 399.

se do que se corrompia: e procurando afinal, sempre, o honesto estudo e a salvação da sua alma[406]. Mesmo quando ainda não reencontrado com a Igreja é uma ideia lata de aprumo ético que o move, é uma outra forma de salvação da alma.

Pois bem. Uma alma com sede de absoluto não pode deixar de almejar a Justiça, de ser seduzida pela grande virtude e pelo grande ideal, e, ao mesmo tempo, e na proporção desse anelo, não pode deixar de se desgostar com o Direito. Não deve, assim, surpreender-nos que, como tantos sinceros e profundos filósofos, Leonardo não seja primariamente um filósofo do Direito, nem tenha querido tocar na clave da filosofia explícita de forma sistemática. Toca-a, sim, mas incidentalmente, a propósito da filosofia social, da polémica política, da antropologia. Um autor que não desconhece a importância das leis naturais (científico-naturais), e que sobre elas medita, não se sente tentado sequer a procurar as leis jurídico-naturais, tão pouco prezava as leis positivas...

Neste ponto, pelo menos, as tão faladas fases de evolução do pensamento político ou religioso do filósofo não nos parecem interferir em nada ou quase nada na determinação da sua posição face ao Direito e face à Justiça: o anarquista, o republicano activo, o republicano retirado, o católico, o anti-bolchevista (etiquetemo-lo assim, como tantos o fizeram já, por comodidade: que as etiquetas em seres pensantes não colam porque se não adequam – não aderem a eles porque eles são mais, são melhor, são mais complexa realidade) pensam fundamentalmente o mesmo.

Por isso nos permitimos considerar poder encontrar-se em toda a obra de Leonardo um mesmo discurso, sincopado e fragmentário, mas coerente, sobre a Justiça e o Direito.

(Era nossa intenção falar também do poder na obra de Leonardo, mas a complexidade do seu percurso político, e as peripécias factuais que comporta não podiam dissociar-se dos seus escritos. Assim, ir-nos-iam distrair do que neste ponto é agora essencial, pelo que deixamos essa temática para futura revisitação do tema. O poder entrará, todavia, neste estudo, pela mão do Direito, e só pela dele. Mesmo assim, entrará demasiado, como ficará patente).

---

[406] Explicitamente o diz: LEONARDO COIMBRA, *Entrevista: Filosofia Política*, in *Cartas, Conferências, Discursos, Entrevistas e Bibliografia Geral*, Lx., Fundação Lusíada, 1994, p. 158. E afirmará coisas equivalentes em diversas oportunidades.

2. Liberdade humana e Clausura jurídica

É num escrito de juventude, com os seus vinte e quatro anos, que Leonardo equaciona, a nosso ver já definitivamente, a sua perspectiva sobre o direito positivo e sobre as instituições do direito, a que, por metonímia, chama "lei". É um texto da fase anarquista, mas ver-se-á como o credo político não influencia a jusfilosofia aí avançada. Quase se diria que é o contrário: que os espíritos coerentes[407], como era o seu, procuram por vezes na imperfeição e incompletude das ideologias, sempre fugazes e sempre traídas na prática, a expansão no real dos seus ideais mais profundos. E por isso mudam, porque os ideais se sublevam sempre com o real: foi aliás o que Leonardo quis dizer, em parte, nas suas referências à "república do sonho"[408]...

O texto intitula-se significativamente "O Homem Livre e o Homem Legal"[409], sendo este último o *homo juridicus* ou até *homo burocraticus*, o cidadão padronizado e funcionalizado. Aí se opõe liberdade e ordenação. E é a liberdade que triunfará. A liberdade da natureza humana intrínseca, do grande projecto do Homem de que se fala n'*O Homem às mãos com o Destino*, também começado com uma vibrante interrogação: "Tem o Homem um fim último?"[410]

Pois bem. O texto encerra, afinal, dois discursos entrelaçados: o discurso principal é o da crítica da sociedade burguesa, da intelectualidade vazia, do homem animalesco, do homem quase símio. Nessa sociedade, como desde sempre na História, se foi traçando a pulso um caminho de

---

[407] Sobre a coerência de Leonardo, contando aliás um episódio em que alguém do público, numa conferência, lhe relembrou o seu passado anarquista, e a resposta desenvolta que o orador deu, ALFREDO RIBEIRO DOS SANTOS, *Perfil de Leonardo Coimbra*, Lx., Fundação Lusíada, 1998, p. 50.

[408] Em múltiplos ensejos apartou o ideal da República das suas imperfeitas concretizações. Por todos, LEONARDO COIMBRA, *Cartas, Conferências, Discursos, Entrevistas e Bibliografia Geral*, p. 206; p. 111 ("Uma República não se faz; a República é uma ideia")

[409] LEONARDO COIMBRA, *Dispersos. V. Filosofia e Política*, Lx., Verbo, 1994, p. 21 ss..

[410] LEONARDO COIMBRA, *O Homem às mãos com o Destino*, in *Obras de...*, II, Porto, Lello, 1983, p. 977.

libertação. Esta é a mensagem principal. Mas a nós, que nos interessa a outra intriga, a jusfilosófica, vemos aqui, nas dobras da argumentação, algumas teses importantíssimas que passarão talvez despercebidas a uma rápida leitura sem o nosso intuito. Atentemos nelas:

A ordem jurídica, como dissemos, é aqui sintetizada na palavra Lei, com maiúscula, aliás uma Lei que quase é personificada, tal o seu protagonismo no princípio do texto. Ao contrário de tantos, que vêem nessa ordem jurídica um impulso civilizador contra forças caóticas, Leonardo recupera a liberdade natural do Homem enclausurado, enjaulado, castrado, nesse produto culturalizado, sociabilizado e submetido que é o cidadão. A segunda frase do texto di-lo com clareza: "O cidadão é o homem mutilado".

Leonardo não viverá realmente as peias da sociedade de massas, não veria sequer as metamorfoses de hipercrescimento do Leviathã estadual. Mas adivinhava já esse gigantismo concentracionário que, ora agressivo, como nos -*ismos* totalitários, ora subtil, como nas democracias simplesmente técnicas que se lhes seguiram, viria a contribuir para o desencanto do mundo[411] e a abolição do Homem[412]. E é por isso que hoje compreendemos talvez melhor que no seu tempo o que é uma Lei (ou uma ordem jurídica, recordemo-lo sempre) "que presume de perfeita", e que, além disso, é "omnipotente e omnisciente".

Mas não há, na verdade, estado de coisas mais contrário à essência do Direito (à Justiça) que uma juridicidade que se pretenda perfeita, omnipotente e omnisciente. Isso é o contrário do Direito e da Justiça. Isso é apenas a força, o sinal distintivo do nu poder. Porque o que precisamente fez nascer o Direito, em Roma, foi a tentativa de isolar normas razoáveis que pudessem ter durabilidade para além dos ventos mutáveis da política. E a normatividade que disso resultou limitou-se ao essencial. *Non omne quod licet honestum est* e *de minimis non curat prætor*: o Direito, o Direito autêntico nem sequer regula toda a moral, e de modo algum cura de bagatelas. Isto significa que estava concebido para não só deixar fora de

---

[411] MARCEL GAUCHET, *Le Desenchantement du Monde*, Paris, Gallimard, 1985.
[412] C. S. LEWIS, *The Abolition of Man*, Londres, Curtis Brown, trad. cast. de Javier Ortega García, *La Abolición del Hombre*, 2.ª ed., Madrid, Ediciones Encuentro, 1994.

si um amplo espaço de liberdade extra-jurídica, como ainda promovia a liberdade no seu seio, defendendo o que era essencial.

Leonardo parece constatar a perversão desse ideal: a liberdade tolerada no cárcere da cidadania é a vida vegetativa do "ventre livre de digerir" e o projecto de justiça do Direito vigente limita-se ao "respeito pela propriedade alheia"[413].

Perante a limitação abusiva da nossa privacidade, da nossa dignidade e da nossa liberdade por executivo e legislativo e autárquico e ainda por outros actores normogenéticos (que no pluralismo jurídico pós-moderno todos são mais ou menos legisladores, ou, pelo menos regulamentadores) quem não se sente hoje acossado pela selva das leis, que crescem e nos invadem a casa e nos manietam o corpo e a alma? E não só por leis, por inquéritos, estatísticas e policiamentos. Ordem perfeita, omnipotente e omnisciente: precisamente o contrário do Direito, e todavia aquilo a que Leonardo chama Lei, e põe antes de mais como primeiro tema jusfilosófico à nossa reflexão.

Golpe certeiro, profético. Depois deste, quase se poderia ter calado sobre a questão jurídica. Mas não o fez.

No final do mesmo artigo, Leonardo dá um salto de gigante, precisamente para o outro lado do problema, absolutamente simétrico ao do direito vigente, ao da ordem jurídica imperante. Embora possa não se compreender bem a ligação (parece que Leonardo acreditava na inteligência dos destinatários, poupando-os a explicaçõezinhas de encadeamento), os últimos parágrafos consagra-os à grande fundamentação do Direito.

---

[413] Obviamente que Leonardo não era contra a propriedade privada. Aliás, defender-se-á dessa acusação (tal como de ser bolchevista, com os seus camaradas da "Esquerda Democrática") num discurso eleitoral. Era, isso sim, contra os "altos potentados da finança", "os exploradores do povo". Cf. LEONARDO COIMBRA, *Pela Democracia, in Cartas, Conferências, Discursos, Entrevistas e Bibliografia Geral,,* pp. 225-226. Quanto ao seu real anti-bolchevismo, e à sua opção de esquerda democrática, compreende-se melhor com esta passagem de um outro discurso: "A Esquerda Democrática, que sonha numa democracia perfeita, não tem provado, nem por actos nem por palavras, que é bolchevista. Nada mais parecido com os bolchevistas do que os homens da extrema direita", in LEONARDO COIMBRA, *A Replice e o Povo, in Cartas, Conferências, Discursos, Entrevistas e Bibliografia Geral,* p. 219.

O elo é político: o velho argumento do direito divino. Ora o filósofo recusa que sejam os homens a conduzir os povos por direito divino. E o anarquista não hesita em confiar ao próprio Deus essa mesma condução. Como? "Pela palavra da consciência".

Esse Deus que se realiza "pelo amor, que é a linguagem pura das atracções cósmicas", e que responde à sede de absoluto que sempre animou Leonardo: um Deus "ponto de encontro de todas as almas ansiosas, indagadoras da vida", esse Deus fala, então, por meio da "consciência moral". A mesma que é a lei gravada no coração dos Homens, segundo autores tão diferentes mas tão sinceros como S. Paulo e Jean-Jacques Rousseau. É a lei moral tão bem recortada por S. Tomás de Aquino.

Note-se que quem fala não é um escolástico, mas alguém que teve a intuição aguda desse ponto de Arquimedes, sem qual nada se mantém de pé. E por isso é que, não cumpridos dois meses sobre este artigo, Leonardo volta incidentalmente a falar do problema, advogando um "critério disciplinado do senso moral", e reprovando o "vago respeito místico por gastos axiomas de consciência pelos quais concomitantemente sentimos o desprezo da inteligência e a reprovação da afectividade".[414]

E de novo retoma a liberdade humana: escutada a voz da lei moral, o homem será livre numa sociedade livre.

Compreende-se agora o anarquismo: uma ligação directa da liberdade concreta, individual e social, à lei moral, à consciência humana, sem passar pelas peias da mediação, jusnatural ou juspositiva.

Era, evidentemente, uma utopia. Mas uma utopia generosa.

3. O Direito na Família e a Condição da Mulher

A mesma perspectiva de uma normatividade de consciência (que, em rigor, até poderia prescindir da própria malha jurídica – e poderia até ser isso o que Leonardo tinha então em mente) encontra-se patente no verdadeiro manifesto *feminista* (digo-o agora, e infelizmente não o tenho podido dizer muitas vezes, com uma conotação positiva) que é o artigo

---

[414] LEONARDO COIMBRA, *Por Ferrer e Nakens*, in *Dispersos*. V. Filosofia e Política, p. 29.

Despotismo na Família, avançadíssimo e ousadíssimo para o seu tempo[415]. A mesma preocupação pode ver-se também num trecho significativo d'*O Livre Pensamento*[416].

Mas detenhamo-nos mais no primeiro, o mais impressivo e cronologicamente anterior. Aí a Lei (a ordem jurídica de novo) é apresentada simultaneamente como um instrumento ao serviço da tirania da sociedade (mera expressão, portanto, das forças de facto aí existentes), e uma panaceia ou válvula de escape para a agudização das contradições da mesma. No primeiro caso, descreve a situação jurídica de *capitis diminutio* da mulher, numa situação em que "as leis domésticas são ainda mais opressivas que as leis sociais", chegando mesmo ao *ius vitæ ac necis*: pensaria o filósofo, naturalmente, no caso de adultério em flagrante... No segundo caso, como viria a explicitar em *A Alegria, a Dor e a Graça*, a ordem jurídica, afinal porque não precedida de uma educação para o que chamou "os direitos da alegria"[417], acaba por tutelar o divórcio, "emenda do casamento", e a prostituição "caricatura do amor".

Dirá depois nesse outro livro: "Com efeito, as leis, ao regulamentarem a prostituição, reconhecem-lhe a legitimidade. Assim falsificam o amor..."[418]. E já dissera naquele primeiro artigo: "A sua falsidade (do casamento... dir-se-ia...burguês, embora o autor diga "monogâmico"... mas é óbvio que não defende a poligamia) resulta clara e patente o afã com que as nações civilizadas decretam o divórcio. O divórcio é a emenda do casamento. O casamento é, pois, um erro."[419]

---

[415] Não é de excluir, por algumas passagens destes textos, que Leonardo tenha tido conhecimento, directo ou indirecto, do livro de LEWIS H. MORGAN, *Ancient Society, or researches in the lines of Human Progress from Savagery through Barbarism to Civilization*, Londres, Mac Millan, 1877, que seria aliás divulgado por Marx e Engels (no caso deste último, especialmente em *A Origem da Família, da Propriedade Privada e do Estado*, n/ ed. trad. port. de H. Chaves, Lx. Presença, s.d.).

[416] LEONARDO COIMBRA, *O Livre-Pensamento*, in *Dispersos*. II. Filosofia e Ciência, p. 25 ss..

[417] LEONARDO COIMBRA, *A Alegria,a Dor e a Graça*, in *Obras de...*, I, p. 423.

[418] LEONARDO COIMBRA, *A Alegria,a Dor e a Graça*, in *Obras de...*, I, p. 425.

[419] LEONARDO COIMBRA, *O Despotismo na Família*, in *Dispersos*. V. Filosofia e Política, p. 25.

Em suma, a lei é expressão da "moral burguesa que deixou os evangelhos pelos artigos do código".

Ambas as situações revelam, assim, a corrupção dessa mesma ordem jurídica, espécie de remendão social, e reclamam a reforma da família.

Sim, porque Leonardo, mesmo o anarquista Leonardo, não é contra a família. Exclarecê-lo-á com rigor mais tarde, ao criticar, com alguma detença e documentação, o plano inclinado de desagregação da família na Rússia soviética[420], ao ponto de, embora sob pretextos não-morais, os próprios comunistas se terem visto obrigados a limitar os abusos.

Lei perfeita? Lei omnisciente e omnipotente? Não. O que aqui vemos é a lei serva e sem elevação: a lei da navegação de cabotagem, bombeiro acudindo a fogos, endireita de vão de escada, tapa-buracos social.

4. **Penas, de Morte**

A antinomia entre a moral e a Lei (notemos agora quão sabiamente Leonardo evita chamar Direito ao que são ditames estaduais, mas injustos) vai ser posta em evidência pouco tempo depois, e ainda nas páginas da "Nova Silva", que acolheu também os artigos anteriormente citados. Desta vez, trata-se de uma situação momentosa, e de uma campanha generosa de Leonardo.

Por ocasião do casamento do rei de Espanha, Murral, um revolucionário perturbado, esboça um atentado. Não podendo retaliar no autor do frustrado homicídio, as autoridades prendem Ferrer e Nakens, o primeiro porque conhecia Murral, o segundo porque o não denunciou. Ambos do mais inocentes. Ferrer virá a ser executado em 1909.

Leonardo apela para Portugal em defesa dos dois presos. Chegando a um apelo prometeico (que o filósofo não confundia Prometeu com o satã[421]): "tentemos Deus, fazendo obras de amor".

---

[420] LEONARDO COIMBRA, *A Rússia de Hoje e o Homem de Sempre*, in Obras de..., p. 910 ss..

[421] LEONARDO COIMBRA, *O Homem às Mãos com o Destino*, in *Obras de...*, p. 1020, e n. 1.

Mas este caso lhe dará ensejo para precisar de novo, e perante factos concretos, a sua ideia de uma Lei "em flagrante e irredutível conflito com os mandatos imperativos da consciência moral"[422], mas que todavia se impõe, pela força: porquanto, como afirma, se o mundo inteiro se comove com a prisão de um venerando homem de consciência e comiseração, está todavia "curvado perante a Lei, como se ela fora um cataclismo doloroso mas inevitável."[423]

É novamente a ideia de consciência ética contra a do puro poder. Não pode deixar de soltar uma amarga ironia – que atinge directamente o Direito, e não apenas o Poder:

"Que belo ensinamento para os fabricantes da felicidade humana, em pílulas de jurisprudência! Que edificante exemplo, que reveladora lição!"

A utopia juridista é que é a maior utopia: a felicidade humana em pílulas de jurisprudência!

Sim, a lição ficou-lhe certamente gravada para a vida. Numa conferência, de improviso, no 1.º de Dezembro do ano que em fora aprovada a Constituição do Estado Novo – coincidência ou não – ainda lhe saíu a imprecação:

"Que me importa a mim o código da justiça, se dentro desse código há apenas letras e não justiça?"[424]

Várias outras vezes teria que terçar armas com as penas sem caridade, e especificamente com a pena de morte.

Dois anos volvidos após esta questão, opor-se-á a Alfredo Pimenta a este propósito. Não podemos aqui seguir os vários passos da polémica. Mas Leonardo, se começa por afirmar a emotividade ao encetar a matéria

"A mão recusa-se a pegar serenamente na pena e instintivamente se apresta para a defesa"[425]

---

[422] LEONARDO COIMBRA, *Por Ferrer e Nakens*, p. 30.

[423] LEONARDO COIMBRA, *Por Ferrer e Nakens*, p. 30.

[424] LEONARDO COIMBRA, *Cartas, Conferências, Discursos, Entrevistas e Bibliografia Geral*, p. 288.

[425] LEONARDO COIMBRA, *A Inquisição Positivista*, in *Dispersos. V. Filosofia e Política*, p. 36

acaba por pôr os pontos nos *ii* com rigor matemático. E as teses de que parte são retoricamente interessantes e factualmente muito difíceis de refutar: primeiro, admitiria a pena de morte se existisse uma fatalidade orgânica do crime; segundo, "é uma afirmação gratuita e altamente improvável a da fatalidade do crime".

Curiosamente, Alfredo Pimenta polemizará precisamente com Xavier da Silva contra o rígido determinismo deste, que considera "uma fantasia"[426].

Outros argumentos concorrem: por um lado, o juiz não pode, cientificamente, estabelecer que um agente é organicamente criminoso; e, por outro lado, a pena de morte é irreversível, pelo que não pode admitir-se sem se admitir que o juiz ou juízes são falíveis. Apenas um juiz infalível poderia decretar tal pena, e apenas o poderia fazer um juiz que cientificamente pudesse sem dúvida decretar a existência daquele criminoso nato ou coisa afim... Ora, tal não existe. Nem uma coisa, nem outra.

Uma dúzia de anos mais tarde, mais alguns artigos sobre o mesmo tema: no primeiro, embora afirme que tudo já se encontra dito, termina rebatendo um velho argumento tomista, aliás dos poucos adversos relativamente consistentes. E fá-lo de uma penada, de sentimento e razão, e de razão feita de sentimento:

"Oh a tristeza de vermos ainda uma pseudo-mãe colectiva a decepar o braço individual"[427]

Esta nova saída a terreiro leva Leonardo a insistir e a precisar a sua ideia de que o Homem não vive para a sociedade, não podendo ser um seu mero instrumento; e também a descobrir, ou pelo menos a expor, uma ideia fulcral para a sabedoria jusfilosófica e juspolítica: a de que a opinião das massas não é normativa, apercebendo-se claramente do vício do so-

---

[426] ALFREDO PIMENTA, *A Responsabilidade Penal*, in *Estudos Filosóficos e Críticos*, com prefácio do Prof. Dr. Ricardo Jorge, Coimbra, Imprensa da Universidade, 1930, p. 163 ss..

[427] LEONARDO COIMBRA, *A Morte da Pena de Morte*, in *Dispersos*. V. Filosofia e Política, p. 172.

ciologismo e de uma normatividade que se limitasse a consagrar os impulsos de *M. tout-le-monde*:

> "Inquéritos feitos a *toda-a-gente* nada podem dizer proficuamente sobre o problema da pena de morte, sendo apenas curiosos documentos psicológicos da estrutura intelectual e moral dos depoentes, sendo também curiosos documentos da facilidade com que no português acorda o troglodita mal escondido por ligeiras camadas de verniz da civilização, a prontidão com que nele desperta o familiar do santo-ofício e o entusiástico espectador dos autos-de-fé"[428]

Insiste, também, na violência e barbárie da simples intimidação criminal[429]. E num artigo pleno de veemência, com um látego de quem expulsa vendilhões do templo[430], reclama contra "a Justiça prostituída em expiação" e muito sintomaticamente associa a inexistência da pena de morte à compleição espiritual da Pátria portuguesa, que, retornando a tal barbárie, ficaria irremediavelmente "conspurcada" na sua "fisionomia":

> "Quem quer conspurcar a fisionomia da Pátria, escarrar-lhe o eterno escárnio, cortar suas emaciadas faces dum satânico gilvaz de ignomínia?"[431]

> "Que horror por esta terra de Portugal!"[432]

Terminando com um apelo às Mães de Portugal, como um apelo para o Céu e para as Raízes, por elas sempre renovadas:

---

[428] LEONARDO COIMBRA, *A Pena de Morte*, in *Dispersos*. V. Filosofia e Política, p. 173.

[429] LEONARDO COIMBRA, *A Pena de Morte*, pp. 174-175.

[430] Utilizaria a imagem num seu discurso, no Parlamento, defendendo-se de Homem Cristo: LEONARDO COIMBRA, *Cartas, Conferências, Discursos, Entrevistas e Bibliografia Geral*, p. 198.

[431] LEONARDO COIMBRA, *A Pena de Morte e a Estupidez Indígena*, in *Dispersos*. V. Filosofia e Política, p. 176.

[432] LEONARDO COIMBRA, *A Pena de Morte e a Estupidez Indígena*, p. 177.

"E vós, Mães de Portugal, ensinai a vossos filhos o sagrado horror por aqueles que, nesta terra de Portugal, de faces límpidas, quiseram de novo erguer patíbulos, fazer das árvores do vosso amor o espantalho diabólico das forcas, onde ao Vento da Desgraça oscilassem, de novo, cadáveres apodrecendo..."[433]

Passa a polémica. Portugal continua sem pena de morte..., fiel à descoberta pioneira de um direito mais justo.

No Congresso da Esquerda Democrática, em 1926, Leonardo exporá a ideia de uma Justiça como condição da liberdade, tratando com cuidado a responsabilidade do criminoso, nos seus condicionalismos. E sem dúvida convicto de que o argumento orgânico da relação entre o corpo social e os seus membros (um dos quais pode estar doente a ponto de pôr em perigo o todo) é ainda o único capaz de embaraçar algumas consciências tornando-as complacentes com o crime que é a pena de morte, volta a atacar tal concepção, negando individualidade ao corpo social, concebendo-o como ser ideal indestrutível por um simples indivíduo[434].

Mas não se trata apenas da vergonha, da ignomínia da pena de morte. Toda a pena é de morte. E, se nessa mesma intervenção se abrem pistas para penas alternativas, já em 1918, na *Luta pela Imortalidade,* avançava uma ideia revolucionária, mas que viria a ter posteridade na sua escola. Aí deixa já ver a equivalência entre a pena de prisão e a pena de morte:

"A diferença entre a prisão e o assassinato é menor do que se pensa."[435]

E prossegue:

"Morrer é, na aparência, perder a relação com as cousas sensíveis; encarcerar é, de realidade, ir desenlaçando e extinguindo essa relação."[436]

---

[433] LEONARDO COIMBRA, *A Pena de Morte e a Estupidez Indígena,* p. 178.
[434] LEONARDO COIMBRA, *Problema da Educação Nacional,* in *Obras de...,* II, pp. 937-938.
[435] LEONARDO COIMBRA, *Luta pela Imortalidade,* in *Obras de...,* II, p. 292.
[436] LEONARDO COIMBRA, *Luta pela Imortalidade,* in *Obras de...,* II, p. 292.

E dispara a questão vital, a que de imediato dá a resposta:

"Porque será que a quase todos repugna assassinar e a tão poucos repugna prender? Por estupidez da sensibilidade; raros, só os estetas, são os que compreendem que a morte verdadeira é ausência de comunicações sensíveis"[437].

E em nota sintetiza:

"O carcereiro é, para uma sensibilidade estética, mais repugnante ainda que o carrasco"[438].

5. Educação e Liberdades

Republicano, e duas vezes ministro republicano da instrução, Leonardo Coimbra acabará por se tornar incómodo e por se sentir incomodado com correlegionários excessivamente jacobinos, anti-clericais, diríamos hoje (embora não totalmente com propriedade linguística) intolerantes.

Acabaria por se retirar, mais uma vez preocupado com o estudo e com a alma.

Mas a questão educativa confrontou-o com alguns problemas essenciais do Direito, designadamente do que hoje chamamos direitos fundamentais e até direitos humanos: liberdade de expressão e liberdade religiosa em particular, que é, afinal, uma modalidade daquela, na medida em que, em rigor, a simples fé sem manifestação era e é – pelo menos ainda o é – inapercebível.

Não é aqui o lugar para narrar as aventuras de um Homem livre remando contra uma maré de preconceitos.

No fundo, a solução é muito simples, embora no seu tempo fosse politicamente incorrectíssima. Numa entrevista ao *Diário de Notícias*, publicada a 8 de Janeiro de 1923 Leonardo, que já enviara carta a demitir-se dos seus cargos de ministro e deputado, escandaliza-se:

---

[437] LEONARDO COIMBRA, *Luta pela Imortalidade*, in *Obras de...*, II, p. 292.
[438] LEONARDO COIMBRA, *Luta pela Imortalidade*, in *Obras de...*, II, p. 292, n. 1.

"Que democracia é esta em que a Liberdade não existe, aquela sagrada liberdade de um pai educar um filho, que é, afinal, a mais sagrada liberdade do homem? Essa liberdade só pode ter como limite a própria defesa da criança. E aí é que está tudo!"[439]

Assim, os direitos e deveres do Estado dependem da necessidade de preservação e aprofundamento da cultura, e o governo, seu máximo condutor, tem de obedecer à moral social vigente[440], a qual, por seu turno, depende de condições materiais ou, como o autor diz, limites científicos (como não se poder querer a lua)[441]. Mas a base do acordo cultural numa sociedade, pressuposto da liberdade, é a Justiça[442].

Do espírito cultural da sociedade devem decorrer, pois, os direitos e deveres (jurídicos, constitucionais mesmo) do Estado. E o Estado deve antes de mais a cultura, não podendo proibir núcleos de educação dele autónomos que se integrem igualmente na mesma cultura nacional[443]. E se nenhuma religião tem o direito de barrar o caminho a uma cultura nacional estadual igual para todos, reciprocamente não assiste ao Estado o direito de

"coibir qualquer religião de acrescentar, à educação cultural humana, a educação pelo seu doutrinarismo religioso (...)"[444]

E mais: na verdade o Estado tem de auto-limitar-se, confinando-se "à linha geral da cultura", não impondo senão um método, deixando a escolha à liberdade de todos[445].

E compreende Leonardo que a educação não se determina por decreto, dependendo de todos, de cada um[446].

---

[439] LEONARDO COIMBRA, *Entrevista: Política e Filosofia in Cartas, Conferências, Discursos, Entrevistas e Bibliografia Geral*, p. 146.

[440] LEONARDO COIMBRA, *Problema da Educação Nacional*, in *Obras de...*, II, p. 925.

[441] LEONARDO COIMBRA, *Problema da Educação Nacional*, in *Obras de...*, II, p. 935.

[442] LEONARDO COIMBRA, *Problema da Educação Nacional*, in *Obras de...*, II, p. 937.

[443] LEONARDO COIMBRA, *Problema da Educação Nacional*, in *Obras de...*, II, p. 939.

[444] LEONARDO COIMBRA, *Problema da Educação Nacional*, in *Obras de...*, II, p. 940.

[445] LEONARDO COIMBRA, *Problema da Educação Nacional*, in *Obras de...*, II, p. 940.

[446] LEONARDO COIMBRA, *Problema da Educação Nacional*, in *Obras de...*, II, p. 941.

Todavia, esta posição não redunda num *laissez-faire*: antes de mais, está a defesa de "um espírito cultural"[447], e depois medidas de higiene pública do corpo social, por medidas de saúde pública (a que chama "eugénica")[448], e de higiene da alma, (a que chama "limpeza moral") – em que a liberdade de expressão convivesse com a responsabilidade, sob a tutela do Ministério da Justiça, e em que a polícia velasse por que as crianças nas ruas crescessem livres das influências perniciosas "da grosseria e do palavrão"[449]...

6. Direitos e Deveres. Justiça social

Esta necessidade de ponderação de direitos com deveres, muito longe da ideia de uma Lei perfeita e omnipotente (por isso como que unívoca na sua imperatividade: se isso fosse consentido pela violabilidade intrínseca das normas jurídicas), contribuíu decerto para consolidar uma ideia completamente diversa, de equilíbrio e de liberdade, de sinalagma: no fundo de justiça pelo equilíbrio, uma espécie de *isopoliteia* e *isoteleia* juntas, correlativas e aprofundadas aos vários níveis. O grande programa será, assim, o de democracias que consigam acudir

"à separação das liberdades e ao atomismo dos direitos pela sinergia dos deveres"[450]

No mesmo momento que desenvolve a sua crítica ao totalitarismo soviético, nazi e fascista (com as devidas *nuances*), n'*A Rússia de Hoje e o Homem de Sempre*[451], Leonardo não deixa de lado as críticas a essa

---

[447] LEONARDO COIMBRA, *Problema da Educação Nacional*, in *Obras de...*, II, p. 940.

[448] LEONARDO COIMBRA, *Problema da Educação Nacional*, in *Obras de...*, II, pp. 941-942.

[449] LEONARDO COIMBRA, *Problema da Educação Nacional*, in *Obras de...*, II, p. 942.

[450] LEONARDO COIMBRA, *A Rússia de Hoje e o Homem de Sempre*, in *Obras de...*, I, p. 922.

[451] LEONARDO COIMBRA, *A Rússia de Hoje e o Homem de Sempre*, in *Obras de...*, I, máx. pp. 921-922.

"liberdade sem amor" que "separou a justiça política da justiça económica"[452].

Trata-se, pois, de encontrar uma reciprocidade. E ela está num equilíbrio entre direitos e deveres. Não basta a igualdade perante a lei: a justiça exige que o pobre e o rico fiquem em igualdade de circunstâncias, por exemplo no ensino superior[453].

A preocupação pela Justiça anda, em Leonardo, muito ligada à Justiça social. Talvez porque a outra justiça, a justiça "jurídica", era por si pouco prezada, tais os desmandos em que a via. Tal influenciou também o seu pensamento pedagógico. A Faculdade de Direito era, para si, "rançosa"[454]; e por isso lhe preferia, na sua reorganização escolar uma faculdade técnica ou escola de Direito[455]. Na verdade, em tempos de imperar positivista, esses estudos realmente pouco mais além da técnica poderiam ir. Pena é que Leonardo não tivesse visto melhor as potencialidades formativas, culturais e humanísticas da *arte boa e équa* da Jurisprudência.

A notícia que temos sobre uma das últimas conferências do pensador, se não mesmo a derradeira, precisamente intitulada "Justiça Social", é pouco esclarecedora sobre as suas ideias. Refere-se o intuito de concórdia nacional que o orador desejaria ver imperar, a irmandade de todos os Homens em Cristo, mas a solução que aparentemente se propõe é afinal o grande problema:

"Trata-se somente de estabelecer uma hierarquia indispensável, que regule dentro de um funcionamento de justiça (,) o problema das relações sociais"[456].

---

[452] LEONARDO COIMBRA, *A Rússia de Hoje e o Homem de Sempre*, in *Obras de...*, I, máx. p. 921.

[453] LEONARDO COIMBRA, *Problema da Educação Nacional*, in *Obras de...*, II, pp. 948-949.

[454] LEONARDO COIMBRA, *Professores*, in *Dispersos*. V. Filosofia e Política, p. 32.

[455] LEONARDO COIMBRA, *Problema da Educação Nacional*, in *Obras de...*, II, p. 946.

[456] LEONARDO COIMBRA, *A Justiça Social*, in *Cartas, Conferências, Discursos, Entrevistas e Bibliografia Geral*, pp. 311-312.

Pois é isso mesmo. Mas falta esse sistema.

Um tanto mais esclarecedor sobre a sua concepção de justiça social é um outro passo, da *Luta pela Imortalidade*. Numa nota de rodapé que bem mereceria figurar no corpo do texto, porque muito esclarecedora das bases de que parte o autor, compara Leonardo a objectividade científica com a objectividade social, e conclui passar num e noutro caso pela lei ou um sistemas de leis. Assim:

"Uma lei científica é uma relação de actividades qualificadas – a acção recíproca de duas massas é a força. (...) A lei social é uma relação de vontades."[457]

Por isso é que a vontade dos déspotas não é lei, que só é na "relação, harmonia e proporção das vontades solidárias"[458].

Aparentemente, a justiça social decorreria da lei como objectividade social. Mas Leonardo parece desconfiar desses simplismos.

Comparando justiça social e moral (e para si a moral era, como vimos, a grande solução) conclui pela imperfeição da primeira face à bondade, atenção e beleza de alma dos actos da moralidade[459]. E as normas da moral são impulsos ou forças da vontade, não constituindo leis[460].

Mas parece não estar bem claro onde acaba a justiça social e começa a justiça dos juristas. No mesmo texto se lamenta o filósofo do *dura lex sed lex* desse

"integérrimo juiz das gazetas, que automaticamente aplica a letra da lei e, despindo o homem de vísceras e alma, faz dele o tipo da objectividade social"[461].

Na verdade, qualquer justiça parece apoucar e incompreender o Homem. Apenas o alcança o amor "diligente e afável"[462].

---

[457] LEONARDO COIMBRA, *Luta pela Imortalidade*, in *Obras de...*, II, p. 254, n. 1
[458] LEONARDO COIMBRA, *Luta pela Imortalidade*, in *Obras de...*, II, p. 254, n. 1.
[459] LEONARDO COIMBRA, *Luta pela Imortalidade*, in *Obras de...*, II, p. 254.
[460] LEONARDO COIMBRA, *Luta pela Imortalidade*, in *Obras de...*, II, p. 255.
[461] LEONARDO COIMBRA, *Luta pela Imortalidade*, in *Obras de...*, II, p. 254.
[462] LEONARDO COIMBRA, *Luta pela Imortalidade*, in *Obras de...*, II, p. 255.

Mas à justiça social "cega, ignorante das mais profundas realidades, do melhor que em nós reside"[463], essa da *dura lex*, opõe a tolerância, que não é abdicação mas expectativa benévola. E com ela

"A justiça serena e de olhos abertos toma a palavra, em nome da sociedade, e profere os seus juízos"[464].

7. Direito, Força, Poder

A justiça social, mesmo a justiça social consistindo "na substituição dos vários subjectivismos individuais por uma objectividade social"[465] provoca, por tal facto, um condicionamento igual para todos e cada um. Estabelecerá, assim, igualdade perante a lei, na sua dimensão mais estritamente jurídica, mas, no anelo de seguir o senso comum, pode mesmo aniquilar as salutares diferenças entre os membros da sociedade num leito de Procusta. É preciso, pois, ter cuidado com a força dos comandos, mesmo quando aparentemente equilibradores, mas efectivamente uniformizadores:

"*O senso comum*? Imaginem um decreto sobre o *tamanho comum*, que marcasse a estatura consentida para homens e mulheres numa certa época e numa determinada sociedade. Que fazer a todos quantos saíssem fora do *tamanho comum*? Para os que pecassem por deficiência talvez um Wells viesse a descobrir a alimentação necessária ao crescimento em débito; mas os que pecassem por excesso veriam certamente ameaças de apropriadas mutilações que os fizessem normais ou comuns. Isto, que aparece como um absurdo ridículo no mundo físico, é uma bem maior insanidade quando aplicado ao mundo intelectual e moral"[466]

---

[463] LEONARDO COIMBRA, *Luta pela Imortalidade*, in *Obras de...*, II, p. 254.

[464] LEONARDO COIMBRA, *A Revolução* (para ambos os lados), in *Dispersos. V. Filosofia e Política*, p. 198.

[467] LEONARDO COIMBRA, *Luta pela Imortalidade*, in *Obras de...*, II, p. 254.

[468] LEONARDO COIMBRA, *Visão Franciscana da Vida*, in *Obras de...*, II, p. 879.

O positivismo legalista do aludido "integérrimo juiz das gazetas" não é outra coisa que essa tentativa de quadratura do círculo, para fazer caber a martelo a realidade na norma, sacrificando o Homem.

Essa capacidade de estabelecer um senso comum contra o bom senso e contra o caso concreto, leva ao problema da relação do Direito com o Poder e com a Força – *kratos* e *bias* que encadeiam Prometeu.

Leonardo quer salvar o Direito de uma força bruta, ininteligente, e liga, assim, a sua força à Justiça, aproveitando também para culturalizar a própria força:

"A força social é a cultura. Nada é o atleta estúpido perante o homem inteligente; um elefante é abatido por um rapazito a quem a cultura tenha dado a confiança em si ou a coragem e os instrumentos de exercício dessa confiança.

Uma horda de bárbaros terá sempre umas Termópilas que a detenham e a Maratona que a desbarate. Como na vida interna de um país a força verdadeira é sempre de ordem social, é que, à parte as crises de crescimento ou convalescença, onde são apenas panaceias empíricas, as ditaduras são insubsistentes. O Direito assenta na Força, é certo; mas na força social que é razão, ordem, sociabilidade, *justiça*."[467]

E neste debate era fatal que viesse à ribalta o vulto nobilíssimo e acusador de Antígona, símbolo da luta do direito justo (ou dessa "caridade que é sempre o verdadeiro coração da justiça"[468]) contra o poder arbitrário mascarado de lei. Mas Leonardo faz dela também símbolo do amor, que, efectivamente, é a verdadeira justiça, porque é a sua superação:

"É o justo de Platão; a bela atitude de Antígona, associando-se para amar e nunca para odiar; a sacerdotisa de Deméter resistindo à democracia ateniense que exige a maldição de Alcibíades, dizendo que é sacerdotisa para orar e não para amaldiçoar; a sacerdotisa de Delfos dizendo ao fiel: – Penetra com a alma pura no santuário do

---

[467] LEONARDO COIMBRA, *Problema da Educação Nacional*, in *Obras de...*, II, p. 923.
[468] LEONARDO COIMBRA, *A Rússia de Hoje e o Homem de Sempre*, in *Obras de...*, I, p. 921.

deus puro; uma gota basta para purificar o homem de bem; quanto ao homem mau nem todo o oceano chegaria para o purificar."[469]

Eloquentemente termina o seu *O Homem às Mãos com o Destino* precisamente pelo duelo de personalidades e racionalidades de Creonte, o poder, e Antígona, a justiça e o amor:

"Mas nesse jogo com o Destino o homem começa a descobrir um ácido para a corrosão de tão rudes metais – a vontade heróica e persistente do amor. Da luta de vontades titânicas com Ésquilo nós passamos para um maior desenvolvimento da luta de vontades humanas com Sófocles. Se a Antígona de Ésquilo é a majestosa virgem da Justiça, ela é, em Sófocles, duma mais penetrante ternura e luarizada dum dulcíssimo nimbo de bondade, o dealbar da Virgem cristã. Firme, inabalável e heróica no seu dever de irmã, ela opõe à vontade de Creonte o poder das leis não escritas, mas que não poderão nunca ser apagadas. Presa em flagrante e ameaçada de morte por Creonte, pergunta-lhe: Porque tardais? Para que vos servem os vossos inúteis discursos, que só podem indignar-me, como os meus só podem desagradar-vos? Que maior glória pode pertencer-me que a de ter sepultado o meu irmão? Que elogio me dariam os que me escutam, se o terror lhes não paralisasse a língua? Uma grande vantagem da tirania é poder dizer e fazer impunemente o que lhe agrada.

E o diálogo prossegue cortante, como golpes de espada, até que atinge a antevisão duma nova vida, duma possível transfiguração, prenúncio da luz do Tabor.

Creonte distingue entre o crime e a virtude, seja, entre os seus consentimentos e as suas proibições e Antígona, subindo acima deste fariseísmo e encarando até aos pobres sistemas de valores humanos, apontando..."[470]

---

[469] LEONARDO COIMBRA, *S. Paulo de Teixeira de Pascoaes*, in *Obras de...*, II, p. 974.

[470] LEONARDO COIMBRA, *O Homem às Mãos com o Destino*, *Obras de...*, II, p. 1029.

O espírito empreendedor, optimista se diria, de Leonardo, que olhava a vida de frente e sempre procurava soluções para os seus impasses não podia ficar pela comemoração quietista desse debate clássico.

Há nas suas páginas esperança de que Antígona não pereça, e Creonte não triunfe. É que há evolução moral, e, com ela, evolução jurídica: vamos descobrindo, na marcha lenta, sinuosa e tacteante da História, os nossos deveres e os nossos direitos. E esse ténue mas real progresso espiritual e cultural nos dá esperança:

> "(...) a vida social [,]caminha do *ocultismo*, *sagrado* e *proibido*, ambos impostos, qualidades antitéticas, pólos opostos da acção social, pela progressiva *desocultação*, para a discriminação cada vez mais consciente dos direitos ou acordo na Justiça."[471]

Há, pois, uma evolução. Podem um mito, um rito, um código jurídico continuar uma vida sem seiva de significação social. Um mito pela "inércia do costume", um rito pelo "automatismo dos gestos", ou "um código que, depois de ter organizado o direito, o prenda à inércia duma tradição não vivificada ao contacto das novas relações humanas"[472]. Mas há sinais de regeneração. E um desses sinais é a Arte.

A Arte dá-nos antevisões de sociedades melhores, e faz quebrar já hoje barreiras de preconceitos, contribuindo no *hic et nunc* para a perfectibilidade do Homem. Pela arte, até o burguês apoplético ouve os

> "clamores de justiça dos oprimidos [e] aplaude as palavras clamorosas que, num teatro, un deles venha a proferir. O próprio criminoso, que se ri perante a possível justiça perfeita do Além, vai ler o Inferno de Dante e sem querer sai um pouco perturbado e vagamente tocado do sentimento da responsabilidade metafisica".

Claro que Leonardo idealiza: fala de um tipo selecto de *white collar crime*, um Arsène Lupin coleccionador de arte, certamente. E do burguês culto a quem aquele furta.

---

[471] LEONARDO COIMBRA, *A Razão Experimental*, in *Obras de...*, II, pp. 574-575.

[472] LEONARDO COIMBRA, *O Homem às Mãos com o Destino*, *Obras de...*, II, pp. 1016-1017.

De todo o modo, compreende-se bem que há sinais e que existe uma contínua aquisição de sensibilidade ética que se vai transportando para o mundo jurídico.

Leonardo não é jurista, não se preocupa excessivamente com o Direito – curiosamente, cursaria, como voluntário, duas cadeiras na respectiva faculdade: mas mais de pendor económico que jurídico[473] – , e segue, afinal, a linha ininterrupta da Filosofia Portuguesa (de que passará aliás o facho) que encara o problema na sua superação amorável e até metafísica. Por isso é que é sintomática a referência ao drama litúrgico do Paraíso, de João de Caulibus, em que uma Justiça rigorista, reclamando a morte do homem pela sentença do pecado original, discute com a Misericórdia, a Paz e a Verdade. Deus decretará a morte, satisfazendo a Justiça, mas transmuta-a num bem, em "porta da vida" eterna[474].

Mas não só nos céus se produzem deste milagres. Também na terra os Homens são capazes de evoluir ética e juridicamente, e de, colocados sob a égide da deusa da Sabedoria, transformar as Eríneas vingadoras em pacificadoras *fúrias da equidade*. É que

"Quando Orestes se refugia nos braços de Minerva, esta defende-o; e as Euménides entram em Atenas pelo consentimento num acto de Justiça"[475].

---

[473] Cf. ÂNGELO ALVES, *O Sistema Filosófico de Leonardo Coimbra. Idealismo Criacionista*, Porto, Tavares Martins, 1962, p. 23.

[474] LEONARDO COIMBRA, *S. Francisco de Assis*, in *Obras de...*, II, pp. 889-890.

[475] LEONARDO COIMBRA, *A Alegria, A Dor e a Graça*, in *Obras de...*, I, p. 526.

CAPÍTULO VI
FACES DA JUSTIÇA NA FILOSOFIA
JURÍDICA PORTUGUESA CONTEMPORÂNEA

1. Entre a superação do positivismo
e o desconforto com o direito natural tradicional

Na escola de Coimbra (assim designada por comodidade e estilo geral não-positivista e não por homologia e direcção única do pensamento) a tese a negar, de que muitas das reflexões antitéticas partem, e que, como espectro, ensombra algumas outras, é ainda a de Hans Kelsen[476]. Excelente ponto de partida aliás, porque no terçar armas com o normativismo lógico se aquilatam virtuosismos superadores e negadores do positivismo jurídico. Primeiro paradoxo, que afinal o não é: a menos positivista e mais filosofante das escolas não prescinde da explicitação dos seus adversários teóricos. Escassos três anos volvidos sobre a reintrodução da disciplina de Filosofia do Direito em Coimbra (a título experimental), com Cabral de Moncada, sairia a lume uma primeira dissertação dialogando com o mestre de Viena[477]. E em 1976, a tradução da segunda edição da *Reine Rechtslehre* (datada de apenas dezasseis anos antes) contava já com quatro edições: um notável *record* entre nós. Saíu recentemente mais uma edição.

---

[476] Aliás, a presença de Kelsen como ponto de partida e objecto de crítica acabará por ser uma constante ("ponto de referência crítica quase obrigatório" lhe chama Braz Teixeira) da própria superação do positivismo, não se restringindo, evidentemente, a autores de formação coimbrã. Cf. *Sentido e Valor do Direito. Introdução à Filosofia Jurídica*, Lx., Imprensa Nacional-Casa da Moeda, 1990, p. 55.

[477] ANTÓNIO RAMOS DE ALMEIDA, *A Teoria Pura do Direito de Hans Kelsen*, Coimbra, 1939.

Seguindo na esteira dos que a reabilitaram e resgataram dos anos sombrios do deserto positivista, em que a própria cadeira de Filosofia do Direito estivera exilada da Universidade, a filosofia jurídica portuguesa contemporânea claramente se lança à superação do positivismo jurídico, sem todavia retomar, em geral, o filão tradicional da nossa especulação filosófica sobre o Direito, que fora, durante séculos, de índole jusnaturalista e tomista[478].

2. João Baptista Machado

Será assim também que, partindo de Kelsen (e havendo sido o seu tradutor)[479], começando por esgrimir idealmente com ele (não falamos no plano cronológico, mas na marca indelével das prioridades do espírito), João Baptista Machado (1927-1991) virá a desenvolver um pensamento todo perpassado de angústias legitimadoras, como que numa consciência latejante do paraíso perdido da *Grundnorm* que nunca o seria, afinal.

Um pensamento que obviamente recusa o positivismo jurídico num fôlego filosófico de muito mais vastas vistas e alturas, mas que lhe não infirma, quiçá por amor de um certo tipo de rigorismo racionalista e cientista, todas as premissas epistemológicas nem todas as decorrências metodológicas.

Alma atormentada, como que sentindo *na carne* a densidade e a agudeza dos problemas que levantava (e por isso tanto atenta às novidades jusfilosóficas da Alemanha ou das ciências naturais, ou da Antropologia, ou da Filosofia hodierna como ao legado dos clássicos, e mesmo ao legado tomista em particular), João Baptista Machado procura na sua obra um testemunho de "verdade" sobre o Direito. O que faz dele, em certo senti-

---

[478] Com a excepção, que veremos *infra*, de Mário Bigotte Chorão.

[479] Baptista Machado é o tradutor de HANS KELSEN, *Teoria Pura do Direito*, 4.ª ed. port., Coimbra, Arménio Amado, 1976 (nova edição: 1984), e também de HANS KELSEN, *A Justiça e o Direito Natural,* nova ed., Coimbra, Almedina, 2001, trabalho para que redigiu uma importante *Nota Preambular.* Cf. ainda, especialmente, JOÃO BAPTISTA MACHADO, *Do Formalismo Kelseniano e da 'Cientificidade' do Conhecimento Jurídico*, Coimbra, 1963. Mas não apenas estes textos. O problema está esparso e latente na demais obra.

do, um iconoclasta, embora a sua relativa celebridade de hoje venha alijando a carga "subversiva" do seu pensamento, no tempo em que foi elaborado, e o perigo efectivo para as concepções puramente políticas, estadualistas, e normativistas que continua ainda constituindo.

Mas, infelizmente, o que tende a restar de Baptista Machado para a esmagadora maioria dos que hoje o estudam é a parte menos inovadora da sua obra, ou seja, aquela em que, sacrificando aos deuses implacáveis do didactismo, se propôs sintetizar rudimentos da velha introdução positivista ao Direito, nomeadamente na exposição das linhas gerais do sistema jurídico, interpretação e aplicação da lei, etc., que em pouco dialogam com o restante do seu pensamento.

Apesar de tudo, um dos aspectos mais retidos e vulgarizados deste é o da associação que foi fazendo, entre antropologia, existencialismo e direito, desde o estudo homónimo até às suas lições na Universidade Católica, de que resultaria o conhecido manual *Introdução ao Direito e ao Discurso Legitimador*[480].

Seguindo a pista das fontes de autores como Maihoffer e Fechner, embrenhar-se-ia, debatendo-se com o problema do direito natural e da natureza ou essência humanas, pelos dados da antropologia e das ciências naturais conexas, que cotejaria com o existencialismo em moda nesses anos sessenta[481]. E acabaria por se fascinar com a ideia de que o homem é um ser prematuro, um "quase aborto", que pela suma inespecificidade dos seus instintos (ao contrário do que acontece com os animais, por alguns tidos como paradigma de "normalidade" zoológica) é inelutavelmente *zoon politikon*, cria instituições, entre as quais o Direito. E, nessa carapaça cultural de artefactos, a juridicidade pouco parece ter a ver com uma natureza prévia, dada (e classicamente tida como normativa) que, conforme dizem os ventos existencialistas, na verdade não existe, dado o

---

[480] JOÃO BAPTISTA MACHADO, *Introdução ao Direito e ao Discurso Legitimador*, Coimbra, Almedina, 1982, com diversas reimpressões.

[481] O estudo fundamental em que se faz eco destas preocupações é JOÃO BAPTISTA MACHADO, *Antropologia, Existencialismo e Direito. Reflexões sobre o discurso jurídico*, in "Revista de Direito e de Estudos Sociais", vols. XI e XII, 1965. Mas também há importantes alusões (estruturantes mesmo da obra) em Idem, *Introdução ao Direito e ao Discurso Legitimador*, cit., máx. p. 7 ss..

facto (sociológico, antropológico...) da plasticidade do Homem, da sua abertura ao mundo, da sua interacção com a circunstância. O Direito, se (como ensina na introdução ao Direito, contra os legalistas) não é pura coacção ou facto do mais forte, não prescinde todavia da força, que legitima e regula. Mas fá-lo enquanto novo artefacto cultural e não decorrência das essências: é discurso, e discurso legitimador.

No fundo, Baptista Machado poderia ter dado mais um salto teórico que a sua visão implicaria: é que, sendo texto mítico, legitimador, o Direito é ritual[482].

Entretando, na sua lucidez por vezes amarga, estava perfeitamente persuadido de que o problema da *Reine Rechtslehre* é irrefutável e que as tentativas de superação do relativismo não são mais que tentativas. Donde o salto para um novo continente da filosofia jurídica: passando do entendimento do Direito como legitimação para a sua conclusão lógica, o estudo do Direito como texto de persuasão. E daí a hermenêutica e a retórica, e, desde logo, a preocupação pelo "discurso jurídico"[483].

O que pode em todo este desafio quedar do Direito Natural, cuja sobrevivência sempre esteve consciente de estar sendo posta em causa, será pouco mais que o nome, a menos que o Autor o tivesse redimido pela dialéctica, como outros viriam a fazer. Mas aí terá sucedido um fenómeno simétrico ao ocorrido com o didactismo das primeiras noções de Direito, e Baptista Machado preferirá falar de um novo direito natural[484], em que alguns poderão sem dúvida vislumbrar algum vinho velho (e finíssimo) em odres categoriais-verbais novos.

Quando o ouvimos falar de uma comunidade comunicativa baseada em consenso social, erradamente o associaríamos, sem mais, à mescla

---

[482] Discutindo esta questão em diálogo com o Autor, já o nosso *Mito e Constitucionalismo. Perspectiva Conceitual e Histórica, Separata* do "Suplemento ao Boletim da Faculdade de Direito de Coimbra", vol. XXXIII, Coimbra, 1990, p. 47 ss.

[483] JOÃO BAPTISTA MACHADO, *Sobre o Discurso Jurídico*, Coimbra, 1965. Prefácio à ed. port. de Introdução ao Pensamento Jurídico, de Karl Engish, Lx., Fundação Caloute Gulbenkian, 1965.

[484] Cf., antes de mais, quanto aos pressupostos, JOÃO BAPTISTA MACHADO, *Existencialismo, Antropologia e Direito, cit.; Idem*, Nota Preambular a *A Justiça e o Direito Natural, cit.* E, por último, *Introdução ao Direito e ao Discurso Legitimador, cit.*, máx. p. 293 ss., especialmente p. 296 ss.

corrente de Habermas, Luhmann e Rawls, cuja fama, entre nós, apenas viu despontar. Na verdade, por detrás e por baixo desses elementos linguístico-sociais (que constituem a epiderme do problema) encontram-se pressupostos suprapositivos, dados inafastáveis que, assim, bem podem ser tidos como uma "nova" (porque reencontrada, ainda que sob outro olhar) natureza.

A compatibilização entre as referidas posições existencialistas, o antropologismo, a perspectiva retórica e legitimadora do Direito e a salvação *in extremis* de um Direito natural, ainda que em vestes novas, é, assim, algo que só uma conceptualização complexa e um discurso subtil podem conseguir.

3. António Castanheira Neves

Figura emblemática da Filosofia do Direito na Faculdade de Direito de Coimbra, onde se doutorou, em 1967[485], e é hoje Catedrático jubilado (durante muitos anos, aliás, o único catedrático de Direito a preleccionar a disciplina em todo o País), António Castanheira Neves (n. 1929) não circunscreveu o seu magistério a um conventículo de iniciados, nem sequer à cadeira do último ano da licenciatura (por vezes optativa, por vezes alternativa, mercê das vicissitudes dos *curricula*). Graças a uma regência de vários anos na cadeira de Introdução ao Estudo do Direito[486], sucessivas levas de juristas se iniciariam verdadeiramente no direito pensado. Uma concepção do Direito servida por uma pena infatigável, uma vastidão enciclopédica de leituras, e um verbo exigente e problematizante, em que o rigor vai de par com a sensibilidade humanística e a inquietação frente aos desafios do tempo presente.

A primeira coisa que se aprende com Castanheira Neves, é que "há mais mundos", e que os temas da cultura, tal como as realidades da agricultura, têm um tempo sazonado para germinar. Os seus estudos abrem

---

[485] Com a dissertação JOÃO BAPTISTA MACHADO, *Âmbito de Eficácia e Âmbito de Competência das Leis*, Coimbra, 1970.

[486] ANTÓNIO CASTANHEIRA NEVES *Curso de Introdução ao Estudo do Direito*, Coimbra, 1971,72 (policóp.); *Idem*, *Introdução ao estudo do Direito*, nova versão, Coimbra, s/d.

horizontes para muitos quadrantes, quer pelo diálogo directo e explícito, quer pela abundância de sugestões, ainda que apenas mobilizadas por uma simples intertextualidade alusiva. E, por outro lado, o jurista é ensinado a não ter pressa, e a pensar os problemas, a analisar-lhes os contornos e as implicações, a sopesar, a ponderar.

Longe de se encerrar numa torre de marfim que a cátedra poderia quiçá propiciar, Castanheira Neves preocupou-se sentiu-se interpelado por questões envolventes bem reais e bem práticas. Texto a ler e a reler sempre, é o seu *A Revolução e o Direito*[487], em que o observador atento da realidade toma distância crítica e teorizadora, motivado pelos acontecimentos políticos então em curso. Recordem-se ainda as suas considerações (ainda que mais distanciadas) sobre o direito à greve[488], e ainda a sua relevantíssima intervenção no problema dos assentos.

Aliás, a concepção filosófica de Castanheira Neves parte da sociedade, da ordem social, para a ordem jurídica, e não deixa de, escrupulosamente, apartar o que é questão-de-facto do que se traduz em questão-de-direito. Esta sensibilidade não sociologista ao social será solidária do seu interesse pela crise do Homem, a crise da cultura, a crise do pensamento e a crise da escola e da Universidade.

Citem-se sobretudo os estudos em que reflecte, numa tensão humanística profunda, de preocupação e interrogação personalistas (alguns dirão prosopológicas, para evitar confusões), sobre as dramáticas mutações do nosso tempo de técnica, de consumo, de maquinismo, de reificação..., tais como *A Imagem do Homem no Universo Prático e O Direito como alternativa humana*[489]. Procurando o lugar e o papel que o Direito e o Jurista ainda possam ter e desempenhar (veja-se, por exemplo, *O Papel do Jurista no Nosso Tempo*[490])

---

[487] ANTÓNIO CASTANHEIRA *NEVES, A Revolução e o Direito. A situação actual da crise e o sentido no actual processo revolucionário*, separata de "Revista da Ordem dos Advogados", 1976, hoje in *Digesta*, I, cit., p. 51 ss..

[488] ANTÓNIO CASTANHEIRA NEVES, *Considerações a propósito do Direito à Greve*, in *Digesta*, II, cit., p. 429 ss..

[489] Todos recolhidos hoje em Digesta, I, Coimbra, Coimbra Editora, 1995, respectivamente p. 314 ss., e 287 ss..

[490] ANTÓNIO CASTANHEIRA NEVES, *O Papel do Jurista no Nosso Tempo*, in *Digesta*, I, cit., p. 9 ss..

Filosofia Jurídica Portuguesa Contemporânea 199

Não defende (nem se defende) o autor (n')um céu dos conceitos. Pelo contrário: as suas preocupações metodológicas atestam-no. Ninguém, como ele, entre nós escreveu tanto e tão profundamente sobre a interpretação, sobre as fontes do Direito, sobre as escolas metodológico-juridicas[491], e o seu estudo de síntese de Metodologia do Direito, primeiro volume dos *Studia Iuridica*, prestigiada colecção da sua Faculdade, é exemplar na abrangência, na clareza e na concisão[492].

Não é um metodologismo vazio de intenções filosóficas, sinuosamente transviado por desígnios políticos[493], como os de tantos, o que o anima. Trata-se, ao invés, da coerente linha de investigação de quem de algum modo afirma, frente ao positivismo legalista (e não esquecendo o inevitável diálogo com Kelsen, decerto o filosoficamente mais ambicioso e esclarecido dos legalistas, e por isso o mais sedutor[494]), uma alternativa fundada num princípio normativo, atento à consciência axiológico-jurídica e à consciência jurídica geral da sociedade, mas em que avulta a ideia de Justiça[495] e, obviamente, uma atenção ao problema emergente da justiça ou injustiça da lei. E de quem, perante o normativismo, assume uma atitude que diríamos *judicialista*, isto é, que remete para o juiz a função principal e a principal responsabilidade de entre os actores da justiça.

E o que é de salientar é a perfeita harmonização entre os postulados filosóficos e as propostas metodológicas. Apenas se podendo lamentar

---

[491] Cf., *v.g*, Fontes do Direito, *O Actual Problema Metodológico da Realização do Direito, Método Jurídico, Interpretação Jurídica, Escola da Exegese, Escola do Direito Livre, Escola Histórica do Direito, Jurisprudência dos Interesses*, hoje todos in *Digesta*, II, cit., ou *O Actual Problema Metodológico da Interpretação Jurídica*, in "Revista de Legislação e Jurisprudência".

[492] ANTÓNIO CASTANHEIRA NEVES, *Metodologia Jurídica. Problemas Fundamentais*, Coimbra, Studia Iuridica/Coimbra Editora, 1993.

[493] Cf. ANTÓNIO CASTANHEIRA NEVES, *A Redução Política do Pensamento Metodológico-jurídico*, in "Boletim da Faculdade de Direito", "Estudos de Homenagem ao Prof. Doutor Afonso Queiró", hoje in *Digesta*, II, cit., p. 379 ss..

[494] Designadamente, de forma expressa, in ANTÓNIO CASTANHEIRA NEVES, *A Unidade do sistema jurídico: seu problema e seu sentido* (Diálogo com Kelsen), in "Boletim da Faculdade de Direito", "Estudos de Homenagem ao Prof. Teixeira Ribeiro", II, Universidade de Coimbra, Coimbra, 1979, p. 73 ss., hoje in Digesta, II, cit., p. 109 ss..

[495] Cf., essencialmente, ANTÓNIO CASTANHEIRA NEVES, *Justiça e Direito*, hoje in *Digesta*, I, cit., p. 241 ss..

que não tenha chegado o tempo para a elaboração (neste tempo de epítomes) da síntese didáctica ao nível da necessária divulgação (mesmo entre os juristas práticos). Mas pode dizer-se que esta não compete ao criador, mas apenas aos epígonos. Que venham eles!

Já, porém, ao nível das reflexões concretas em diversos temas filosóficos de plúrimos ramos do Direito, o autor nos tem brindado com atentos e documentos estudos, que ombreiam com a sua reflexão mais "pura" ou "fundamental", mostrando, mais uma vez, que o capaz da melhor prática é o senhor de uma boa teoria. Recordemos alguns ecos escritos dessa preocupação, como os seus comentários ao *Estudo sobre a Responsabilidade Civil*, de Guilherme Moreira, e o estudo sobre o *Princípio da Legalidade Criminal*, ou a parte da sua tese de Doutoramento (*Questão-de-facto Questão-de-direito...*[496]) sobre a discricionaridade[497].

É já numa clave pós-existencialista, a que não será alheia uma inspiração cristã (outra palavra tornada equívoca) de fundo, esclarecida e matizada com muitas leituras e muitos legados, que Castanheira Neves reflecte.

A Justiça, mais que critério de validade ou validação do Direito, é o seu princípio constitutivo, quer numa dimensão entitativa (constituinte e ontológica), quer (o que tem relevância epistémica fundamental e decorrências metodológicas nada descuráveis) numa dimensão cognoscitiva. E concomitantemente essa Justiça, ao contrário de um direito natural de um jusnaturalismo a que já se chamou, com propriedade, "positivista", é um contínuo constituir-se e refazer-se, uma verdadeira *constans et perpetua voluntas*[498].

Especialmente nos seus escritos mais recentes, o mestre de Coimbra (que continua escrevendo umas muito esperadas lições de Filosofia Jurídica) tem reflectido sobre o futuro (ou o já presente) do Direito.

---

[496] ANTÓNIO CASTANHEIRA NEVES, *Questão de Facto - Questão de Direito ou o problema metodológico da juridicidade* (Ensaio de uma reposição crítica). I , *A Crise*, Coimbra, 1967.

[497] Cf. ANTÓNIO CASTANHEIRA NEVES, *Digesta*, I, cit., respectivamente p. 475 ss. (responsabilidade), p. 349 ss. (legalidade), p. 531 ss. (discricionaridade).

[498] Cf. a interpretação convergente de ANTÓNIO BRAZ TEIXEIRA, "A teoria da Justiça na Filosofia Portuguesa Actual", in *Ética, Filosofia e Religião. Estudos sobre o pensamento português, galego e brasileiro*, Évora, Pendor, 1997, máx. p. 85 ss.; Idem, *O Pensamento Filosófico-Jurídico Português*, Lx., ICALP, 1983, pp. 138-139.

O destino do Homem e o destino do Direito encontram-se associados e solidários. E, contra a rotina embotadora da consciência dos que têm o Direito como um dado, e ao arrepio dos que, arcaicamente, o vêem ainda apenas como dominação, Castanheira Neves revela-nos o que deveria ser uma evidência, mas de modo nenhum o é: é que o Direito é apenas uma das possíveis alternativas de convivência humana (e nem toda, nem em todas as dimensões, obviamente), frente a outras possíveis. Outras alternativas que aí estão, e que, em grande medida, já substituem o Direito.

De algum modo na escola de Coimbra se fecha um ciclo: se nos anos sessenta o Homem só e perdido do existencialismo, e depois o homem morto do estruturalismo acabavam por ter consciência da falibilidade e pequenez de um Direito passado a direito humano, talvez *demasiado humano*, e se isso transformara o Direito de conformador em conformado, agora, no dobrar do século e do milénio, sem se prescindir dessa sensibilidade, é um novo problema que nos convoca: pois certamente o Direito é um facto do Homem, mas é ele também uma das condições da sua Humanidade. O Direito é não só uma das alternativas para a ordem e a normatividade, mas é mais: é a própria alternativa humana. Ou seja, de entre as alternativas (o poder ou a ordem da necessidade, a ciência ou a ordem da possibilidade, a política ou a ordem da finalidade), é o Direito a que permite garantir a humanidade do Homem. O respeito pela Pessoa e a dignidade humana (e a liberdade e a igualdade que coenvolvem), ou seja, os grandes princípios e valores que, desde sempre, dão sentido ao Direito na obra de António Castanheira Neves.

É a sua voz clara e preocupada que se ouve, pela citação de Wiener, com que termina *O Direito como alternativa humana*: "É tarde, e já soa a hora da escolha entre o bem e o mal".

Se Baptista Machado é incompreendido por um ensino que por norma o amputa da sua complexidade, e, consequentemente, da sua especificidade, há certamente quem gostaria de remeter Castanheira Neves e os seus seguidores para uma espécie de *ghetto* coimbrão, com o pretexto de que os estudantes de Direito precisam é de um ensino prático (ligado "à vida", "à realidade", "às empresas"), e que as introduções ao Direito devem é ensinar os rudimentos da (velha e burguesa, dizemos nós) teoria geral da relação jurídica civil[499]. Infelizmente, as tentativas de levar o ensino de Castanheira Neves a outras universidades (salvo, para a Filosofia do Direito, certamente a Faculdade de Direito da Universidade Católica de Lisboa, onde o Autor ensinou também) não parecem ter dado frutos visíveis, mercê desse preconceito positivista tão arreigado quão hoje subtil e aparentemente dialogante ou "convertido"[500].

Três gerações transcorridas desde o grito de alerta anti-positivista do ainda estudante Paulo Merêa, a incompreensão e/ou o silêncio persistem, cercando, ainda hoje, o Direito pensado, e a Filosofia do Direito, seu bastião.

4. Fernando Pinto Bronze, Aroso Linhares

Seguindo Castanheira Neves, e sucedendo-lhe em Coimbra, na regência de Introdução ao Direito, Fernando José Pinto Bronze, tem sobretudo desenvolvido estudos metodológicos e mais propriamente metodonomológicos. A sua meditada e densa tese de doutoramento[501] é obra indispensável nesta última especialidade, e um marco da alta qualidade e exigência das dissertações de doutoramento na Faculdade coimbrã.

Nas palavras de síntese da tese na Internet, particularmente felizes, e que nos permitimos citar integralmente, com a devida vénia:

> "A obra trata, basicamente, de dois dos temas nucleares (e, por isso mesmo, muito discutidos) da reflexão metodológico-jurídica contemporânea: o da compreensão do direito e o da (por ela implicada)

---

[499] Importante testemunho do que (ainda hoje) é o paradigma de uma introdução ao direito de índole positivista, é narrado em uma longa nota por MÁRIO BIGOTTE CHORÃO, *Um Jusfilósofo Português da Contemporaneidade* (*No centenário do Doutor Cabral de Moncada*), in "O Direito", Lx., ano 121.º, 1989, II, p. 324 ss. (n. 23).

[500] Quanto à incoerência entre fundamentação e compreensão filosófica e metodologia e construção dogmática no panorama jurídico português contemporâneo, cf. MÁRIO JÚLIO DE ALMEIDA COSTA, *História do Direito Português*, 2.ª ed., Coimbra, Almedina, 1992, p. 473.

[501] FERNANDO JOSÉ COUTO PINTO BRONZE, *A Metodonomologia entre a semelhança e a diferença: Reflexão problematizante dos pólos da radical matriz analógica do discurso jurídico*, Coimbra, Studia Iuridica, 1994.

Filosofia Jurídica Portuguesa Contemporânea

disquisição da específica racionalidade que perpassa a problemática da concreta realização judicativa do direito.

Em debate com os contributos mais significativos do pensamento jurídico-cultural (nomeadamente do pensamento jurídico-cultural português e alemão) do nosso tempo sobre a matéria, o Autor, sem apagar as singularidades que o direito apresenta, situa-o no (e refere-o ao) mundo da intersubjectividade radicalmente constitutiva da prática; e defende o carácter analógico daquela racionalidade, acentuando a sua consonância com o próprio *modus* de reconstituição da *praxis* e procurando na fenomenologia do *iter* judicativo-decisório a confirmação da tese enunciada logo no título da dissertação"[502].

Eco das ricas prelecções do Autor são as suas lições de Introdução ao Direito[503], que vem editando, policopiadas, em que a uma profusa interdisciplinaridade jurídica alia uma importante atenção às fontes culturais e até especificamente literárias com que a juridicidade tem de dialogar, se não quiser estiolar.

Também seguindo Castanheira Neves, Aroso Linhares é sobretudo conhecido na comunidade científica pelo seu interesse e papel na recepção de Habermas, a que dedicou um importante estudo: *Habermas e a Universalidade do Direito.*[504]

A sua monumental e densíssima tese de doutoramento, obra de muitos anos de investigação, levou-o, entre outros, aos domínios das relações entre Direito, Linguagem e Literatura. Decerto (e infelizmente) uma das últimas teses de doutoramento de envergadura no domínio jurídico, ante a ameaça de o doutoramento vir a ser institucionalmente equiparado à licenciatura como condição necessária de acesso à carreira docente.

---

[502] http://www.fd.uc.pt/index.html

[503] FERNANDO JOSÉ PINTO BRONZE, *Apontamentos Sumários de Introdução ao Direito* (memória das aulas teóricas de 1995-96), Coimbra, Faculdade de Direito, Universidade de Coimbra, 1996 (policóp.).

[504] J. M. AROSO LINHARES, *Habermas e a Universalidade do Direito*, in "Boletim da Faculdade de Direito, número especial, "Estudos em Homenagem ao Prof. Doutor Eduardo Correia, II, Coimbra, Universidade de Coimbra, 1984, pp. 477-669.

5. José Adelino Maltês, José Lamego, Sousa Brito

É sabido como a escola de Lisboa (também assim designada por comodidade) talvez sofra ainda miticamente a rejeição do insigne filósofo do Direito que foi António José Brandão[505].

Presentemente, a cadeira é regida (e já com frutos em volumoso tomo[506]) na Faculdade de Direito de Lisboa por José Adelino Maltês (n. 1951), o qual é jurista de formação, e cuja erudição eclética, aliada a um espírito vivíssimo e radicalmente indagador, muito promete ainda neste domínio, que não é para si simples violino de Ingres.

Entretanto, algumas outras figuras de relevo deixaram marcas na Faculdade, e projectaram o seu vulto muito para além dela.

Além da mais recente obra de José Lamego, sobretudo com aportações que vão da hermenêutica historicista até Heidegger e Gadamer, sem descurar as inspirações da filosofia da linguagem[507] (mas também atento a Luhmann[508] ou Popper[509]), e de quem novos frutos se esperam, importa assinalar o nome de José de Sousa Brito.

Os trabalhos mais salientes de Sousa Brito (n. 1939) situam-se no domínio de um trânsito da fenomenologia, com importante revelo para o estudo da teoria egológica e para o utilitarismo, em que sobressai a figura de Jeremias Bentham[510].

---

[505] Cf. ANTÓNIO BRAZ TEIXEIRA, *O Pensamento Filosófico-Jurídico Português*, cit., pp. 127-128; Idem, *O Pensamento Filosófico-Jurídico de António José Brandão*, in "Nomos. Revista Portuguesa de Filosofia do Direito e do Estado", N.º 5-6, Janeiro-Dezembro de 1988, p. 102, 118.

[506] JOSÉ ADELINO MALTÊS, *Princípios de Ciência Política. O Problema do Direito*, Lx., Centro de Estudos do Pensamento Político do ISCSP, 1998. Do mesmo Autor, recentemente, e em clave jusfilosófica, *Voegelin e a procura do Direito Natural*, Prefácio da edição portuguesa de *A Natureza do Direito e outros textos jurídicos*, de Eric Voegelin, Lx., Vega, 1998.

[507] JOSÉ LAMEGO, *Hermenêutica e Jurisprudência*. Análise de uma "Recepção", Lx., Fragmentos, 1990.

[508] A *sociedade sem 'centro': instituições e governabilidade em Niklas Luhmann*, in "Risco" (entrevista conduzida por José Lamego), n.º 5, Primavera 1987, p. 29 ss..

[509] Convergindo basicamente nesta síntese, JOSÉ ADELINO MALTÊS, *Princípios de Ciência Política. O Problema do Direito*, cit., p. 631.

[510] Cf. JOSÉ DE SOUSA BRITO, *Droits et utilité chez Bentham*, in "Archives de Philosophie du Droit", tomo 26, Paris, Sirey, 1981, p. 93 ss..

Outra vertente da reflexão do autor, que não enjeita as bases filosóficas de um certo racionalismo que faz recuar às bases do legado aristotélico[511], é, precisamente, a Hermenêutica.

Num dos seus mais conhecidos estudos, *Hermenêutica e Direito*, fruto de sucessivas reelaborações, e significativamente dedicado a Gadamer, em cujo seminário hermenêutico começou por ser parcial e inicialmente apresentado, Sousa Brito segue com rigor e subtileza a teoria da interpretação de Savigny, que é a clássica (e ainda hoje psitacisticamente repetida em tantos manuais que já lhe esqueceram a fonte), para, passando pelo que chama uma "consciencialização hermenêutica" da teoria da interpretação da lei, convocar novamente (e de forma original) a lógica de Aristóteles como inspiração renovadora da interpretação jurídica, com atenção particular ao silogismo prático[512].

A perspectiva de Sousa Brito sobre a razão e a utilidade assume, por vezes, contornos que conflituam com o positivismo e com o utilitarismo benthamiano, designadamente quando afirma o Direito como razão prática limitada, considerando que pode haver crítica (jurídica, e não moral) do Direito que como sua constituinte ganha vigência, podendo conduzi-lo à mudança. Donde decorre uma concepção do Direito como razão prática racionalmente limitada, e da Jurisprudência (ou ciência jurídica) como "uma espécie de ética aplicada e, portanto, como filosofia do direito em aplicação"[513]

6. António Braz Teixeira, António José de Brito, Mário Bigotte Chorão

António Braz Teixeira (n. 1936) é possuidor de formação, cultura e vocação jurídicas e filosóficas por igual notabilíssimas. Prolífico autor de

---

[511] Cf., v.g., a articulação entre utilitarismo, racionalismo e pensamento jurídico *in* JOSÉ DE SOUSA BRITO, *O Princípio da Utilidade, Razão e Direito*, "Filosofia", vol. IV, 1, 2, Inverno 1990, p. 33 ss..

[512] Cf., *v.g.*, JOSÉ DE SOUSA BRITO, *Hermenêutica e Direito*, Coimbra, Separata do "Boletim da Faculdade de Direito", vol. LXII (1986), Coimbra, 1990.

[513] JOSÉ DE SOUSA BRITO, *O Princípio da Utilidade, Razão e Direito*, cit., p. 49.

obras de ciência do Direito, de filosofia pura[514] e filosofia jurídica, António Braz Teixeira, que conviveu de perto com Álvaro Ribeiro e José Marinho, reflectindo nos seus trabalhos o ar de família da Filosofia Portuguesa, e abrindo-se a uma pluralidade de legados, inspirações e desafios exógenos, denota uma marca muito pessoal, quer pela originalidade fecunda do seu pensamento, quer pelo estilo, em que avultam raros dotes de concisão e precisão de conceitos, notável excepção num ambiente de *ethos* barroco e de algum pendor "literário" no razoar como é o nosso.

Não que o autor rejeite a possibilidade de uma filosofia (e de uma jusfilosofia até) vertida em forma literária. Pelo contrário, foi o primeiro jusfilósofo a afirmá-lo entre nós, designadamente no texto das suas lições universitárias, depois editadas (e já reeditadas) sob o sugestivo título *Sentido e Valor do Direito*[515]. Mas porque pratica uma economia de meios que passa pelo chamar os nomes às coisas, conhecendo, para isso, mais nomes e mais coisas.

Também absolutamente inovador, e, mais que inovador, da mais transcendente utilidade formativa, foi o seu intuito de revelar à cultura portuguesa e à nossa Universidade o importante legado da reflexão filosófico-jurídica nacional, tanto no que respeita à jusfilosofia "dos professores", como aquela que, muitas vezes mesclada com consideração éticas, filosófico-políticas e outras, desde cedo surgiria em múltiplos autores portugueses. Ecos disso são, especialmente, *O Pensamento filosófico-jurídico português*, a parte histórica das suas lições (hoje em *Sentido e Valor do Direito*), e a antologia *Filosofia Jurídica Portuguesa Contemporânea*[516], etc..

Ao pensamento do mundo de língua portuguesa vota muitas investigações e actividades (e também a Galiza, naturalmente, se encontra no círculo das suas preocupações) destacando-se, no âmbito de uma compreen-

---

[514] Destaquemos, de entre as obras predominantemente de filosofia pura, ANTÓNIO BRAZ TEIXEIRA, *Deus, o Mal e a Saudade*, Lx., Fundação Lusíada, 1993; *Idem, Ética, Filosofia e Religião. Estudos sobre o pensamento português, galego e brasileiro*, cit.; *Idem, O Espelho da Razão. Estudos sobre o Pensamento Filosófico Brasileiro*, Londrina, Universidade Estadual de Londrina, 1997.

[515] ANTÓNIO BRAZ TEIXEIRA, *Sentido e Valor do Direito. Introdução à Filosofia Jurídica*, cit..

[516] ANTÓNIO BRAZ TEIXEIRA, *Filosofia Jurídica Portuguesa Contemporânea*, Porto, Rés, 1992.

são de raízes comuns e percursos paralelos e convergentes, a obra fundante que realizou com Afonso Botelho, procurando recolher a *Filosofia da Saudade*[517].

Um dos importantes vectores da jusfilosofia luso-brasileira, desde os seus alvores, será precisamente o tratar-se de uma jusfilosofia plenamente filosófica e plenamente jurídica, porquanto sempre imbricando os problemas do Direito e da Justiça com uma Antropologia filosófica, uma ideia de Homem, e, mais ainda, mesmo que não nos propiciando tal reflexão de forma explícita, não recusando os respectivos fundamentos ou decorrências de índole metafísica. Também nessa medida se pode dizer, com o autor, que "o problema da Filosofia do Direito ou a Filosofia do Direito como problema é, em primeira instância, o próprio problema da Filosofia"[518]

Sublinhemos, *brevitatis causa*[519], que o Autor assume uma invulgar radicalidade e explicitação quanto aos fundamentos do seu pensamento, de modo nenhum simplesmente vogando nos ares do tempo.

Considerando a impossibilidade de, hoje, se advogar uma qualquer "natureza humana" de índole universal e eterna, o que prejudica qualquer tentativa essencialista de um Direito Natural substancial, imutável, etc., de forma alguma afasta a dimensão trans-positiva e supra-social do Direito. Pelo contrário, depois de se deter em considerações antropológicas e existenciais, é numa metafísica e mesmo numa teodiceia que considera desaguar a radical problematização do fundamento último da juridicidade.

---

[517] *Filosofia da Saudade*, Lx., *Imprensa Nacional-Casa da Moeda*, 1986. Assim como os estudos agrupados em vários volumes, como *Ética, Filosofia e Religião. Estudos sobre o pensamento português, galego e brasileiro, O Espelho da Razão. Estudos sobre o Pensamento Filosófico Brasileiro*, e, de índole mais especificamente jusfilosófica, *Caminhos e Figuras da Filosofia do Direito Luso-Brasileira*, Lx., AAFDL, 1991.

[518] ANTÓNIO BRAZ TEIXEIRA, *Sentido e Valor do Direito. Introdução à Filosofia Jurídica*, cit., p. 25.

[519] Cf., sobe o Autor, MANUEL CÂNDIDO PIMENTEL, *O Pensamento Filosófico-Jurídico de António Braz Teixeira*, "Revista Jurídica da Pontifícia Universidade Católica de Campinas", n.º 12, 1996, e os artigos de AFONSO BOTELHO, in *Verbo. Enciclopédia Luso-Brasileira de Cultura*, e de PAULO BORGES, in Pólis, *Enciclopédia Luso-Brasileira de Filosofia*.

Antes, porém, das considerações de Metafísica da Justiça, as quais plenamente culminarão o "sistema", e que abundam em implicações meta-jusfilosóficas, sublinhe-se a importância essencial dada à Justiça como simultâneo fim do Direito e seu fundamento, ou, afinal, princípio (e valor). Ela é considerada, de par com a questão do ser ou da essência do Direito (que em boa medida, pelo menos sob muitos prismas, a ela se reconduz), o segundo problema da Filosofia do Direito.

Daqui decorre a consideração do carácter incontível e perpetuamente auto-superador da Justiça, insusceptível de ser imanentizada (e cristalizada) em definições ou conceitos, avessa à captação racional lógico-dedutiva, sempre de algum modo "decaída" (e imperfeita) quando encerrada nas folhas de papel das leis, e inconfundível com a visão positivista e estadualista que lhe assaca a coercibilidade como atributo essencial. E, ao invés, intuível por uma outra razão, anímica, feita de *experiência* e pelo *juízo axiológico*. Colocando-se o problema da Justiça, assim, simultaneamente em questão de índole entitativa e gnoseológica.

A sua indagação sobre o ser do Direito, longe de o encerrar na armadilha positivista da definição, conceptualização, descrição, ou qualquer outra modalidade de *de-limitação* do mesmo, leva-o, pelo contrário, à identificação de categorias ônticas (que podem fazer-se corresponder às aristotélicas): temporalidade, historicidade, bilateralidade, heteronomia, positividade, territorialidade e sentido ou conteúdo axiológico[520].

As preocupações jusfilosóficas de António José de Brito (n. 1927) não parecem inscrever-se nem na linha superadora do positivismo jurídico, com tudo o que a superação implica da própria tese, nem, por outro lado, na recusa do jusnaturalismo. O autor, de inspiração idealista hegeliana (na verdade um neo-idealista), é sobretudo um pensador autónomo e original, que insere a sua filosofia jurídica num contexto filosófico mais vasto[521]. Embora de formação jurídica de base, à qual acrescenta uma for-

---

[520] ANTÓNIO BRAZ TEIXEIRA, *Experiência jurídica e ontologia do Direito*, in "Nomos. Revista Portuguesa de Filosofia do Direito e do Estado", n.ºs 3-4, Janeiro-Dezembro de 1987, p. 36-37.

[521] De entre a sua obra filosófica geral, cf. ANTÓNIO JOSÉ DE BRITO, *Estudos de Filosofia*, Lx., 1962; *Le point de départ de la philosophie et son développement dialectique*, Montpellier, 1979 (tese de doutoramento); *Para uma Filosofia*, Lx., Verbo, 1986; *Razão e Dialéctica*, Lx., INCM, 1994; *Valor e Realidade*, Lx., INCM, 1999.

mação filosófica ulterior que o levou à Cátedra de Filosofia na Universidade do Porto, do autor se poderia dizer praticar mais *a filosofia do Direito dos filósofos* que a dos juristas, embora aproveite da dupla formação.

A questão central da sua especulação no domínio ético (e também no ético-jurídico, até por considerar uma unidade entre Direito e Moral) parece-nos ser a ideia do "insuperável", cujo carácter cimeiro, *rectius*, absoluto, vai sucessivamente testando, com brilho dialéctico e documentação erudita, em confronto com as mais diversas hipóteses, desde as posições do cepticismo às diferentes correntes axiológicas[522].

Concentrando-nos no problema jusnatural, e deixando de momento outros aspectos do seu pensamento, o Autor advoga a existência de um "direito natural" muito latamente concebido, explicitamente considerando que o direito natural não é só esta ou aquela visão do direito natural, mas, ao invés, e de forma englobante,

> "uma essência, um paradigma, paradigma e essência comum aos diversos direitos naturais e que não está vinculado a nenhum deles em particular"[523].

Assim conclui António José de Brito as suas reflexões a este propósito na sua *Introdução à Filosofia do Direito*:

> "Nós perfilhamos, como é patente, depois de tudo o que aqui foi dito, a tese de que o valor é o insuperável, enquanto vontade universal.
>
> E como entendemos que o direito é, apenas, o dever-ser inerente ao Valor, a receber realização ou positivação, e não toda a positividade posta com uma qualquer força social, julgamos que a nossa doutrina pode ser enquadrada na concepção jusnaturalista, a menos que outras razões surjam contra, que não tenham conteúdo meramente ideológico, no sentido pejorativo do termo"[524].

---

[522] Cf. ANTÓNIO JOSÉ DE BRITO, *Introdução à Filosofia do Direito*, Porto, Rés, s.d., p. 13 ss.., *passim*.

[523] *Ibidem*, p. 269.

[524] *Ibidem*, p. 269.

Um dos grandes problemas que certamente nos põe a sua concepção de direito natural é a relação (que não é nela pacífica) entre direito natural e natureza humana, que implica, obviamente, o próprio problema do sentido de "natureza"[525]. E também a relação entre Direito, Pessoa e Estado, já que tende a identificar o primeiro e o último.

Ao arrepio das angústias existencialistas e pós-existencialistas, com uma ponderação sempre atenta ao novo, e uma fidelidade sem mácula aos valores clássicos, Mário Bigotte Chorão (n. 1931)[526] é sem dúvida, entre nós, "o mais esclarecido e consequente representante" do jusnaturalismo "que se reclama da metafisica clássica" como dele afirmou Braz Teixeira. Com efeito, é no legado do realismo aristotélico-romanista-tomista que vai profundamente radicar a sua filosofia jurídica, a qual se recorta no pano de fundo da mundividência de um humanismo cristão.

Move-o a refutação do positivismo jurídico, e a afirmação da existência de um Direito natural, mais alto e mais profundo, concebido à maneira clássica e não abstractamente racionalista. Adere à concepção objectivista do Direito como a própria coisa justa (devida), e define-o como "a ordenação da vida social segundo a justiça", revelando eclecticamente as suas inspirações ontológica, axiológica, jusnaturalista, personalista, integral, pluridimensional, pluralista e teleológica. Num estilo elegante e eloquente, manifesta uma posição equilibrada e esclarecida (ética e cientificamente) sobre temas de simultâneo interesse teórico e prático: os direitos naturais (que prefere a "direitos do homem"), a democracia (que deseja ética), o direito à vida vs. aborto, o trabalho e o seu direito, os recentes desafios (e ameaças) lançados pela revolução biológica, a protecção jurídica da família, a educação, a integração europeia, etc., a par de uma reflexão mais englobante sobre os grandes temas jusfilosóficos como a justiça, a equidade, a coacção, a natureza das coisas, etc..

---

[525] Para mais desenvolvimentos, cf. ANTÓNIO BRAZ TEIXEIRA, "Filosofia do Direito", in *História do Pensamento Filosófico Português*, dir. de Pedro Calafate, vol. V, t. 2, Lx., Caminho, 2000, pp. 47-49.

[526] Bibliografia sobre o autor: v. ANTÓNIO BRAZ TEIXEIRA, "Filosofia do Direito", in *História do Pensamento Filosófico Português*, p. 57, o nosso *Pensar o Direito*, I. *Do Realismo Clássico à Análise Mítica*, C., 1990; *Idem, Michel Villey et la Philosophie Juridique au Portugal*, in Niort/Vannier (coord.), *Michel Villey et le Droit naturel en question*, Paris, 1994; Renato Rabbi-Baldi Cabanillas, *La filosofía jurídica de Michel Villey*, Pamplona, 1990.

Na constelação dos múltiplos diálogos que tem vindo a estabelecer, é mister assinalar, em geral, os nomes dos Jacques Maritain, Gabriel Marcel, Josef Pieper, Tristão de Athayde, Gustavo Corção, Chesterton e C. S. Lewis, e, na filosofia jurídica em especial, os de Michel Villey e Javier Hervada[527], como alguns dos seus principais interlocutores[528].

Para Mário Bigotte Chorão, no direito natural cabem diversos sentidos, aliás simetricamente ao que ocorre nos analogados do Direito. Assim, desde logo, um sentido principal, o justo natural, ou seja, o que é justo ou devido em razão de um título (neste caso um título natural). Este Direito natural é o objecto da justiça, a própria coisa justa. Noutro sentido, epistemológico, se fala em *Direito Natural* como ciência, disciplina ou estudo do mesmo *Direito natural*. Mais complexos são dois outros sentidos, que têm, aliás, levantado desencontros doutrinais. Por uma lado, de forma sempre analógica, e como analogados secundários, pode dizer-se que são direito natural os direitos naturais, a que também se chama direitos origi-

---

[527] Refiram-se ainda, no domínio filosófico, nomes como os de Possenti, Gilson, Jolivet, Tresmontant, Derisi, Grabmann, Gardeil, Grenet, Vernaux, Daujat, Fabro, García López, etc.. No campo das afinidades jusfilosóficas, para além de Cabral de Moncada (todavia mais jusfilósofo que jusnaturalista), citem-se Ruiz-Giménez, Messner, Olgiati, Martínez Doral, Cathrein, D'Agostino, Pizzorni, Massini, Cotta, Vallet de Goytisolo.

[528] Algumas obras principais: *O Nosso Gustavo Corção*, C., 1958; *Probation - Alguns aspectos Jurídicos, Criminológicos e Sociais*, C., 1959; *Apelo ao Diálogo*, C., 1965; *Direito do Trabalho* (polic.), Lx., 1970/71; *Teoria Geral do Direito Civil. Introdução* (polic.), Lx., 1973; *Perspectiva Jusnaturalista da Revisão Constitucional*, Lx., 1980; *Sobre o Fundamento dos Direito Humanos em Maritain*, Lx., 1982; *Temas Fundamentais de Direito*, C., 1986; *O Problema do Trabalho*, Lx., 1986; *O Papel da Instituição Familiar numa Ordem Social Justa*, Lx. 1974/1987; *Introdução ao Direito*, I. *O conceito de Direito*, C., 1989; *Michel Villey, Paladino do realismo Jurídico Clássico*, Lx., 1989/Pamp., 1990; *Direitos Humanos, Direito Natural e Justiça*, Lx., 1989; *Um Jusfilósofo Português da Contemporaneidade* (No Centenário do Doutor Cabral de Moncada), Lx., 1989; *Reabilitação do Reino dos Fins e Defesa da Razão Prática*, Lx., 1989; *Um Itinerário Jusnaturalista*, Lx., 1989; *Biodireito*, in VELBC, XXII, Lx. 1991; *Jusnaturalismo*, in "Logos", III, Lx., 1991; *O Problema da Natureza e Tutela do Embrião Humano à luz de uma Concepção Realista e Personalista do Direito*, Lx., 1991; *Formação Eclesiástica e Educação Católica segundo a Concordata de 1940*, Lx., 1991; *Um Olhar Português Sobre a Unidade Europeia*, Lx., 1992; *Pessoa Humana e Bem Comum como Princípios Fundamentais da Doutrina Social da Igreja*, Lx., 1994; *Concepção Realista da Personalidade Jurídica e Estatuto do Nascituro*, Lx., 1998; *Algumas questões acerca do direito natural na cultura portuguesa*, Lx., 1999; *O Nascituro e a Questão do Estatuto do Embrião Humano no Direito Português*, sep. de AA.VV., *Estudos em Homenagem ao Prof. Doutor Pedro Soares Martínez*, vol. I, C., 2000; *Crise da ordem jurídico-política e proposta jusnaturalista*, Lx., 2001.

nários, direitos humanos, ou, sobretudo no plano constitucional, direitos fundamentais. Para Bigotte Chorão, embora possa haver exagero na invocação e mau uso destes direitos eles são, plenamente, compatíveis com o Direito natural *tout court*, desde que bem interpretados. Finalmente, pode também pensar-se em Direito natural como as normas jurídicas naturais, o que pode prestar-se a confusão com a lei natural, que é moral, mas ainda caberá, decerto, no âmbito de uma concepção abrangente mas rigorosamente realista de Direito Natural. Aliás, assim o afirma o autor:

> "Numa fórmula compreensiva, pode dizer-se que o direito natural é a parte da ordenação jurídica que se origina e fundamenta na natureza das coisas. Ele é elemento verdadeiramente integrante do direito real, e não, como muitas vezes se pretende, apenas um direito ideal ou um modelo ético-jurídico"[529].

7. Balanço provisório

Embora todo o olhar para trás sempre nos possa conduzir à punição da mulher de Loth, julgamos que poderá parar-se para tomar fôlego e meditar sobre o sentido destas mais recentes evoluções do pensamento jurídico-filosófico português.

São caminhos muito ricos e variados que, partindo inicialmente do diálogo crítico com o positivismo lógico, vão assimilando os dados e as preocupações da antropologia e do existencialismo, para também a estes superarem, numa espécie de personalismo pós-existencialista, e/ou internando-se nas regiões da retórica e da hermenêutica. Atentos à dimensão metodológica, à fenomenologia e a outras inspirações, acabarão por denotar, de uma forma ou de outra, simultaneamente a incomensurável distância mental a que acabou por ficar o "irmão-inimigo" kelseniano, e o eterno retorno de uma dimensão axiológica. A qual volta a galope, como essa natureza (humana, das coisas ou do Direito), que é hoje, ao mesmo tempo, paraíso e paradigma perdidos. De que não podemos, pessoalmente, deixar de ter saudade...e continuar a procurar.

---

[529] MÁRIO BIGOTTE CHORÃO, *Direito Natural*, in *Temas Fundamentais de Direito*, Coimbra, Almedina, 1986, p. 103.

PARTE III
DESAFIOS

CAPÍTULO I
PARADIGMAS DA TEORIA PENAL[530]

1. Os Paradigmas fundamentais

1.1. Ciência do Direito Penal: desafios epistemológicos

A ciência do Direito Penal, como todas as ciências, comunga de uma estrutura epistémica interna que pode ser analisada dentro de parâmetros globais, lida ao nível de uma semântica abstracta que lhe descobre afinidades *prima facie* insuspeitadas.

Não se tratando agora de qualquer análise estrutural de tal ciência, todavia se assinalará que há a ganhar na compreensão da mesma e no seu uso prático se se utilizarem alguns instrumentos de análise da própria forma de pensar e formalizar da Ciência do Direito Penal.

Uma das primeiras lições a colher – e por ela nos quedaremos em todo o presente estudo – é a de que a ciência do Direito Penal, tal como as demais, está sujeita a ciclos e tempos históricos, e portanto, também, é atingida por momentos de olvido de teorias e sua substituição por teorias novas[531], e nela se fazem sentir os maremotos das revoluções científicas[532].

---

[530] Um estudo preliminar deste foi destinado aos *Essais de Philosophie pénale et de criminologie*; tendo nós também glosado o tema numa conferência na Universidade Paulista, Campus de Alphaville, S. Paulo.

[531] Explicitamente neste sentido, e com expressa referência ao legado de Thomas Kuhn nessa matéria, WINFRIED HASSEMER, *História das Ideias Penais na Alemanha*

Tal significa que a ela não só se podem como se devem aplicar os instrumentos de análise que identificam a evolução científica, pelo menos em parte, com a substituição de paradigmas.

Adiantaríamos que há, em Direito Penal como em tantas outras matérias cuja iniludível normatividade não livra da *doxa*, da opinião, nem subtrai da historicidade[533], pelo menos em alguns aspectos, uma luta de paradigmas. Duvidamos que alguns dos que iremos sintética e estilizadamente abordar sejam cabalmente recebidos na prática forense de muitos países, e quiçá nalguns tribunais portugueses. Mas trata-se, evidentemente, do jogo de resíduos e derivações, de que falava Vilfredo Pareto[534], e do próprio ciclo imitativo, estudado pelo sociólogo e criminólogo Gabriel de Tarde[535], que leva o seu tempo a operar.

Neste jogo de paradigmas novos e velhos em contemporaneidade conflitiva ou em simples justaposição, identificaríamos desde logo dois núcleos: o núcleo de paradigmas interno, de identificação, que determina a ipseidade ou identidade da Ciência do Direito Penal, e o núcleo de paradigmas operativos, de carácter mais externo, que não sendo absoluta-

---

do Pós-Guerra, seguido de *A Segurança Pública no Estado de Direito*, trad. port., Lx., AAFDL, 1995, p. 30.

[532] THOMAS S. KUHN, *The Structure of Scientific Revolutions*, Chicago, Chicago University Press, 1962.

[533] Sobre História, historicidade e Direito em geral, além das referências do nosso *Para uma História Constitucional do Direito Português*, Coimbra, Almedina, 1995, p. 21 ss., as interessantes reflexões de PATRICK NERHOT, *Au commencent était le Droit*, in Passés Recomposés, " Autrement ", série *Mutations*, n.º 150-151, Janeiro de 1995, p. 82 ss.. Um exemplo, de entre inúmeros, de plúrimas abordagens diacrónicas da criminalidade, comprovando abundantemente a aludida historicidade: BENOÎT GARNOT (dir.), *Histoire et Criminalité de l'Antiquité au XXe siècle. Nouvelles Approches*, Dijon, Éditions Universitaires de Dijon, 1992. Há quem prefira a historicidade a designação ou a caracterísitca de "temporalidade". Cf. MICHEL VILLEY, *Des délits et des peines dans la philosophie du droit pénal classique*, in " Archives de Philosophie du Droit", tomo XXVII, Paris, Sirey, 1983, p. 201 ss.. Uma síntese das etapas históricas da pena pode colher-se em FRANCISCO PUY, *Topica Juridica, Santiago de Compostela, Imprenta Paredes*, 1984, p. 257 ss..

[534] VILFREDO PARETO, *Traité de Sociologie Générale*, com prefácio de Raymond Aron, Genève/Paris, Droz, 1968

[535] GABRIEL DE TARDE, *Les Lois de l'imitation*, Paris, 1895 (trad. port., *As Leis da Imitação*, Porto, Rés, s/d.).

mente constitutivo e essencial, determina ainda em grande medida o conteúdo e o modo de ser da ciência em causa.

Obviamente que estes dois níveis paradigmáticos se não confundem com a problemática da definição científica, tradicionalmente analisada em objecto e método, e mais tarde alargada em objecto, método, problema, escopo e comunidade científica. Mas é óbvio que se interseccionam com esse outro problema.

Ocorre um fenómeno interessante com a Ciência do Direito Penal: se ao nível dos paradigmas de identificação se nos afigura que a melhor doutrina vai no sentido de um reencontro com as raízes (não necessariamente históricas, mas dir-se-ia que encontrando as fontes filosóficas que vão no sentido de delimitar o Direito Penal como *ultima ratio*), já ao nível das fórmulas paradigmáticas exteriores, os paradigmas encontrados nos últimos tempos, sendo funcionais ao nível de uma tópica legitimadora superficial, revelam-se muito mais problemáticos, por conterem fragilidades de círculo vicioso ou problemas afins. Resta saber é que outros paradigmas, ou que outros argumentos poderíamos aqui e agora invocar... Porque sempre se trata, ou se trata cada vez mais, na dogmática, de estabelecer e formular tópicos[536].

Mas não antecipemos as nossas angústias.

Começaremos por identificar os paradigmas constitutivos internos, apesar de tudo mais pacíficos, para depois passarmos aos paradigmas operativos, que são o cerne do problema.

1. 2. O Paradigma constitutivo:
Direito Penal, direito de penas, direito do crime

Será certamente uma surpresa para alguns, mais formados numa teoria jurídica positivista, ou pós-positivista (alegadamente, porque comungando muito dos seus básicos paradigmas), que as ideias de estrita limitação do Direito Penal a um âmbito autónomo e de maior gravidade são

---

[536] Nesse sentido, muito clara e agudamente, JORGE DE FIGUEIREDO DIAS, *Sobre o Estado Actual da Doutrina do Crime*, "Revista Portuguesa de Ciência Criminal", ano 1, n.º 1, Janeiro-Março 1991, p. 15.

solidárias, para não dizer tributárias da visão também restritiva e rigorosamente delimitadora do âmbito do jurídico postulada pelo realismo clássico[537].

E na realidade assim sucede. O direito deve atribuir a cada um o que é seu – *suum cuique tribuere*. Independentemente deste axioma ser solução ou ser apenas problema (como sublinhava Norberto Bobbio), a verdade é que dele se pode extrair toda uma simples e utilíssima teorização sobre o conteúdo dos diferentes ramos do Direito. Assim, se o Direito, em geral, atribui tudo o que for juridicamente atribuível (com exclusão do que não pode, legitimamente, repartir – e sobre isso relembramos páginas memoráveis de Rogério Ehrhardt Soares[538], e a mais recente teorização de Anthony Allot[539]), cada ramo do Direito (estudado pela respectiva ciência jurídica, dita também ciência jurídica material) atribuirá coisas específicas. Também poderia atribuir as mesmas coisas a pessoas distintas (grupos ou classes de pessoas...) e parcialmente assim acontece se compararmos, em alguns aspectos, o direito administrativo da função pública com o direito do trabalho, ou o direito comercial com o direito civil: só que também se poderá dizer que essa atribuição a diferentes pessoas decorre já de uma diferença essencial ao nível do objecto.

Pois bem. O Direito Constitucional atribui sobretudo honras, poderes, e direitos fundamentais ao nível interno; o Direito Internacional lida aproximadamente com um *quid* do mesmo tipo ao nível inter-estadual e afim; o Direito Privado patrimonial (Direitos Reais, Direitos Obrigacionais e Direito Comercial sobretudo, mas também parte do Direito das Sucessões e até da Família) atribui coisas no sentido próprio ou relações sobre coisas, o Direito Privado pessoal (sobretudo os Direitos de Personalidade e aqueles dois últimos ramos do Direito Civil) lida especialmente com poderes e deveres pessoais familiares e também com honras a esse nível. Etc., etc..

---

[537] Para um conspecto geral de uma visão contemporânea do realismo jurídico clássico em matéria penal, cf. MICHEL VILLEY, *Des délits et des peines dans la philosophie du droit pénal classique*, cit., p. 181 ss..

[538] ROGÉRIO EHRHARDT SOARES, *Interesse Público, Legalidade e Mérito*, Coimbra, Atlântida, 1959, p. 1 ss. (designadamente curando, desde logo, da impotência, irrelevância e indiferença jurídicas).

[539] ANTONY ALLOTT, *The limits of Law*, London, Butterworths, 1980.

Qual, então, o objecto de atribuição do direito dos crimes? Não são, obviamente, os crimes. E aí fica prejudicada a designação, que já teve, em Portugal, curso oficial até, de "Direito Criminal"[540].

O que constitui a actividade do ramo de direito em apreço não é senão a distribuição das penas. E é fundamentalmente por isso, pelo objecto da atribuição, e não pela causa, ou motivo de tal distribuição, que se prefere a designação Direito Penal à de Direito Criminal.

Esta designação tinha em seu favor o facto de que as reacções ao crime (ou ao criminoso...) não serem sempre penas: podendo traduzir-se, em alguns sistemas, em medidas de segurança, aplicáveis aos inimputáveis, ou aos agentes especialmente perigosos, ou tidos como tais[541], além de que existem no âmbito das sanções criminais (apesar das autonomizações no direito de mera ordenação social e das descriminalizações e afins processos que alijaram o lastro do domínio *sub judice*) sanções que parecem sobretudo de regulação social, de ordem pública ou de simples polícia. Além de que, em rigor, desde logo num sistema como o francês, existe uma tripartição legal entre crimes, delitos e contravenções.

Em todo o caso, o grande problema deste ramo é o crime. Mas, como se verifica do sumariamente dito, se o crime pode ter como sanções variadas reacções penais (que podem não ser só penas) o facto é que neste mesmo ramo se englobam (com sanções diversificadas também, mas nem sempre coincidindo com as diversas categorias) ofensas à juridicidade que se não subsomem simplesmente no conceito de crime. Pelo que, se a designação *penal* é estreita do lado das sanções, exígua se revela também (e mais ainda) a designação *criminal* da banda das ofensas, ou dos "tortos". Posto que, hoje em dia, em Portugal os únicos tipos de ilícito criminal sejam os crimes[542].

---

[540] Cf. EDUARDO CORREIA, com a colaboração de FIGUEIREDO DIAS, *Direito Criminal*, I, reimp., Coimbra, Almedina, 1968, pp. 1-2. A favor da designação "Direito Penal", desde logo se pronunciou FIGUEIREDO DIAS.

[541] Discutindo filosoficamente entre nós o problema das medidas de segurança como um "'desvio' do poder de punir", SOARES MARTINEZ, *Filosofia do Direito*, Coimbra, Almedina, 1991, p. 660 ss..

[542] JORGE DE FIGUEIREDO DIAS, *Direito Penal Português. As Consequências Jurídicas do Crime*, Lx., Aequitas/Editorial Notícias, 1993, p. 98 ss.

218   *Faces da Justiça*

Todavia, temos de convir que esta questão designatória não é, de modo algum, a mais importante. Até porque poderíamos chegar a conclusões mais comprometedoras, se nos puséssemos a confrontar essas páginas introdutórias dos manuais escolares que engrenam em círculo vicioso. Tal foi o que intentou Francisco Puy, tendo concluído (julgamos que não sem um grãozinho de sal) que isso nem sequer tem importância:

> "Se lo mire como se lo mire, queda claro que para los penalistas la ciencia del derecho penal es la ciencia del derecho penal; y que esa tautología se considera suficientemente deshecha con dividir el derecho penal objecto en sus dos especies o modelos, el objectivo y el subjectivo"[543].

Interessa é que não haverá dúvidas de que, se o crime é, do lado dos "tortos", o fenómeno mais relevante nesta área, também no plano das consequências jurídicas que acarreta, a mais decisiva, e, na verdade, a que rigorosamente lhe corresponde, é a pena.

Encaremos teoricamente por um momento o problema sob o ângulo de dois vectores (dois paradigmas fundantes, embora ulteriores ao paradigma constitutivo), que já tivemos ensejo de testar anteriormente, num breve estudo aplicado: a responsabilidade e a culpabilidade[544].

A pena convoca imediatamente os problemas da responsabilidade e da culpabilidade, entre outros motivos pelo facto de que as aludidas medidas de segurança, quando admitidas, apartam efectivamente (ou colocam entre parêntesis) a responsabilidade subjectiva de um sujeito, simplesmente responsabilizado (como que objectivamente, ou talvez melhor: *præter* objectivamente), responsabilizando-o mesmo se não é culpado, ou culpado até àquele ponto (àquela penalização... que não pena *strictu et proprio sensu*). Como bem se sabe, se é verdade que as medidas de segurança se preocupam sobretudo com questões não subjectivas (também no sentido de não ligadas à culpabilidade, por vezes nem sequer à comissão de qualquer facto ilícito), a pena deve ser de algum modo determinada em

---

[543] FRANCISCO PUY, *Topica Juridica*, cit. p. 251.

[544] Cf. o nosso *Responsabilité et Culpabilité. Abrégé juridique pour Médecins*, Paris, P.U.F., 2001.

relação com a infracção penal efectivamente cometida, segundo uma certa culpabilidade. Além de que o crime continuava, nesses sistemas dualistas, a ser uma *conditio sine qua non* para a aplicação da própria medida de segurança, um pressuposto a ela necessário, uma espécie de indício de perigosidade ou situação afim.

E de facto daqui se depreende que as questões da responsabilidade e da culpabilidade entroncam realmente no cerne das questões penais, e daí se exportam para os demais ramos. Seria absurdo aplicar no Direito Penal as perspectivas administrativísticas ou civilísticas sobre estas matérias, embora elas possam iluminar, como que em negativo, a doutrina penalística.

Por isso parece importante retornar à ideia de crime e rever algumas ideias-feitas sobre o mesmo.

Se é certo, e incontrovertível sem dúvida, que a determinação concreta do crime, de cada crime, pertence à lei, lei vigente e positiva, uma forma de direito positivo (pois não há crime sem uma lei penal que determine, ponto, por ponto o seu tipo legal, a sua configuração em pormenor – *nullum crimen sine prævia lege pœnale*), todavia tal comando não pode ser fruto do arbítrio: ligando-se, pelo menos na doutrina dominante, e na generalidade da doutrina portuguesa, às *têtes de chapitres* da Constituição e às imposições constitucionais (designadamente as criminalizadoras e descriminalizadoras[545] – embora as primeiras estejam longe de ser consensuais), e, não menos fortemente a nosso ver, mas mais raramente dito de forma explícita ao menos, a uma instância superior, supra-positiva, que à falta de consensual designação, e até para evitar a proliferação das confusões[546], continuamos a designar por direito natural[547].

---

[545] Cf., entre nós, MARIA DA CONCEIÇÃO FERREIRA DA CUNHA, *Constituição e Crime. Uma Perspectiva da Criminalização e Descriminalização*, Porto, Universidade Católica Portuguesa Editora, 1995.

[546] Cf. RAFAEL DOMINGO, *Confusionismo Jurídico, hoy*, in "Persona y Derecho. Revista de Fundamentación de las Instituciones Jurídicas y de Derechos Humanos ", vol. 30, 1994, p. 113 ss..

[547] Sobre tais problemas designatórios, por todos, e mais recentemente, PERCY BLACK, *Challenge to Natural Law; the Vital Law*, in "Vera Lex", vol. XIV, n.os 1-2. 1994, p. 48 ss.. (cf. na pág. 47 uma apresentação da Directora da publicação: *Criticisms against 'Nature' in Natural Law...*). Elencando as razões das reticências de muitos dos nossos contemporâneos à adopção desta ideia ou desta qualificação, e inteligentemente lhes

Compreende-se que o postulado constitucional da hierarquia das normas, associado à pirâmide normativa kelseniana e ao primado da norma constitucional (coenvolvendo o controlo da constitucionalidade, especialmente quando, pelo menos em parte, concentrado num órgão do tipo Tribunal Constitucional[548]) se projecte poderosamente ao nível penal. Tratamos desse tema, embora de forma mais lata, num pequeno ensaio, a que decidimos chamar, algo provocatoriamente, *A Constituição do Crime*[549], mas cujo subtítulo tudo melhor esclarece: *Da substancial constitucionalidade do Direito Penal*[550].

Esta substancial constitucionalidade, de facto, não é uma subserviência formal à letra da Constituição, antes remete o Direito Penal para a observância directa da Constituição material e do Direito Natural, mesmo para além do texto constitucional ou até, excepcionalmente, contra ele.

Entendamo-nos, pelo menos relativamente aos casos excepcionais mais comuns. Se o Direito Natural não pode, de forma alguma, por contrário à sua natureza, determinar a pena x ou y a atribuir ao Senhor A, ou à Senhora B, se não pode sequer ditar a moldura penal do crime *alpha* ou *omega*, todavia constitui um limite para penas absurdas, injustas, degradantes, vãs, irreais, demasiado longas ou excessivamente curtas, desproporcionadas ao crime, etc., etc... Tal é o que dita a própria natureza das coisas, neste caso a natureza da pena que, ao contrário do que possa ser erroneamente extraído do princípio da tipicidade (*nullum crimen, nulla pœna...*), não é criação autónoma, racionalista e abstracta do legislador, mas tem raízes naturais e extra-jurídicas que lhe moldam um sentido[551].

---

respondendo, JOAQUÍN GARCÍA HUIDOBRO, *Retórica de las Teorías Iusnaturalistas. Reseña de algunos Argumentos*, Separata da "Revista de Derecho" (Coquimbo) 8 (2001), p. 75 ss..

[548] Cf., *v.g.*, ANTÓNIO-CARLOS PEREIRA MENAUT, *Lecciones de Teoría Constitucional*, Madrid, Colex, 1997, máx. p. 283 ss..

[549] Cf. o nosso *A Constituição do Crime. Da substancial constitucionalidade do Direito Penal*, Coimbra, Coimbra Editora, 1998.

[550] Cf. ainda uma síntese dessa problemática in *Identité et Constitutionnalité du Droit Pénal*, in "Essais de Philosophie Pénale et de Criminologie", Paris, Institut de Criminologie de Paris, l'Archer, vol. I, 1999, p. 55 ss..

[551] Cf. , *v.g.*, . MICHEL VILLEY, *Des délits et des peines dans la philosophie du droit pénal classique*, cit, p. 185 ss.. Uma síntese das etapas históricas da pena pode colher-se em FRANCISCO PUY, *Topica Juridica*, cit., máx. p. 260 ss..

Evidentemente que se há limites da *natura rerum* que decorrem de leis lógicas (uma pena não pode ser um prémio: é a primeira que ocorre), outros limites se prendem com a historicidade ou temporalidade e da não-universalidade absoluta não só das penas, do Direito Penal e da sua ciência, como do próprio Direito em geral, e de uma parte do Direito Natural. Com efeito, muito depende (mas não tudo) do grau de evolução da consciência jurídica geral não só da Humanidade como daquele povo em concreto para que se pensa a pena, etc.

Perante a complexidade destas questões, mesmo a um nível de que alguns reclamariam certezas apodícticas, dogmas absolutos, eternos ou intemporais e universalmente aplicáveis (o que só poderá acontecer num número muito contado de casos), opta-se normalmente por não colocar tais questões. E daqui resulta aquela petição de princípio costumada em definições nas ciências sociais, que repetidamente acabam por dizer que... a ciência X é o que os cientistas da mesma fazem... Argumento da pescadinha de rabo na boca... (ou *au désespoir*... como agora alguns chefes dirão...)

Na senda dessa *epochê* das discussões essenciais, surgem alguns paradigmas dogmáticos de certa forma perigosos a propósito do Direito Penal, do crime e da pena.

Diz-se assim, frequentemente, que o crime é um facto ou uma conduta de um agente (ou criminoso) que cumula certos requisitos: a referida conduta é ilícita, típica, e culposa[552].

Ilicitude, tipicidade e culpabilidade, associadas assim, explicam verdadeiramente muito pouco do que seja o crime em si mesmo, quer numa perspectiva naturalística, quer numa dimensão social, quer ainda num plano axiológico.

Além do mais, tem-se evoluído da tríade (que classicamente começava na tipicidade, aliás) para uma díade apenas: tipo de ilícito e culpa. Os requisitos são, obviamente, cumulativos, e a síntese dos dois primeiros parece ser um progresso, até na medida em que a ilicitude é a primeira dimensão. Claro que se trata de um ilícito com uma característica (que lhe é conatural, aliás): é um ilícito encerrado na tipicidade. A esta dimensão acresce a culpa.

---

[552] Cf. uma brevíssima explanação, utilizando esta perspectiva tripartida no nosso *Responsabilité et Culpabilité*, p. 32 ss..

Não podemos, porém, *brevitatis causa*, entrar aqui por esse problema fascinante da dogmática que coloca em causa o problema das relações entre a ilicitude e a tipicidade, as quais parecem ser como que os dois rostos do Janus objectivo do crime (ou elemento material), sendo a culpa a sua dimensão subjectiva (ou *elemento moral*)[553].

2. Os Paradigmas contemporâneos

Uma nova perspectiva faz intervir no conceito de crime novos paradigmas. Ou, pelo menos, uma nova malha de paradigmas nem todos novos, mas que passam a explicar-se por referências recíprocas num todo com alguma coerência interna: legislador penal, bem jurídico-penal, dignidade penal, necessidade penal. Numa síntese das sínteses se diria, assim, que o crime é o que o legislador penal decide como tal considerar, tendo em consideração as imposições constitucionais à criminalização e à descriminalização, as quais, conjuntamente com um fundo penal mais estável e intocado, já protegem os grandes bens jurídico penais autónomos ou específicos (ou seja, que se revelem tão importantes que alcancem dignidade penal) e apenas se a necessidade penal (matéria, segundo cremos, que entrará num terreno misto de direito e política criminal) o obrigar.

Importa, assim, explicitar um pouco melhor esta malha conceptual e legitimadora do direito de punir[554]. E antes de mais pelo esclarecimento dos termos invocados.

---

[553] Para mais desenvolvimentos, cf., recentemente, JORGE DE FIGUEIREDO DIAS, *Temas Básicos da Doutrina Penal. Sobre os Fundamentos da Doutrina Penal. Sobre a Doutrina Geral do Crime*, Coimbra, Coimbra Editora, 2001, p. 220 ss.. Mas consultar designadamente já JORGE DE FIGUEIREDO DIAS, *Sobre o Estado Actual da Doutrina do Crime*, "Revista Portuguesa de Ciência Criminal", ano 1, n.º 1, Janeiro-Março 1991, p. 40 ss..

[554] Sobre o direito de punir, cf., *v.g.*, MAURICE CUSSON, *Pourquoi punir?,* Paris, Dalloz, 1987.

2.1. O Legislador penal

Quem é o legislador penal?

Esta entidade um pouco mítica poderia ser identificada, *prima facie*, com o próprio legislador *tout court*, ou seja, quer uma assembleia legislativa, quer o próprio governo no exercício de funções legislativas, próprias ou delegadas. E contudo a especificidade penal intriga-nos.

Encurtando razões, e dizendo o que toda a gente sabe, importará antes de mais dizer que quem legisla em matéria penal (como aliás noutras, mas disso não curaremos aqui e agora) não será verdadeiramente o conjunto do corpo legislativo, nem todos os ministros que assinem os respectivos diplomas. As soluções chegam-lhes preparadas, quer por comissões de notáveis (juízes, especialistas, professores, sociólogos: e da composição de tais comissões tanto depende, não só quanto à filiação profissional dos seus membros como quanto à sua pessoal cosmovisão), ou por sábios ou especialistas singulares (embora, neste caso, tal pareça ocorrer cada vez mais raramente, sobretudo para legislação de tomo) a quem se encomendam trabalhos preparatórios, por vezes mesmo um anteprojecto...que pode ser até de um Código, e de um Código Penal.

Em grande medida (embora tal seja certamente difícil de admitir ou confessar), a maior parte dos governos e das respectivas maiorias parlamentares governa pouco em matéria penal. Governa pouco e legisla pouco. Não só, felizmente, a inflação normativa não chegou ainda tão fortemente a este ramo como aos demais, mas também pela referida dependência relativamente a entidades exteriores ao pessoal político-institucional. Salvo algumas indicações gerais (e subversíveis na prática das medidas) que relevam sobretudo da propaganda – como, por exemplo, quando pretendem mover campanhas de popularidade e/ou identidade "ideológica" ou "pragmática" de combate ao crime, pela defesa da lei e da ordem (*law and order*), etc. -, o uso é deixar-se muita mão livre à doutrina jurídica. E poderia assim quase dizer-se que, descontados esses arroubos de rigorismo (ou os de humanitarismo, de sentido contrário: pois o laxismo é normalmente mais prático que legislado, embora também o possa haver...), as leis penais são sobretudo fruto de lutas doutrinais, melhor, da prevalência de uma doutrina sobre as demais num dado tempo e lugar.

O legislador *tout court* (aquele que era por vezes invocado quando, sem complexos, se fazia uma justificação do Direito Penal através da ética fundamental de uma comunidade) era visto como algo de mais político, parece... Mas era, mesmo assim, relativamente pouco invocado... Agora, parece haver poucas dúvidas sobre quem é, no fundo, o legislador penal: é, na verdade, o Professor de Direito ou um conjunto de Professores de Direito Penal, plausivelmente mais próximos de cada governo, que decide da mutação da lei penal. O Professor de Direito pode ser substituído por um Magistrado de prestígio ou de confiança. Parece menos comum o encargo a Advogados, ou, pelo menos, não será tão do domínio público.

Antes de mais, deve dizer-se que este facto constitui uma grande vantagem face à identidade do legislador em muitos domínios: muitas vezes se tratando de um obscuro funcionário de um ministério, nem sempre brilhante, ilustrado, previsor, ou sequer dotado da necessária técnica legislativa.

Por outro lado, há excepções, embora não possamos renunciar àquela ideia como hipótese de trabalho. Insistamos: não é necessariamente mau que assim seja. Nem necessariamente anti-democrático. Na realidade, esta confiança depositada pelos políticos nos jurisprudentes pode constituir ou uma prova de grande maturidade e sabedoria, ou uma pura e simples demissão do seu papel. Depende da qualidade e das intenções de uns e de outros. Pode ser um grande erro confiar um Código Penal a um professor com ideias utópicas, mas tal pode constituir, ao invés, uma medida sábia, expedita e económica se se tratar de alguém sóbrio, competente, inteligente...com intenção e capacidade de consagrar princípios acertados em normas bem feitas.

Em todo o caso, os corpos políticos deveriam possuir sempre a sabedoria de compreender que o equilíbrio entre as componentes jurídicas e políticas da lei[555] (e sobretudo de uma lei tão importante como a lei penal) é muito complexo. Numa grande medida, a única purificação ou isolamento (o *Isolierung*[556] alemão) a que o direito pode aspirar alcançar é

---

[555] Sobre a questão, para a lei em geral, *v.g.*, LUIGI LOMBARDI-VALLAURI, *Corso di Filosofia del Diritto*, Cedam, Padova, 1978, nova ed., 1981, *passim*; JAVIER HERVADA / JUAN ANDRES MUNOZ, *Derecho. Guía de los Estudios Universitarios*, Pamplona, EUNSA, 1984, p. 110 ss. (há ed. portuguesa Porto, Rés, s/d.).

[556] A expressão parece dever-se a F. SCHULZ, *Prinzipien des roemischen Rechts*, Berlim, 1954, *apud* YAN THOMAS, *Mommsen et l'"Isolierung' du Droit* (Rome, Allemagne et l'État), Paris, diff. Boccard, 1984, p. 1 n. *.

uma certa autonomia face à política. Tal foi o projecto dos romanos. Tratava-se, com efeito, de fazer durar as regras do jogo social independentemente da sorte do poder político. Se o *vae victis* for sempre pronunciado, mesmo em matéria penal, não poderá existir nem segurança pessoal nem verdadeira cidadania. Se um governo ou a sua maioria muda abundantes regras e substitui muitos funcionários, terá de contar que o seguinte virá a fazer pior. E a "viradeira" não terá fim. Além disso, esse procedimento é profundamente injusto e inoperante. Porque, se pode haver matérias ideológicas a mudar (e mesmo assim com paciência e prudência), nem todas as normas serão inadaptáveis a um novo estado de coisas, tal como nem todos os antigos funcionários serão necessariamente infiéis. Acresce que o tempo de pôr em marcha novos rostos e novas regras é tempo perdido.

Mas no domínio penal esta mania da mudança por razões políticas (a que não é alheia a vaidade pessoal de cada ministro que deseja posar para a história como grande legislador...só que de mais uma lei efémera) seria catastrófica, é catastrófica quando existe. O novo governo e o novo parlamento não podem fazer e desfazer o que é crime do dia para a noite.

Em Portugal, em que um referendo popular disse *não* a uma descriminalização do aborto, já as forças políticas derrotadas de novo propuseram o agendamento da matéria ao parlamento; mesmo no partido do governo o problema se pôs, e há quem considere que o período de nojo de um referendo deste melindre é de apenas uma legislatura. Quer dizer, na próxima legislatura, os deputados terão poderes para transformar tal crime em não-crime. Na verdade, porque não os têm já? – cabe perguntar.

Entretanto, pode-se criticar o excessivo elitismo do procedimento de elaboração de certas leis penais. A demissão dos deputados relativamente a muitos aspectos do crime é de lamentar. Mas quando, por vezes, se assiste a debates públicos sobre diversas questões deste género, como as que em Portugal se verificaram e continuam sobre a pena de prisão perpétua, o aborto, ou a eutanásia, ficamos com um veemente desejo de ouvir apenas discutir especialistas, especialistas de direito, de criminologia, e sendo todos Humanistas. Porque um especialista que não seja um humanista, sobretudo nestas matérias, será pouco menos ou pouco mais que uma monstruosidade, e uma monstruosidade socialmente perigosa. Dessas para as quais foram criadas as medidas de segurança...

Isto porque a qualidade dos debates e a demagogia dos argumentos falseiam profundamente todos os dados da questão.

Chegados a este ponto da análise, podemos já distinguir entre dois tipos de legislador penal: o objectivo (que é certamente em quem pensaria a doutrina que originariamente cunhou tal categoria), confundindo-se com os órgãos que, constitucionalmente, têm legitimidade para legislar nesta matéria; e o subjectivo, que é encarnado por quem redige as leis e os decretos-leis, ou quem profundamente lhes inspira o sentido. Seja quem for no plano institucional.

As razões de que se mune o legislador penal subjectivo, o real legislador penal, para convencer o legislador penal objectivo (governo, assembleias) e a opinião pública, são diversas. Embora nem sempre ele tenha que convencer todos. Nem durante o tempo todo (acrescentariam, malevolamente, alguns...).

É provável que o legislador penal subjectivo utilize os tópicos mais correntes no Direito, escolhendo, naturalmente, os mais adequados aos ventos dominantes do momento. A panóplia de tópicos é imensa (em Direito quase tudo funciona como tópico). Os principais foram sintetizados por Francisco Puy: natureza, história, divindade, experiência, humano, ciência, evolução, justiça, sociedade, estado, etc.. Estes tópicos tornam-se argumentos.

O legislador é, assim, ao mesmo tempo livre e não-livre.

Mas uma coisa é certa, e com ela temos de contar: o legislador penal não mais se encontra submetido a valores éticos da sociedade (ou a preconceitos, no dizer de alguns). E frequentemente o procedimento (à Luhmann[557]), o consenso (à Habermas[558] ou à Rawls[559]) ou outros discursos

---

[557] NIKLAS LUHMANN, *Legitimation durch Verfaheren*, 2.ª ed., Neuwid, 1975 (trad. bras.: *Legitimação pelo procedimento*, Brasilia, Ed. Univ. Brasília, 1980).

[558] Cf., desde logo, os seus mais antigos estudos, que fizeram a sua fama: JÜRGEN HABERMAS, *Der Universalitaetsanspruch der Hermeneutik,* Frankfurt, Suhrkamp, 1971; Id, *Erkenntnis und Interesse*, 1965 (*Connaissance et intérêt*, trad. fr., Paris, Gallimard, 1976); Id., *Faktizität und Geltung. Beiträge zur Diskurstheorie des Rechts und des demokratischen Rechtsstaats*, 3.ª ed., Frankfurt am Main, Suhrkamp, 1993 (1.ª 1992); Id., *La necesidad de revisión de la izquierda*, trad. cast., Madrid, Tecnos, 1991; Id., *La reconstrucción del materialismo histórico*, trad. cast., Madrid, Taurus, 1981; Id., *Mudança estrutural da esfera pública*, trad. bras., Rio de Janeiro, Tempo Brasileiro, 1984; Id., *O Discurso Filosófico da Modernidade*, trad. port., Lx., Dom Quixote, 1990; Id., *Profils Philosophiques et Politiques*, trad. fr., nova ed., Paris, Gallimard, 1990; Id., *Técnica e*

legitimadores[560] tomaram no seu espírito e nas suas palavras o lugar da consciência axiológica geral[561].

O legislador penal está, hoje, bem longe de ser um daqueles legisladores míticos primordiais que fundavam as Cidades e as dotavam de leis duráveis e plenas de sabedoria. A figura retórica do legislador penal impõe, é certo, algum respeito. Mas a legislação penal nem sempre o firma. E como as árvores se avaliam pelos frutos, esgrimir o tópico do "legislador penal" acaba por perder ressonância e passar a ser, denotativamente, uma coisa bem perigosa e bem pouco legitimante: quem tem poder para editar comandos legislativos. Mesmo que sejam simples *ukases*.

2.2. A Constitucionalidade do Direito Penal

O segundo grande paradigma a considerar respeita ao papel do Direito Constitucional na conformação do Direito Penal[562].

Se se aceita o primado do Direito Constitucional, esta dimensão da constitucionalidade do Direito Penal será muito mais compreensível. Sabemos, aliás, ser hoje a posição dominante na doutrina. Por consequência, os

---

Ciência como 'Ideologia', trad. port., Lx., edições 70, 1987; Id., *Téorie et pratique*, trad. fr., Paris, Payot, 1975, 2 vols.; Id., *Theorie der Gesellschaft oder Sozialtechnologie*, Frankfurt, Suhrkamp, 1971; Id., *Theorie des kommunikativen Handels*, Frankfurt, Suhrkamp, 1981, 3.ª ed., 1985 (trad. fr. de Jean-Marc Ferry, *Téorie de l'agir communicationnel*, I. *Rationalité de l'agir et rationalisation de la société*, Paris, Fayard, 1987.

[559] O grande livro do autor é ainda JOHN RAWLS, *A Theory of Justice*, Cambridge, Mass., Harvard Univ. Press, 1971.

[560] Sobre o discurso legitimador em geral, entre nós, cf. o clássico JOÃO BAPTISTA MACHADO, *Introdução ao Direito e ao discurso legitimador*, reimp., Coimbra, Almedina, 1985. Cf. ainda, de entre inumeráveis, JEAN-PIERRE COMETTI, *Argumentação e Legitimação*, in "Crítica. Revista do Pensamento Contemporâneo", n.º 8, Abril 1992, p. 55 ss.; ENRIQUE OLIVAS, (org.), *Problemas de legitimación en el Estado social*, Madrid, Trotta, 1991.

[561] Sobre estes três autores e seus críticos, cf. o nosso *Constituição, Direito e Utopia*, p. 409 ss..

[562] Cf. KLAUS TIEDEMANN, *Verfassungsrecht und Strafrecht*, Heidelberg, Mueller, 1991; e os nossos, *Identité et constitutionnalité du droit pénal*, in *Morale et Criminalité. Essais de Philosophie Pénale et de Criminologie*, vol. I, Paris, l'Archer, 1999, p. 55 ss.; *A Constituição do Crime*, Coimbra, Coimbra Editora, 1998.

problemas que vimos não haverem tido resposta cabal com o mecanismo legitimador do "legislador penal" acabam por ser recambiados para o Direito Constitucional. Remetendo a questão para uma instância superior, a filosofia penal não quer dar a entender que lava as mãos como Pilatos, mas que o Direito Penal nada mais pode fazer que assumir o seu papel: dependente da Constituição. Em última instância, o Direito Penal não faria senão actualizar, segundo uma racionalidade e princípios próprios, é certo, as máximas (mesmo penais, e há muitas) do Direito Constitucional.

Assim, a questão de saber o que é o crime parece pôr-se, neste nível de constitucionalização, sobretudo no que concerne as imposições constitucionais à criminalização e à descriminalização. A Constituição conteria um conjunto de princípios que seria necessário ter em conta nestas importantes modificações da ordem jurídica penal. E, antes de mais, não se esqueçam normas de processo penal, a defesa de direitos fundamentais com atinências penais, etc.

Parece óbvio que não pode o legislador penal definir como crime condutas conformes aos princípios da Constituição. Não pode proibir o que ela permite. Por exemplo, na vigência de uma Constituição escrita consagradora da liberdade de consciência e de religião, não se poderá jamais criminalizar (ou sequer proibir: mas isso já não é matéria penal propriamente dita) a conduta de um médico que venha a invocar a objecção de consciência para não provocar um aborto ou para não matar alguém num processo de "eutanásia", ou para não realizar manipulações genéticas contrárias à sua consciência pessoal, deontológica, ética ou religiosa.

Retomando os mesmos exemplos (apesar da polémica que possam suscitar), uma Constituição que garanta expressamente o direito à vida parece dever, da mesma forma, e para ser consequente, obrigar à criminalização de todas as condutas que ponham a vida em perigo, designadamente a dita "interrupção voluntária da gravidez", eufemismo politica e socialmente correcto que mostra a má consciência de quem não quer *chamar o nome aos bois*, e teme pronunciar a palavra "aborto".

Mas estes dois grupos de exemplos, tão polémicos, dão-nos bem a ideia do nível de criação jurídica necessário para da Constituição formal extrair, por dedução, por raciocínio (o que nem sempre é fonte de clarividência), o que sejam imposições de criminalização e, pelo menos, interdições de criminalização. E, evidentemente, a polémica não ajuda nada a ver clara a hierarquização de princípios e normas, embora seja utilíssima para evitar leviandades, tanto no sentido de criminalizar como no de descriminalizar. Assim se interpretem bem os sinais das polémicas.

De todo o modo, nem tudo é nebuloso e sujeito a guerra ideológica e doutrinal. Há hoje matérias quase consensuais, como, por exemplo, numa constituição democrática, a impossibilidade de criminalizar aquilo a que se chamaria antes "crimes" ou "delitos" "de consciência", e, em contrapartida, a necessidade de criminalizar os abusos de liberdade de expressão. E precisamente um princípio é o limite do outro... E embora se possam ficcionar situações delicadas, não será excessivamente irrazoável obter um equilíbrio. Sem susceptibilidades de *prima dona* por parte de quem é criticado ou até satirizado, e sem excessos de grosseria e difamação por parte de quem critica ou satiriza – por exemplo.

O fundamental, neste paradigma, é que a Constituição funciona também como um *écran* de defesa (ou de fumo) para o legislador penal. Atrás dessa muralha pode refugiar-se, alegando sempre que não pode senão conformar-se com as determinações e imposições constitucionais, especialmente presentes nas "têtes de chapitre" do texto da lei das leis.

Todavia, seria preciso questionar por que razão e com que legitimidade a Constituição sugere ou obriga à criminalização desta ou daquela conduta. O que nos coloca na senda do problema da legitimidade da Constituição formal. Porque, se estivéssemos a falar das determinações penais colhidas na Constituição material, então estaríamos já a retomar, por outra via, a teoria que encara o Direito Penal como defensor dos valores éticos mais preciosos para uma comunidade concreta. E naturalmente entrariam aqui em consideração não apenas elementos de sociologia jurídica como de Direito Natural.

2.3. O Bem jurídico-penal.
Referência ao direito penal como ultima ratio

A terceira figura a ter em consideração é a do bem jurídico-penal. Não é, em si, um paradigma radicalmente novo, mas acaba por sê-lo no seu hodierno uso, associado ao princípio da *ultima ratio* ou de algum modo como que densificando esse princípio.

Podemos ir buscar as raízes da teoria mais remotamente a Birnbaum, em 1834, e uma precisão jurídico-dogmática do conceito a Karl Binding[563]. Todavia, a teoria do bem jurídico-penal viu-se associada, sobretudo nos anos sessenta do séc. XX, a todo um movimento de a-moralização do direito penal, que veio a ter consagração legal nos tempos subsequentes. Tratava-se de, numa perspectiva global de um direito penal virado para os resultados (o que corresponde a uma pragmatização dos seus pressupostos) abandonar a protecção de finalidades escatológicas ou colectivas (morais, como os "bons costumes" ou sociais, como a "saúde pública" ou económico-financeiros, como o "funcionamento do mercado de capitais"[564]) para a centrar na pessoa, entendida ela sobretudo nos seus interesses primários, numa perspectiva até restritiva e individualista. Neste contexto, os bens jurídico-penais passam a restringir-se a uma perspectiva garantística, suspeita até para alguns de mais garantidora dos direitos dos arguidos que das vítimas. Mas tal risco teria certamente de correr-se, porque são estes quem mais pode ficar lesado em efectivos direitos na máquina por vezes kafkeana das malhas policiais e processuais penais. E os bens tutelados, embora sob um outro ângulo, e sob a ameaça de mais concretizadas ameaças, acabam muitas vezes por ser os bens constitucionalmente consagrados: *lato sensu*, são os direitos, liberdades e garantias[565].

A auto-restrição de conteúdo dos bens jurídico-criminais não é a única inovação. Ela encontra-se associada a uma cláusula modal que condiciona a sua entrada em acção: mesmo que haja um bem jurídico-penal em presença, ele só será tutelado jurídico-penalmente se tal for a única solução possível, se nenhuma outra forma de resolução do problema puder ter êxito. É o que significa o princípio da *ultima ratio*.

Será neste sentido, e neste sentido apenas, que se torna intelectualmente legítimo, nos tempos conturbados em que vivemos, perguntar se poderá encarar-se a própria descriminalização do consumo e tráfico de

---

[563] Cf., criticamente, *v.g.* RAFAEL DOMINGO, *Op. cit.*, p. 118 ss..

[564] Os exemplos são propositadamente colhidos em WINFRIED HASSEMER, *Op. cit.*, p. 43.

[565] Encarando o direito penal futuro essencialmente como uma forma entre outras de controlo social, exercendo uma função instrumental, e visando a garantia dos direitos fundamentais, IVETTE SENISE FERREIRA, *Visão do Direito Penal Moderno*, in "Justiça Penal", n.º 7, coord. Jaques de Camargo Penteado, São Paulo, Editora Revista dos Tribunais, 2000, p. 455.

droga como forma de, decretada a derrota do Estado e da comunidade internacional face aos cartéis, os vir a derrotar pela mão invisível do mercado, ainda que à custa da desprotecção do cidadão comum, e sobretudo do adolescente.

Será que o Direito Penal é a última solução? Tal é a pergunta. Como o foi para a descriminalização, em vários países, de muitos dos antigos crimes sexuais, e até do aborto (crime contra a vida)[566].

Porém, há que distinguir, e precisar. Se bem que o Direito Penal tenha bens jurídicos próprios, afeiçoados à sua própria autonomia, não pode ele contrariar nem o Direito Natural nem (nisto haverá maior acordo) os bens jurídico-constitucionais. E de novo não temos como sair da velha teoria de um Direito Penal como tutela dos bens eticamente mais caros a uma comunidade em concreto.

Tal remete-nos para uma nova tríade de paradigmas, que já estava a apelar a nossa atenção desde que associámos o bem jurídico penal ao princípio da subsidiariedade penal, através da ideia de *ultima ratio*. Mas vamos por partes, com a consciência embora de que todos estes paradigmas se imbricam, e que falar num implica, desde logo, pressupor todos os outros, pois se trata de um sistema, de um todo indissociável.

2.4. Dignidade, Necessidade e Oportunidade Penais

Trata-se de mais uma nova fórmula para colocar velhos problemas.

A ideia de dignidade penal entronca na própria ideia (infelizmente a perder terreno no Direito em geral, tomado que foi de uma fúria hiper-reguladora) de limitação do campo de acção desse fenómeno cultural que é a juridicidade.

Há coisas que, no mundo dos Homens, na sociedade, devem ser deixadas ao seu directo e não jurídico alvedrio. Como sabemos, ou devería-

---

[566] A questão está em saber se o fim da proibição faz descer ou subir tais crimes. Nos casos referidos, parece que não. Mas não é só disso que se trata no caso da droga. E para a protecção da propriedade, que os consumidores atacam, há muitos que estão dispostos a sacrificar princípios, e a expor os incautos. Porém, sempre também se dirá que a propaganda insidiosa dos passadores de hoje terminará com o consumo e a venda livres. Tudo fará esperar grandes campanhas de *marketing*... Entramos num círculo vicioso...

mos saber, há coisas que são menores que o Direito, e que carecem de dignidade jurídica por defeito (*de minimis non curat prætor*), outras que a não têm por excesso (a divindade ou o amor não podem ser alvo de relações jurídicas[567]), e outras que a não possuem por se encontrarem afectadas a outra especialidade humana (não se regulam as trajectórias dos cometas, nem outras leis da natura, assim como a moral, a religião, o trato social e outras ordens sociais normativas se furtam, ou deveriam furtar, à regulação do Direito).

O direito penal comunga dos limites do direito em geral, mas é ainda mais exigente nos seus próprios.

Até hoje, e se descontarmos alguns períodos celerados, o Direito Penal tem *tant bien que mal* conseguido, no mundo ocidental, defender-se da invasão das coisas pequenas. Sendo o direito da vida e da morte[568] – apenas a ele sendo possível hoje decretar a morte de alguém –, da liberdade e da clausura ou da servidão legal forçada – de que igualmente possui hodiernamente o monopólio legal –, o Direito Penal não pode, e não deve, preocupar-se com assuntos de pouca monta.

A dignidade penal de uma matéria é assim o reconhecimento da sua importância jurídica e jurídico-penal (na perspectiva da tutela de específicos bens jurídico-penais), logo, decorre também de um juízo sobre a pertença da questão ao mundo das coisas penais, ou seja, da reprovação jurídica mais grave que os actos humanos podem ter.

---

[567] Sobre as relações entre este último e o Direito, assim sintetiza o sábio filósofo ALAIN, *Idées. Introduction à la Philosophie. Platon, Descartes, Hegel, Comte*, Paris, Flammarion, 1983 (1.ª ed. 1939), p. 282: "L'amour, comme on l'a compris, est profondément étranger à l'idée de droit. Il faut même dire que le rapport de deux libertés, qui est le rapport de personne à personne, est toujours profondément troublé, pour ne pas dire offensé, par les contrats publics que la société impose". E avança uma premissa que, mesmo não sendo ontologicamente verdadeira, o parece ser fenomenologicamente, pelo menos em muitos casos: "Il faut comprendre ici que le droit n'est point né de la dignité des personnes, mais bien plutôt de la valeur des choses er des règles de l'échange. C'est de là qu'il remonte aux personnes, comme il est naturel". Cf. ainda, *v.g.*, PANAYOTIS DIMAKIS (ed.), *Éros et Droit en Grèce classique*, Colónia/Viena/Paris, Böhlau / Les Belles Lettres, 1998.

[568] Cf. os nossos *Droit Pénal, Droit de Mort*, "Revue Internationale de Philosophie Pénale et de Criminologie de l'Acte", n.º 3-4, Paris, 1992-1993, p. 103 ss., e *Arqueologias Jurídicas. Ensaios jurídico-humanísticos e jurídico-políticos*, Porto, Lello, 1996, p. 47 ss..

Mas a dignidade penal não é suficiente para que uma conduta possa ser criminalizada, para que se reverta a um tipo legal de crime. É ainda necessário um juízo cumulativo de necessidade penal, e ainda, agora já mais na perspectiva da política criminal, que se aproxima e passa a integrar cada vez mais o novo direito penal "de consequências", importa ainda que uma hipotética penalização da conduta em apreço passe pelo teste da oportunidade penal.

Isto significa que, em abstracto ao menos, um bem jurídico poderia encontrar-se dotado de uma grande dignidade penal (mesmo se já conformada a noção pelo filtro amoralista referido *supra*), mas não reclamar, ao menos num certo *hic et nunc*, uma efectiva necessidade de punição.

Em 2001, um país da América Latina descriminalizou a bigamia com a justificação de que o crime tinha perdido expressão estatística. Estamos em crer que, a acreditar nas razão aduzida, este será um caso de desnecessidade penal.

Outro caso é o da oportunidade, que, por vezes, será um tipo de desnecessidade, talvez mais pontual, ou que se não acredita ser irreversível. Como que a desnecessidade assinalasse uma espécie de vacina para o flagelo criminoso, e a inoportunidade uma trégua alopática dada à doença... esperando uma qualquer reacção espontânea do organismo social.

De entre os que advogam a liberalização da droga, alguns encontrar-se-ão neste ponto teórico. Quando se afirma que a punição é impotente, que os seus efeitos laterais são catastróficos, que o consumo baixará com a legalização, por vezes não se questiona teoricamente o crime em si; apenas se reconheceu que o *gang* era mais forte que a esquadra, e que mais vale evitar assaltos que proteger a saúde pública. Relembremos os exemplos que colhemos em Hassemer a propósito do bem jurídico: a propriedade privada é bem jurídico-criminal, a saúde pública parece não o ser, pelo menos para alguns[569]. Todavia, o laxismo perante este problema poderá tocar o valor dos valores: a vida, e logo a seguir (ou antes[570]) a dignidade da pessoa humana. Pode o Estado fechar os olhos a um comércio que contribui tão poderosamente para o esboroamento da dignidade pessoal e tão facilmente redunda na morte do consumidor?

---

[569] WINFRIED HASSEMER, *Op. cit.*, p. 43.

[570] Discutindo se o mais valioso é a vida se a dignidade, *v.g.* o nosso *Teoria da Constituição, II. Direitos Humanos. Direitos Fundamentais*, Lx., Verbo, 2000, p. 285 ss..

Evidentemente, há também, ao lado dos generosos, advogados da liberalização que negam mesmo a dignidade penal destes comportamentos (levando ao extremo o individualismo hedonista), porque partilham essa nova fé cega na virtude do mercado, e professam uma liberdade pessoal libertina, para a qual homem é, mais que uma ilha, um náufrago em desespero, ao qual tudo é permitido... "desde que não prejudique os demais náufragos"...

Mas esse é já outro problema.

O importante é, no plano teórico, apercebermo-nos de que por vezes se considera que não é necessário ou que não é mais necessário criminalizar uma certa conduta, que, todavia, se poderia pensar, à luz de um Direito Penal ontologista ou de pura retribuição, carregada de dignidade penal.

Por exemplo, em Portugal o incesto não é crime autonomamente considerado. Talvez se haja pensado que a malha punitiva existente era bastante, ou que a criminalização autónoma de uma conduta tão contrária aos próprios tabus universais da espécie, mas ao mesmo tempo tão "privado" poderia acarretar mais males que remédios. Quem sabe? Evidentemente, no nosso mundo relativista e cego a valores, e até às realidades mais patentes da antropologia, há também quem negue dignidade penal a tal matéria, argumentando com o consentimento livro de adultos responsáveis, pelo menos se estéreis. O mesmo, porém, não pensava, por exemplo, um Leonardo Coimbra, analisando a situação soviética a este propósito[571]... Mas quem se lembra de Leonardo, e quem se lembra da Rússia soviética?

A oportunidade penal, por seu turno, não lida somente com complexos algoritmos de política criminal, que, no limite podem ser profecias condenadas ao fracasso. Tem também uma dimensão de tangibilidade e uma preocupação de eficácia bem avaliáveis. Do mesmo modo que, nos direitos reais, o regime das águas no deserto e na Suécia (para usar um símile conhecido) não pode ser o mesmo, e que a importação das leis navais de Maximiniano para um México sem marinha resultaram em cómico, também as leis antiterroristas num país sem terrorismo ameaçam a gente comum, ou, inversamente, a desprotecção em locais de agitação

---

[571] LEONARDO COIMBRA, *Obras de...*, p. 911.

deixa a população à mercê de bandidos. Uma medida criminalizadora ou descriminalizadora ou de passividade que não tenha em atenção a oportunidade no tempo e no lugar pode ser criminógena.

Apenas um exemplo: sabe-se bem como os suicídios se reproduzem por imitação. Uma lei proibindo e até criminalizando a vinda a público de obras literárias ou artísticas que possam sugerir o suicídio (e sabe-se bem quantos ocorreram na sequência da leitura de *Werther,* de Goethe... embora em tempos românticos) pode favorecer a conduta que visa evitar. Infelizmente, estas ideias (de absoluta inoportunidade penal) não são simples ficção.

2.5. A Subsidiariedade e o Simbolismo do Direito Penal

As ideias de dignidade, de necessidade e de oportunidade penais andam associadas a uma concepção bastante razoável e de louvar: como vimos, ligam-se ao princípio do direito penal como *ultima ratio*, como medida de último recurso, submetido ao princípio da intervenção mínima (ou até minimalista). Poder-se-á assim considerar que este traço característico do Direito Penal é uma manifestação do princípio da subsidiariedade[572].

O Direito Penal surgiu da secularização dos aspectos mais sacralizados (e por isso simbólicos, ritualísticos[573] e também estigmatizadores e até infamantes) do Direito em geral. É verdade que o movimento de humanitarismo penal, sugerido já por Voltaire e propagado pelo marquês de

---

[572] Cf., *v.g.*, MAINWALD, *Zur fragmentarischen Charakter des Strafrecht*, in "Festschrift für Reinhardt Maurach (zum 70 Geburtstag)", Karlsruhe, C. F. Müller, 1972; ARTHUR KAUFMANN, *Subsidiaritätprinzip und Strafrecht*, in *Strafrecht zwischen Gestern und Morgen. Ausgewälte Ausätze und Vorträge*, Köln et al., Carl Heymanns, 1983.

[573] Cf., recentemente, ANTOINE GARAPON, *Bien Juger*, Paris, Odile Jacob, 1997, trad. port. de Pedro Filipe Henriques, *Bem Julgar. Ensaio sobre o Ritual Judiciário*, Lx., Instituto Piaget, 1999. Novos ritos estão também tomando caminho, como, por exemplo, os referidos por GEMA VARONA, *Restorative Justice: New Social Rites within the Penal System?*, Oñati, Oñati Master's Tesinas, Oñati International Institut for the Sociology of Law, 1996. Mais classicamente, e em geral, FRANCO CORDERO, *Riti e sapienza del Diritto*, Roma/Bari, Laterza, 1985.

Beccaria no seu célebre *Dos delitos e das penas*[574] (embora precedido em alguns aspectos pela obra do juiz português quase desconhecido, mesmo em Portugal, Manuel José de Paiva), tenha suavizado tamanha dureza. Mas basta observar o terrível sofrimento dos condenados (salvo esses insensíveis que parece não sentirem nem a infligir nem a receber horrores), basta ver apenas o sofrimento angustiado dos que se sentam no bando dos réus (e tantos são inocentes, ou pelo menos não tão culpados quanto se pena) para se compreender que o Direito permanece um Direito de dor, dor profunda e estigmatização. Diríamos, e com um sentido mais vasto: um direito de simbolização.

Ora é precisamente este aspecto que, directa ou indirectamente, muitos novos movimentos da doutrina penal visam fazer desaparecer. Esta ideia abraça inusitadamente uma outra, tradicional, na medida em que a filosofia jurídica portuguesa mais genuína sempre concebeu o Direito como amor e não como pena. Estamos, porém, perante uma coincidência fortuita, e não se trata bem da mesma coisa.

Em todo o caso, por caminhos diversos se chega a um Direito Penal plenamente laico, sem estigmatização, que condena o erro em concreto e não a pessoa que o cometeu, preservando-lhe a dignidade, respeitando-a. E, pelo princípio da subsidiariedade, alcançamos um Direito Penal que, mesmo assim, só intervém como último recurso, se todas as medidas e instâncias jurídicas presumivelmente se revelarem inaptas à resolução do problema.

Esta ideia de *ultima ratio* e a perda do seu ancestral carácter infamante constituem progressos civilizacionais notáveis. O único problema seria o de saber se tudo isso não virá a acarretar como consequência o próprio perecimento do Direito Penal. Talvez um novo tipo de direito esteja, em seu lugar, prestes a nascer. Provavelmente. E talvez não seja pior...

O princípio da subsidiariedade do Direito Penal liga-se, como sugerimos já, à subsidiariedade geral do próprio Direito, salvo em matérias que, de uma forma politicamente muito incorrecta, diríamos de soberania. Salvo em casos de sobrevivência e de autonomia da comunidade política, todo o Direito é (ou deveria ser) subsidiário de outras formas de composição de conflitos. Evidentemente, na condição de que tais fórmulas, a

---

[574] CESARE BECCARIA, *Dei delitti e delle pene,* trad. fr., *Des délits et des peines*, Paris, Flammarion, 1979 (há trad. port. da Fundação Calouste Gulbenkian).

que o Direito é alternativa[575], efectiva e pacificamente resolvam os problemas.. E a questão é a de saber se, na nossa sociedade *light* (como o *Homem light* de que fala Enrique Rojas[576]) a suavidade de soluções não jurídicas é, por paradoxo, ainda possível.

3. A Inelutabilidade de Paradigmas Éticos fundantes

Como temos vindo a verificar, o Direito em geral e o Direito Penal coincidem e concordam em muitos aspectos muito importantes. Talvez por isso o Direito Penal seja um dos domínios práticos de eleição dos filósofos do Direito. Como teste teórico ao Direito em geral o Direito Penal é, em muitos aspectos, insubstituível. Sobretudo na medida em que aí melhor se testam os grandes dilemas éticos.

Por outro lado, as mais evoluídas teorias penais têm o dom de nos relembrar alguns traços gerais do próprio Direito em geral, que andavam esquecidos com a maranha conceitual que o tem enleado, com a descaracterização que, feito engenharia social, tem vindo a sofrer.

E realmente basta que o Direito Penal seja Direito para que desde logo partilhe desse conjunto de características do verdadeiro Direito, tal como os Romanos o inventaram. Com efeito, o Direito não é uma moral coactiva, não é o braço armado de uma ética ou de uma moral, não é uma espécie de religião civil, é um mínimo de convivialidade entre os homens, entre pessoas dignas[577]. Não é também a lei da selva, nem a lei de um bando de ladrões, porque é a encarnação possível e sempre perfectível da Justiça.

Cita-se frequentemente um passo de Santo Agostinho na *Cidade de Deus*[578], mas cita-se não raro mal: o imperador Alexandre Magno ques-

---

[575] Num sentido mais abrangente, ANTÓNIO CASTANHEIRA NEVES, "O Direito como alternativa humana. Notas de reflexão sobre o problema actual do Direito", in *Digesta, Escritos acerca do Direito, do Pensamento Jurídico, da sua Metodologia e Outros*, Coimbra, Coimbra Editora, I, 1995, p. 287 ss.

[576] ENRIQUE ROJAS, *O Homem Light*, trad. port. de Virgílio Miranda Neves, Coimbra, Gráfica de Coimbra, 1994.

[577] Cf. alguns problemas importantes neste domínio in KENT GREENAWALT, *Conflicts of Law and Morality*, Nova Iorque/Oxford, Oxford University Press, 1989.

[578] AGOSTINHO, *Civitas Dei*, IV, 4.

tionou um pirata porque infestava ele os mares. E o corsário lhe respondeu, de forma desinibida e resoluta serem eles muito semelhantes. Porque ele perturbava a paz no mar, enquanto o outro o fazia em terra. Mas uma vez que possuía apenas uma pequena frota lhe chamavam pirata, enquanto o outro, senhor de grande esquadra, merecia o título de imperador[579].

Este passo ajuda a compreender a citação que muitas vezes nos surge amputada da sua primeira parte, que é todavia essencial, e sem a qual o sentido totalmente se altera:

"Remota itaque iustitia quid sunt regna nisi magna latrocinia?
quia et latrocinia quid sunt nisi parva regna?"[580].

Ignorando-se, desconhecendo-se, exilando-se, ou pondo-se entre parêntesis a Justiça, os reinos e os impérios e todas as comunidades políticas, da mais pequena à maior, não passam de bandos de ladrões. E os reinos grandes, somo diz Agostinho, serão então apenas grandes bandos de ladrões. Se não respeitarem a justiça, se a não tiverem como seu norte, os imperadores não passarão de poderosos piratas.

As confusões entre a moral e o Direito são hoje multidão. Invoca-se Thomasius[581] como o responsável pelo corte do nó górdio (ou do cordão umbilical) nesta matéria, mas na verdade tal só tem contribuído para complicar mais a questão[582]. Em contrapartida, a sabedoria romana, com a sua proverbial concisão, já afirmava que *non omne quod licet honestum est. Nem tudo o que é permitido é honesto*, é moral ou eticamente positivo. Mas tal implica que a honestidade, ou seja, a moralidade ou a eticidade, seja de certa forma a regra, embora o Direito dela se possa afastar em certos casos. O que implica uma consequência simples, mas de relevância enorme: o Direito não é a moral, não se lhe subordina mecanicamente, mas, do mesmo modo, não pode ser intrinsecamente imoral.

---

[579] *Idem, ibidem.*

[580] *Idem, ibidem.*

[581] THOMASIUS, *Institutiones Iurisprudentiae Divinae*, 1688; *Idem, Fundamenta Iuris Naturae et Gentium*, 1705.

[582] Cf., *v.g.*, JAVIER HERVADA / JUAN ANDRES MUNOZ, *Op. cit.*, p. 134 ss..

O Direito Penal não é, assim, a ala da moral na casa do Direito, mas apenas aquele ramo em que, certamente, as questões éticas de uma sociedade se colocam de forma mais aguda. O que não quer dizer que as soluções jurídicas devam seguir uma qualquer moral (e ele há hoje tantas!). Apenas que tais soluções não podem quebrar alguns valores e princípios elementares duma espécie de moral natural. Uma moral que autores tão diferentes como S. Paulo e Rousseau compararam a uma lei que vivesse no coração de todos os homens.

Se existem morais particularistas e bizarras (designadamente as pseudo-morais iluminadas de algumas seitas) que se insurgem contra as regras do coro geral dos corações humanos (e isto não é poesia – pois, caso contrário, qual seria a base dos Direitos do Homem?), tanto pior para elas. O Direito Penal pode ter abundantes dúvidas e estar atravessado por muitas e conflituantes teorias. Mas não pode ficar indiferente a que os homens se matem, se torturem, se subtraiam o que legitimamente é de cada um se ofendam simbolicamente entre si. Mesmo a ofensa a entidades não temporalmente existentes aqui e agora (as entidades relevando da fé, como as religiosas), mesmo a falta de respeito a pessoas falecidas, que vivem na nossa sensibilidade e na nossa memória, não pode ser tolerada pelo Direito Penal – nem sequer a pretexto de uma nova ou outra moral ou de uma diversa religião (satânica, por exemplo). E alguns mais exemplos se poderia dar...

Não cremos que tal atitude, que faz entroncar o Direito Penal num núcleo duro moral universal seja uma fraqueza, sinal de *schlechte Methaphysik* e parcialidade moralista. Pelo contrário. O enraizamento ético em padrões de normatividade generalizados, no tempo e no espaço, e filtrados pela avaliação axiológica da nossa civilização e dos seus valores dominantes, parece-nos ser a melhor garantia contra a arbitrariedade nas incriminações (por exemplo, racistas, xenófobas, segregacionistas, que já existiram, e não assim há tanto tempo; bem como a novas formas de crime, de que a *crimideia orwelliana* é um proficiente exemplo[583]). E, por outro lado, uma garantia também de que os males maiores que as pessoas se podem fazer, e as instituições às pessoas, não cairão em saco roto.

É necessário acreditar em algo, para quebrar o caminho para a anomia na nossa sociedade pulverizada. Chega um momento em que não mais

---

[583] GEORGE ORWELL, *1984*, trad. port., Lisboa, Unibolso, s/d..

podemos estar dando explicações aos porquês pseudo-infantis de secretos ou menos secretos candidatos a ditadores hipocritamente mascarados de cépticos inteligentes. Com seu eterno estado de graça numa sociedade que aparentemente nada quer ver proibido, eles esperam as nossas contradições, e bradam por anátema enquanto não tivermos justificado até à última estatística e ao último voto cada solução adoptada. Não. É preciso acabar de vez com a armadilha da justificação[584] e com a armadilha da dita "tolerância"[585].

Jamais seremos capazes de convencer um cleptomaníaco de que furtar ou roubar não é natural. Jamais aos impulsos do marquês de Sade responderemos com os benefícios da virtude. Jamais aos fanáticos do talião convenceremos que *olho por olho, dente por dente* não é justiça. Só se converte quem já está predisposto a tal. Em religião como em crença política, como em política criminal ou filosofia penal.

E quanto à tolerância, palavra mágica... Althussius foi um dos primeiros ideólogos da tolerância moderna e todavia, embora exagerasse muito nas restrições, excluindo alguns da sua tolerância... Na verdade, excluía gente demais[586].

O que sugerimos é muito mais liberal: as pessoas de bem não podem dar-se ao luxo de tolerar as infâmias e as intolerâncias dos bandidos.

Durante o período eufórico da criminologia crítica e revolucionária americana, recomendou-se aos bons burgueses que se esforçassem e que se adaptassem à criminalidade. Começamos assim a compreender a razão do humorístico contra-ataque de Karr: *se querem abolir a pena de morte, comecem os senhores assassinos...*[587] Mas somos pessoalmente contrário à pena de morte.

---

[584] Cf., *v.g*, a formulação eloquente de GUSTAVO CORÇÃO, *A Descoberta do Outro*, 10.ª ed. (revista), Rio de Janeiro, Agir, 2000, p. 165 ss..

[585] Sobre os limites hodiernos da tolerância, cf. JEAN-MARC TRIGEAUD, *Justice et Tolérance*, Bordéus, Biere, 1997, máx. p. 181 ss.

[586] Apesar das suas posições pró-tolerância, Althussius não abrange nessa tolerância "epicuristas, sectários, hereges, sedutores, profanadores do domingo como dia de descanso entre os Cristãos, desprezadores da verdadeira religião, mágicos, adivinhos, perjuros, idólatras", etc. *Apud* HENRY KAMEN, *The Rise of Toleration*, George Weidenfeld & Nicolson, 1968, trad. port. de Alexandre Pinheiro Torres, Porto, Inova, s.d., p. 220.

[587] Cf. a determinação da origem e recepção portuguesa (via Sampaio Bruno, criticando Deibler) deste aforismo em LEONARDO COIMBRA, *A Pena de Morte*, in *Dispersos. V. Filosofia e Política*, Lx., Verbo, 1994, p. 173.

Paradigmas da Teoria Penal 241

Afigura-se-nos que em certas teorizações penais estamos condenados a oscilar entre a fúria cega da mão de ferro do *law and order* ou de certa "tolerância zero" de um "Estado penitenciário"[588], e a pusilânime luva de veludo dos que parecem aconselhar aos polícias que retomem a célebre batalha franco-britânica na posição dos primeiros: *Messieurs les Anglais, tirez les premiers...* Os assassinos das nossas cidades não são os ingleses de antanho. E a delicadeza não é, neste domínio, certamente, caminho para a paz.

É assim preciso que o Direito Penal esteja seguro do que a sociedade pensa e faz, e também do que ela, do seu ponto de vista, sem dúvida minimalista e não totalitário, deveria pensar e fazer. E isto sem ilusões, sem mistificações. Por vezes, a sociedade pensa e actua muito bem; outras, como todos sabemos, elege Hitler. A sociologia não chega. Mas a pura axiologia dum iluminado, ou a palavra de um auto-ungido profeta são igualmente perigosas. A crença fundamentalista é-o particularmente, seja na sua versão religiosa, seja na sua modalidade laica, política ou científica. Há fundamentalismos de todos os sinais e para todas as mentalidades[589].

Uma chave, ou pelo menos uma pista para o equilíbrio necessário, cada vez mais difícil de encontrar numa sociedade amnésica, que despreza em cada dia as raízes do dia anterior em nome do viver o momento e do consumismo imediato, e praticamente desprovida de escola que apele para o legado e os clássicos, é um ovo de Colombo: chama-se *demanda do bom senso*. O Direito, todo o Direito, e se não fosse uma sinédoque, diríamos, "e especialmente o Direito Penal", o direito tem de ser a grande arte do

---

[588] Sobre estes novos fenómenos de rigorismo penal, cf., por todos, duas visões diversas: GEORGES FENECH, *Tolérance zéro*, Paris, ed. Grasset & Fasquelle, 2001, tradução portuguesa de Joana Patrícia Rosa e Mário Matos e Lemos, *Tolerância Zero*, Mem Martins, Editorial Inquérito, 2001; LOIC WACQUANT, *Les prisons de la misère*, Raisons d'Agir, 1999, trad. port. de Miguel Serras Pereira, *As Prisões da Miséria*, Oeiras, Celta, 2000.

[589] Cf. os nossos *Fundamentalismo*, in "Verbo. Enciclopédia Luso-Brasileira de Cultura. Edição séc. XXI", vol. XII, Lx. / S. Paulo, 1999, col. 1150-1153; *Retórica do(s) Fundamentalismo(s), (In)comunicação e Direito(s)*, in "Zoom. Revista do Centro de Estudos do Curso de Relações Internacionais", Braga, Universidade do Minho, ano VI, 1995, n.º 9, p. 39 ss..

bom senso. Nem sempre o senso comum... mas do bom senso, sem mais[590].

No final desta breve panorâmica pessoal sobre o que consideramos serem os principais elementos da moderna doutrina penalística ao nível mais filosófico geral que concorrem para enquadrar teoricamente o problema do crime, poderemos apreciar mais documentadamente a complexidade do problema. A questão ganhou em ser conhecida; mas, como observou, embora num outro contexto, o escritor Jean Paulhan, ganhou também muito em mistério...

É deveras temerária a empresa de arquitectar uma fórmula para encerrar a problemática do crime, ainda que apenas a sua problemática definitória ou ontológica. Ele aí se encontra, numa zona apenas entrevista, com um fundo de eticidade irrecusável (não parece poder haver crimes sem um vero atentado a um valor ético), mas jamais como polícia de giro de toda a estrada da ética. Seríamos tentado a dizer: crimes e penas apenas para as infracções jurídicas mais graves social e eticamente (e fazendo em princípio fé na Constituição formal, espelho da Constituição material), somente para as matérias mais prejudiciais, e apenas se a reacção penal for a mais necessária e oportuna de todas as opções possíveis.

O requisito do social e do ético é ao mesmo tempo cumulativo (a infracção tem de ser muito grave nos dois planos em conjunto), na medida em que, nos nossos dias, quase parece funcionar uma instância como

---

[590] Tudo parece contrariar essa necessidade. Ao anonimato do bom senso se contrapõe o espavento de todos os salva-mundos que querem um lugar na fama e na História. Por outro lado, as instituições burocratizadas, desde logo muitas das legais, em muitos lugares, tendem para o absurdo. Cf., sobre a falta de bom senso na direito, PHILIP K. HOWARD, *The death of common sense. How Law is suffocating America*, Nova Iorque, Random House, 1994. No plano da política criminal, v. MICHÈLE-LAURE RASSAT, *Pour une politique criminelle du bon sens*, Paris, Vrin, 1978. Há uma diferença entre bom senso e senso comum. O senso comum pode levar a padronizações no limite deformadoras e castradoras. Assim o adverte (com explícita invocação de hipótese jurídica) *v.g.* LEONARDO COIMBRA, *Obras de...,* selecção, coordenação e revisão de Sant'Anna Dionísio, vol. II, Porto, Lello & Irmão, 1983, pp. 878-879. Todavia, no mundo anglo-saxónico o *common sense* parece ser, na maioria dos ideolectos, sinónimo de bom senso. Cf., especialmente, MORTIMER ADLER, *The Time of Our Lives: The Ethics of Common Sense*, 1970.

contrapólo da outra. Procura-se assim evitar o risco de transformar o Direito Penal quer num pseudo-Direito demasiado politizado e tendencialmente demagógico (se se tornar apenas social), quer num Direito moralista e subjectivista (o que poderia ocorrer se se pretendesse excessivamente ético). Os dois aspectos parecem fadados a completar-se e a limitar-se reciprocamente. Mas estamos ainda muito longe de um critério seguro e "purificado" para estabelecer um cabal ontologia do crime.

Um travo de insipidez certamente nos vem ao sabor do pensamento – recordemos que a sabedoria é uma ciência saborosa, *sapida scientia* – depois destas considerações.

Os novos paradigmas do Direito Penal acabaram por não nos fazer prescindir de alguma reflexão sobre o paradigma ético, que volta a galope como todo o natural que se queira exilar.

Vamos ver em que medida a doutrina, o Direito nos livros, e sobretudo a jurisprudência, que é Direito vivo, virão a utilizar a malha atractiva e intelectualmente ordenadora dos novos paradigmas, afinal formais, para nesses odres novos verter o vinho velho e fino, o vinho do Porto da dimensão ética.

Esperemos que o façam.

CAPÍTULO II
ENCRUZILHADAS DO DIREITO PENAL: ENTRE LAXISMO E RIGORISMO

"(...) vindicationi opponuntur duo vitia. Unum quidem per excessum: scilicet peccatum crudelitatis vel saevitiae, quae excedit mensuram in puniendo. Aliud autem est vitium quod consistit in defectu, sicut cum aliquis est niminis remissus in puniendo: unde dicitur Prov., XIII (24): Qui parcit virgae, odit filium suum"

Tomás de Aquino, *Summa Theologiæ*, IIa – IIae, q. 108, art. 2, ad 3*um*

Seria de bom tom, cumpriria certamente as *bienséances* retóricas, que mantivesse ainda por alguns minutos a relativa tensão de *suspense* que o nosso título instala. Mas infelizmente não creio ser possível prosseguir na alternativa ambígua.

Em matéria penal, "onde se põem à prova os corações e por vezes rolam cabeças", os laxistas não se confessam passa-culpas, e os rigoristas, embora peçam "mão dura" e "lei e ordem" para atalhar os desacatos, não entendem a sua atitude como de *força*, mas sim como de *firmeza*.

Roland Barthes acusar-me-ia certamente desse pecado terrível de burguês: o *nem-nem ismo*. E todavia eu continuo a pensar que não apenas a burguesia e a classe média são, nos países em que existem e são fortes, um poderoso cimento social, esteios de *ordem* e *progresso*, assim como reputo a exclusão dos extremos (*nem oito nem oitenta*) como um alto valor de moderação – aliás o *mesotes* da própria virtude para Aristóteles.

Portanto, acabou o *suspense*: nem laxista nem rigorista. Tal é a proposta, modesta e simples, que venho transmitir. Porque estou persuadido de que o Direito Penal só se salvará e nos poderá ser útil se não incorrer em extremos. Mas, evidentemente, esta conclusão que, sem dúvida com severa infracção das normas do bem expor desde já avanço, não poderia deixar de ser conhecida de todos V. Exas., porquanto – insisto – não acredito que ninguém chamasse laxismo ao que julga compaixão, progressismo ou rasgo de visão avançada, nem qualificasse como rigorismo medidas que crê totalmente justas e de urgência evidente – pelo menos para atalhar grandes males, a exigirem grandes remédios.

Derruíram nas nossas sociedades – tanto nas ocidentais como nos países do leste europeu e na maioria dos seus satélites pelo globo – aquelas certezas familiares que faziam o mundo girar tranquilamente. Não é que não haja grupos e pessoas que as não tenham. Mas essas que não desabaram são apenas as perenes, e dessas dificilmente muitos partilham em sociedades como as da Modernidade, afadigadas em inculcar nas mentes pequeninas verdades – e tão contingentes, como se tem visto. Ou então a brindar-nos com o desespero de já não haver verdade nenhuma.

Ora, quanto mais não fosse pela pulverização estilhaçada dos valores e das cosmovisões no seio de cada uma das nossas sociedades hodiernas, a ousadia de apresentar uma perspectiva penalística estaria votada ao fracasso, por ir colher, à partida e qualquer que fosse, agrado de gregos e desagrado de troianos.

Por isso, e também porque a matéria é muito delicada e deveras complexa, jamais me atreveria a vir conversar senão sobre alguns vislumbres, algumas opiniões, alguns apontamentos sobre a saída da presente encruzilhada para o Direito Penal.

Persuadido que estou de que, como disse Almada Negreiros, as grandes verdades que haveriam de salvar a Humanidade já todas foram ditas, faltando apenas salvar a Humanidade (coisa que aliás, vista com o olhar desfocado do anacronismo, tem até sabor ao Marx das *Teses sobre Feuerbach*), não tive a pretensão de trazer nada de novo Ou, permitam-me uma metáfora culinária: a receita final poderá ser minha, e meu também o segredo de um punhado (ou "uma mão cheia") de condimentos; os ingredientes são obviamente alheios.

Nem laxismo nem rigorismo creio poderem salvar-nos nem ao Direito Penal, que nos tem de proteger de infracções graves, que as nossas sociedades reputam como tais. Então, o que nos poderá salvar?

Não pensarão que sou sofista se desde já vos disser que a solução terá de provir do *bom senso, bom senso, bom senso*. A régua de Lesbos, enaltecida pelo Estagirita, adaptava-se aos objectos medidos – não para os seguir e neles perder a sua especificidade, e medida, mas para melhor exercer a sua função de medir. O Direito Penal (e o Juiz Penal é o seu guardião e fazedor), tem de conhecer cada caso e cada Pessoa em causa para bem se desincumbir da sua nobre missão. Por isso, ao laxismo dissolvente, desagregador, contraporemos simultaneamente a firmeza atenta e a razão desperta, mas também ao rigorismo haveremos de replicar com compreensão profunda (e sabemos quanto *tout comprendre c'est tout pardonner* – mas nunca se compreende tudo...), e alguma suavidade dos "brandos costumes".

O meu testemunho será sobretudo com exemplos portugueses. Embora a realidade brasileira, e especificamente a realidade paulista e paulistana sejam muito diversas, creio que o meu descolorido testemunho poderá ter um e um só interesse: o do cotejo.

É que eu ainda sou do tempo em que, do outro lado do oceano, nesse "jardim da Europa à beira-mar plantado", o crime não era um problema realmente preocupante. Digamos que, como observadora, a minha geração teve o privilégio de assistir ao trânsito de um país-quase-sem-crime para um Portugal que caminha a passos largos para a sua cosmopolitização ao nível criminal, sobretudo nas grandes cidades (à nossa escala, claro).

Evidentemente que a minha primeira pergunta e: como se passou do quase não-crime ao crime, da tranquilidade ao medo ou à insegurança?

Não haveria tempo para enunciar, dissecar e relacionar todos os factores que para tal contribuíram Impõe-se, assim, um resumo mais expressionista que impressionista até.

[Na conferência, expusemos, de improviso e detidamente, exemplos da passagem de uma sociedade fechada a aberta, mas também do "pobre mas honrado" ao "quem tem ética morre de fome" em múltiplos sectores.]

Todos os elementos da mudança do velho para o novo entre nós se podem organizar e explicar de muitas maneiras. A verdade é que configuram um *outro mundo*.

Em termos muito simplistas, dir-se-ia que o criminoso português mais típico, não é religioso, não tem especiais valores morais, é citadino, passou pela escola sem dela ter gostado e ela não soube conquistá-lo, a sua família não foi lugar de comunhão de afectos, é invejoso da riqueza dos *happy few* e, duma forma ou doutra, pode muito bem ter caído na droga.

Uma variante é o que pratica sobretudo crimes contra o património alheio por necessidade induzida de coisas, de bens. No limite, *white collar crime*.

O crime, pelo *cliché*, andaria em torno da droga ou da avidez material do agente, de olhar cobiçoso.

Ora bem: os factores apresentados sobre o diagnóstico evolutivo da sociedade no meu País indicam apenas o rumo normalmente seguido nas sociedades contemporâneas. Tal parece corroborar a ideia corrente, banal já, de que o crescimento do crime é um fenómeno urbano.

Estamos de acordo, mas nessa ideia de ligação entre o crime e a cidade, e sobretudo de tanto mais crime quanto maior a cidade, vão envolvidos elementos que, caracterizando os factores criminógenos, depois nos poderão ser úteis para estabelecer a respectiva terapêutica.

Aliás, o crime não é causa, o crime é consequência. Não sei se em todas mas certamente em muitas teorias, há uma boa parte de verdade. Também naquela que faz depender o crime da tão estafada e tão laxista "culpa da sociedade" há uma dose considerável de razão. É que, na verdade, em grande medida, os crimes, a maioria dos crimes, não decorrem de taras hereditárias, constitucionais, temperamentais ou de carácter do agente, mas resultam naturalmente da sua decisão livre (e aí é errónea a ideia de simples culpa social, desresponsabilizando a pessoa) num contexto social que muitas vezes leva ao crime.

Insistimos: a sociedade não leva directa ou imediatamente ao crime (isso, aliás, visto em termos literais, seria uma *contradictio in terminis*), mas amarra os átomos individuais em tais liames, comprime-os de tal sorte, que a explosão criminosa é, não raro, a saída mais simples, mais imediata, quase tornando heróica uma fuga ao convite contextual ao crime.

Pois o que em principal medida se nos afigura especialmente caracterizar as atitudes extremas face ao crime – laxismo e rigorismo – é uma sobrevalorização ou um desprezo profundos pela dimensão dual sóciopsicológica e assim um entendimento antagónico entre ambas as atitudes de política jurídica sobre a articulação entre o *proprium* e o *commune*, entre a volição e a culpa individual e o contexto social.

O laxismo renega o individuo como verdadeiro agente, desresponsa-biliza-o, e ao culpar apenas a sociedade não só nega à Pessoa a sua natureza e o seu livre-arbítrio, como torna o problema do crime num beco sem saída. Porque punir (seja como for, seja por que razão for) um agente irresponsável, um mero joguete nas mãos do destino socialmente (pré-) determinado, não deixa de ser, mesmo em casos de perigosidade e pura "defesa social", uma relativa injustiça. Na verdade: uma grande injustiça.

O rigorismo tem face à Pessoa do agente um desprezo ainda mais acentuado. Se o laxismo a tratava como "menor" ou "incapaz", o rigoris-mo, assacando-lhe todas as culpas, cego às atenuações e às causas justi-ficativas (ou explicativas), querendo apresentar serviço para um público acossado e sedento do sangue da vingança, trata-o como inimigo público, chega mesmo à penalização mais grave e decisiva: na linguagem corrente ao menos, retira ao delinquente a dignidade da condição humana, trans-mutando-lhe até a natureza – que é de Homem, ainda que Homem decaí-do. Para o rigorismo, o criminoso passa a ser "um monstro".

Será caso para lhes responder a ambos com a definição do Homem em Pascal: *"Ni ange ni bête"*

O criminoso não tem natureza angélica nem animal. Tem natureza humana, que normalmente se não encontrou, se não desenvolveu, ou regrediu – por vezes por "culpa na formação da personalidade" nas suas diferentes variantes, mas em grande parte porque o agente se viu social-mente privado de meios (cada vez mais consagrados legal e até constitu-cionalmente) que lhe permitissem desenvolver a sua personalidade.

Mas não se pense que com estas afirmações quero simplesmente referir-me a meios materiais de condições de vida digna. Sem dúvida que também a esses. Mas em boa parte me refiro à "criminosa" passividade e laxismo dos poderes face à degradação dos vectores *formativos*, Família, Escola e *Media*, sem os quais só um santo não será infractor. E mesmo assim só um santo muito predestinado...

Em consequência, enquanto as abordagens laxista e rigorista se cen-tram sobre as *consequências*, jurídicas e especialmente sancionatórias do crime, cuidamos ser uma focalização muito mais positiva, equilibrada e frutífera analisar, ao invés, as causas da infracção criminosa. E atentar profundamente na personalidade do agente.

Um levantamento concreto a propósito de temas concretos não revela nada de muito novo. Os laxistas gostariam de ver desaparecer todas as acusações, todas as penas, todas as criminalizações até. Argumentos, desde os "científicos" aos comparatísticos aos ideológicos, todos servem.

Os rigoristas, esses, não estão também com meias-medidas. Há que "pagar a dívida" à sociedade. Há que punir. Mesmo quando a actividade aparentemente danosa se encontre justificada por estado de necessidade, por legítima defesa? Parece por vezes que sim. Que até as garantias penais normais se querem aqui e ali confiscar...

A política de *moderação* penal que preconizamos não pode, porém, abdicar dos grandes princípios Não é de estranhar, aliás: precisamente é timbre da moderação ser coerente mas flexível, e se *suaviter in modo, fortiter in re..*

De valores essenciais não se pode abdicar.

Durante a campanha que precedeu o referendo sobre o aborto tive ocasião de apelar precisamente a essa moderação: pedi aos votantes que se pronunciassem pelo *não* à descriminalização de um crime óbvio contra a vida, mas roguei aos magistrados que, uma vez ganho o *não*, como viria efectivamente a suceder, não começassem a perseguir sadicamente toda a moça que, assustada e irreflectida, tivesse tido a infelicidade de cometer tal crime.

Aí está uma das características, dos dois gémeos-inimigos: tratarem tudo por igual, o igual e o desigual, ignorando a equidade, que é afinal parte da Justiça, e desde tempos imemoriais sabemos ser a consideração do "igual, igualmente, e do desigual, desigualmente, na medida da sua desigualdade"

Pois com o rigorismo penal, neste caso, partilhamos uma inabalável determinação em defender essa vida indefesa que não tem voz, nem pode sequer fazer ouvir socialmente a expressão da sua dor. Mas com o laxismo comungamos da ideia de que o acto objectivo do crime pode ser desculpado, mesmo logo aquando da triagem dos processos de "selecção", na medida em que pode constituir mais uma expressão da fraqueza humana concreta face à adversidade de um mau momento que verdadeiramente um acto de perversidade intrínseca e um sinal de perigosidade futura.

Mas estas pontuais coincidências não fazem dos moderados um simples meio-termo entre dois extremos. Não somos a mistura possível de água com o fogo – onde só o fumo pode nascer.

Voltemos ao objecto específico da nossa conferência: quem são e o que defendem laxistas e rigoristas?

Os últimos terão certamente como principal fim das penas o da prevenção geral pelo amedrontamento, por vezes eticamente colorido de pretensões retributivistas. Assim, vai-lhes bem aquele célebre exemplo do juiz inglês que (segundo jurisprudência já criticada aliás na *Utopia* de Thomas Moro), condena à forca um simples ladrão de um cavalo.

Interpelado sobre a dureza, até crueldade, da sua sentença, teria retorquido o juiz:

" – Eu não o condenei à forca por ele ter furtado um cavalo, mas para que, de futuro, se não furtem mais cavalos".

Esta funcionalização da pessoa do infractor em razão do sistema, numa transviada ideia de "Bem Comum" é, no mínimo, anti-ética.

Claro que hoje os arautos da "law and order" e do rosto de dureza face ao crime não são tão explícitos, tão sinceros, quanto o fora o aludido juiz britânico. Eles invocarão o clamor (quando não o *sangue*) das vítimas, o sentimento geral de insegurança e o desejo social de punição, convocando em seu abono a Justiça. Justiça essa concebida com mão vingadora. Lembro sempre o tenebroso e quase ignorado quadro de Proud'hon, que acabaria por inspirar a célebre *Guernica* Picasso: a justiça e a vingança, qual tocha alada, perseguindo o criminoso no breu da noite.

É ainda a lei de Talião, a retaliação, o "olho por olho, dente por dente", ou mais ainda, uma espécie de excesso intensivo de legítima defesa social que preside ao inconsciente do rigorismo penal.

Já o laxismo, pelo contrário, se pode identificar com uma adesão *à outrance* aos dogmas de prevenção especial, e em particular às esperanças de ressocialização dos delinquentes. Mas o laxismo entra no paradoxo de tanto se preocupar com o criminoso que o confunde com a vítima – aliás parece considerá-lo muito mais que a verdadeira vítima. E, de tanto querer compreender o criminoso, acaba por não considerar o concreto agente, para se quedar numa aplicação mecânica a cada caso de um discurso requentado de pronto-a-vestir sobre as más condições de vida. O qual, se explica muita coisa, não pode explicar tudo.

Ilustraríamos este tipo de pensamento com aquele dado, já verificado por Vilfredo Pareto no seu *Tratado de Sociologia Geral*, que nos diz haver muitas jovens solitárias e intelectuais (no tempo dele eram sobretudo professoras primárias) que se tomam de amores por reclusos e com eles entretecem longa e assídua correspondência epistolar. Hoje seria talvez via *internet*. Elas são de certo modo multiplicadoras de laxismo social pelos cargos que ocupam. E, mais que isso, são exemplo de que as pessoas não primárias tendem mais a perdoar que a perseguir.

Se uma dose de perdão é vital para que a Justiça funcione, se o Amor é superior à Justiça, a verdade é que não vivemos numa sociedade angélica e, para lembrar uma *blague* rigorista "Se querem acabar com a pena de morte, porque não começam os senhores assassinos?"

A resposta moderada é multidimensional. Não acredita num único fim para as penas A todos integra, mas vai-lhes conferindo diferente influência segundo a dialéctica das circunstâncias. E não lhe repugna fazer direito por linhas tortas, como sucedeu no mais célebre julgamento de todos os tempos, o julgamento de Salomão. Mas insistimos: o moderado não abdica dos princípios sem ser rigorista, pois não os transforma em dogma nem capitula perante o horror do crime, sem ser terrorista de Estado; por outro lado, o moderado não confunde o seu olhar cedendo à sua permanente preocupação com a Humanidade e com a Pessoa, com qualquer tipo de laxismo. Se é um princípio lutar contra o mal do crime também o é lutar, por exemplo, contra o mal que por vezes se acolhe do lado dos "bons". Como quando a autoridade se despe de *auctoritas* e usa apenas o seu poder, a *potestas*, por vezes espezinhando direitos básicos dos cidadãos.

Nunca é solução funcionalizar Pessoas, tratando-as como coisas, com a alegação que são "criminosos", isto é, que já não seriam pessoas verdadeiras. Porque a breve trecho todos os sistemas se corrompem e o justo acabaria por pagar pelo pecador. O pecador não é para tratar com paninhos quentes, mas também não é para tratar infra-humanamente. E, *a fortiori*, o simples arguido.

Também não é solução desculpar todos e transformar o sistema punitivo num ridículo mandar em liberdade insofismáveis culpados nas barbas de uma polícia desautorizada, e transformar a rede prisional em cadeia de hotéis.

Aqui, como em tudo, a virtude está no meio, ou melhor, num *aliud* superior: o bom senso, o *nem oito nem oitenta*.

Infelizmente, sábios penalistas e sociólogos, de um lado, e experimentados e argutos políticos, de outro, tendem a tudo resumir na alternativa falsa e ineficaz entre *mão dura* ou *luva de seda*.

Entre os dois extremos, sofre o justo a mão dura porque, sem malícia, se deixa apanhar, e escapa o prevaricador por entre a escorregadia luva de seda, porque, ladino, aprendeu a iludi-la. E nós todos penamos à mercê do crime e do punidor, não suportando nem o mal nem a medicina.

Peço por isso licença para parafrasear o meu Mestre Ehrhardt Soares, que também citou Shakespeare no final do seu estudo sobre *Direito Público* e *Sociedade Técnica*:

Mad world, mad king, mad composition...

CAPÍTULO III

JUSNATURALISMO E JUSHUMANISMO. O DESAFIO DA DECLARAÇÃO DOS DIREITOS DO HOMEM E DO CIDADÃO DE 1789[591]

1. Jusnaturalismo *vs.* Jushumanismo

1.1. Irmãos inimigos

Tem vindo a ser recentemente reconhecido (e longe do psicologismo do dito "realismo jurídico" moderno) que a psicologia tem efectiva influência no tipo de doutrina jurídica que se faz. Perante a defesa e a críti-

---

[591] A intenção deste breve e simples convite ao diálogo, sendo quase didáctica, mal se daria com aparato erudito. Notas de rodapé (e, pior ainda, referências bibliográficas intratextuais) prejudicariam muito provavelmente o fio expositivo, que se desejou o mais simples e claro possível. Abundante bibliografia se poderá colher nos nossos livros ao assunto mais especialmente votados: nomeadamente *Amor Iuris, Filosofia Contemporânea do Direito e da Política*, Lx., Cosmos, 1995; *Res Publica. Ensaios Constitucionais*, Coimbra, Almedina, 1998; *Natureza & Arte do Direito. Lições de Filosofia Jurídica*, Coimbra, Almedina, 1999; *Teoria da Constituição. II. Direitos Humanos, Direitos Fundamentais*, Lx., Verbo, 2000; *O Ponto de Arquimedes. Natureza Humana, Direito Natural, Direitos Humanos*, Coimbra, Almedina, 2001. Abundante documentação se poderá obter ainda em *La déclaration des droits de l'homme et du citoyen*, présentée par Stéphane Rials, Paris, Hachette, 1988.

Optámos por traduzir sempre as citações da Declaração em apreço, não só por razões de comodidade e simplificação, mas até porque tal procedimento se nos afigurou muito simples e natural. Dir-se-ia que a universalidade da Declaração lhe propicia uma tradução sem particulares refrangências conotativas para a nossa língua. Porém, para o devido cotejo, e embora não seja texto de muito difícil acesso, apresentamos integralmente, em anexo, o texto original francês da Declaração.

ca dos Direitos do Homem, questionamo-nos por vezes se não haverá por detrás um conflito entre personalidades. Não se trata, aliás, de nada de novo: muitos disseram, e re-cordamos Feuerbach por nos vir à memória mais imediatamente, que *a filosofia que se tem depende da pessoa que se é*. Também, obviamente, a filosofia jurídica.

Independentemente dessa fascinante possível investigação, cuidamos ser caso para nos perguntarmos até que ponto se não trata de um problema de palavras. Evidentemente que os problemas de palavras nunca são apenas problemas de palavras, mas podem ser sobretudo motivados por eles... Ora esta hipótese (que todavia terá de matizar-se, evidentemente) parece cada vez mais ganhar corpo, até porque um dos principais críticos dos Direitos do Homem, Michel Villey, haveria de reconhecer tratar-se de um problema sobretudo de propriedade linguística, o que, de outro modo, outro grande teorizador da questão, Francisco Puy, viria mais tarde a expressar, contrapondo os adeptos *do futebol* aos *do jogo da bola*, sempre desavindos entre si... Tão paradoxalmente, afinal.

A questão linguística parece versar, evidentemente, de modo especial sobre um problema de conotações. A uns parecem amáveis palavras que, a outros, repugnam, pelos sentidos e associações simbólicas, imagéticas, míticas que umas e outras expressões alternativamente convocam.

1.2. Teste à oposição

Todavia, talvez haja um ponto (quiçá serão até dois pontos), na história do pensamento político-filosófico-jurídico em que todos eventualmente pudessem, com algum esforço, confluir. Um ponto em que o

---

Para designar os defensores do Direito Natural, optámos pela expressão, corrente, de jusnaturalistas, embora saibamos que o próprio Michel Villey, tendo-se dito a princípio jusnaturalista, haveria de mais tarde satirizar o jusnaturalismo, precisamente enquanto "-ismo". O nome para os defensores dos direitos humanos sem fundamentação jusnatural parece ainda não definitivamente cunhado. Francisco Puy (em castelhano) propôs *antropidikeos*, que poderíamos quiçá ter aportuguesado como *antropodiqueus*; *direitohumanistas* seria outra possibilidade, embora o "h" ofereça um obstáculo à leitura. Utilizámos todavia uma nova fórmula que, pela sua simetria com a de jusnaturalistas e juspositivistas, além de uma eufonia própria, nos pareceu preferível: *jushumanistas*.

direito natural já não é classicamente jusnaturalista, e em que os direitos humanos ainda não são feridos por nenhuma especial perversão. Esse ponto ou pontos históricos seriam de celebrar e de aprofundar como denominador comum.

Evidentemente, este nosso intento esbarrará sempre com um novo problema de personalidade doutrinal. Não temos dúvidas que o rigorismo conceitual próprio dos puristas sempre dirá que procurámos salvar os direitos humanos, e precisamente o fazemos convocando o que não constitui qualquer cedência, antes o seu cerne constitutivo: o racionalimo jurídico, ou jusnaturalismo racionalista, e, talvez até o progressismo internacional, ou afim...

Sabemos o risco que corremos. Mesmo assim, acreditamos que vale a pena interrogarmo-nos todos sobre as razões de um divórcio estranho, entre jusnaturalismo e direitohumanismo. Assim, propomo-nos um brevíssimo e introdutório teste a uns e outros, partindo de um texto fundador dos Direitos Humanos: a Declaração dos Direitos do Homem e do Cidadão, de 26 de Agosto de 1789.

Outro ponto, mas com contornos diversos (que requereria outra abordagem, talvez mais difícil ainda, desde logo porque mais próxima de nós e das nossas mais actuais questões) seria a Declaração Universal dos Direitos do Homem. Mas esse estudo terá, *brevitatis causa*, que quedar-se para um outro tempo: e afigura-se-nos subsidiário e prejudicado pelo presente desafio, que nos parece susceptível, apesar de tudo, de uma mais eficaz avaliação das concordâncias e discordâncias em presença.

A análise que procuraremos empreender começará precisamente pelo levantamento comentado das principais teses do documento em causa.

Tratando-se de texto sobejamente conhecido e alvo dos mais profusos estudos, permitimo-nos nele mergulhar directamente, sem preambulares considerações históricas, contextuais, genéticas, ou outras de tipo introdutório, que o leitor facilmente colherá na abundante e diversa bibliografia sobre tal tema existente.

2. O Preâmbulo da Declaração de 1789

A estrutura da Declaração não é dispicienda: a um preâmbulo legitimador e promulgador se segue a lista dos direitos do Homem e do Cidadão reconhecidos e declarados pela mesma.

258 *Faces da Justiça*

Comecemos pelo preâmbulo, concentremo-nos nele, que aí está o essencial da questão já.

2.1. A Representação

O primeiro tópico do preâmbulo é o da representação.

A Assembleia nacional, que, como se sabe, resultou da redefinição dos Estados Gerais por iniciativa do terceiro estado e sucessivas vagas de adesão de representantes dos demais estamentos (com uma única excepção, aliás admiravelmente retratada no *Juramento da casa do jogo da péla*, de David), assume-se como representativa do povo francês. Na realidade, é até o inverso que se diz: afirma-se, com efeito que "os representantes do povo francês, constituídos em assembleia nacional..."

Independentemente da posteridade política da Revolução francesa, sobretudo da segunda revolução francesa, estarão os jusnaturalistas e os jushumanistas de acordo que haja uma representação política com dimensão jurídica?

E que tal representação seja feita à luz do paradigma da soberania nacional, embora, no caso, a eleição tenha sido estamental?

E que seja essa representação a falar "em nome do povo"?

2.2. Pré-existência dos Direitos naturais

Embora não seja narrativamente o tópico seguinte, temos logicamente de passar à ideia de reconhecimento e declaração de direitos.

Muitos problemas aqui se põem. Mas sigamos o texto.

O que se passa é que os representantes do povo francês (que sempre o foram, mesmo com a sua eleição por corpos sociais) se constituíram em Assembleia nacional (com voto pessoal e não um voto por estamento) e decidiram "expor, numa declaração solene, os direitos naturais (...)".

Os representantes do povo francês (partindo já do princípio que sobre tal há acordo, e que a mudança de mandato ou de interpretação do mandato não maculou a representação de que se encontravam investidos) parece, pela natureza da sua própria função e dignidade, poderem declarar os direitos do cidadão francês. Mas poderão fazê-lo para o Homem em

O Desafio da Declaração dos Direitos do Homem e do Cidadão

geral (que, pressupõe-se, este Homem não será apenas o Homem francês, que, acumulando a cidadania, no caso, tornaria imprestável a distinção)?

Cremos ainda que sim. Mas estarão de acordo jushumanistas e jusnaturalistas que qualquer grupo ou qualquer pessoa pode, desde que investido de alguma legitimidade parcial, ser porta-voz geral da Humanidade em matéria de direitos? Como dizia Foucault, precisamente a propósito dos direitos do homem, por não possuirmos mandato é que temos a obrigação e a legitimidade para os proclamar. Mas, é claro, cremos que Foucault parte já de um pressuposto de generalização de mandatos inquinados e limitados...

E não esqueçamos que se trata de uma declaração que expõe, que se limita a declarar direitos pré-existentes. Direitos que não são criados, mas (re-)descobertos.

Acreditam os jusnaturalistas que os direitos pré-existem às leis e às constituições e por isso podem e devem ser declarados. Mas estarão os defensores dos direitos do Homem dispostos a aceitar que não é o voluntarismo humano que, de conquista em conquista política, vai forjando na luta os direitos?

O problema é filosófico e é metodológico.

No plano filosófico, alguns poderão qualificar esta ideia de direitos pré-existentes, naturais, de algum platonismo.

Não é, todavia, obrigatório partilhar-se o credo do autor do *Timeu* para acreditar em direitos naturais: sendo eles inerentes à própria natureza do Homem (do Homem em sociedade, dado serem direitos jurídicos, com dimensão de heteronomia, de sociabilidade), não vivem (apenas) no céu dos arquétipos, mas impregnam a vida de relação de cada um. Contudo, obviamente, sem se acreditar numa ligação entre direitos naturais e natureza humana será muito difícil vê-los como entidades presentes (ainda que possam está-lo brilhando pela ausência; no caso, clamando pela ausência) no real, no próprio quotidiano.

No plano metodológico, a questão não se nos afigura mais fácil. É sabido que a influência ambiente e as raízes do jusnaturalismo presentes na Declaração dos Direitos do Homem e do Cidadão são racionalistas, e que a concepção prevalecente nessa modalidade de direito natural é já pré-positivista, aí avultando a ideia de lei e da sua importância – ao ponto de a divindade passar a ser concebida como Deus legislador, depois de haver sobretudo sido entendida na veste de Deus juiz.

Essa lei que tudo comanda do alto dos céus ou da razão é universal, intemporal, de uma rigidez só comparável ao decálogo moisaico. O arquétipo das tábuas da lei, que Deus transmite, mas que pré-existem à sua recepção pelos homens por via de Moisés, deve ter sido a grande influência para a concepção da natureza desta perspectiva de encarar direito natural.

Pois bem. Talvez custe menos (mas ainda assim bastante) ao jushumanista legalista aceitar um direito natural assim, que se vai descobrindo na medida do progresso das luzes da Humanidade numa História aquisitiva, do que ao jusnaturalista crítico e dialéctico, para o qual o direito natural não é uma espécie de lista de direitos (fixa e pré-determinada) esculpidos a oiro no mármore da razão abstracta, antes decorre de uma permanente insatisfação, e da descoberta, em tensão, na oposição das lutas pelo Direito, que cada dia se têm de travar (*constans et perpetua voluntas...*).

Em todo o caso, um e outro terão de perguntar-se se não haverá, ao menos, certos valores ou princípios, ou mesmo direitos, cuja generalidade e aceitação pela consciência axiológico-jurídica geral, pelo menos num relativo grau de consenso, não será indício de pertencerem a um núcleo irredutível de matérias jusnaturais.

O jusnaturalista dialéctico terá de fazer um esforço para se concentrar mais nas bases sobre que assenta o diálogo e recordar-se de que algumas sínteses vai ter de ir havendo. Por seu turno o defensor dos direitos humanos *tout court* terá também de passar a admitir uma de duas coisas: que valores, princípios e direitos (ou, pelo menos, alguns deles), para além da sua historicidade, podem pré-existir em algum tipo de latência, ou que, uma vez historicamente alcançados, passam para um nível superior de juridicidade, do qual não mais será legítimo verem-se apeados.

2.3. Mito da Idade do Oiro

A Declaração dos Direitos do Homem e do Cidadão, como mais tarde, por exemplo, e muito significativamente, a Constituição espanhola de Cádiz de 1812, e a primeira Constituição portuguesa, de 1822, explica os motivos da negação presente dos direitos que proclama. Os "males públicos e a corrupção dos governos" que implicitamente critica e identifica com a situação do presente para que fala, dever-se-iam simplesmente, unicamente mesmo (diz-se "únicas causas"), a três formas de mal lidar com os direitos ora proclamados: a ignorância dos direitos, o esquecimento dos direitos, e o desprezo pelos direitos.

É interessante esta tríade, que nos remete, sem apelo nem agravo, para o mito de uma idade do oiro, se tais direitos tiverem sido, num passado ainda que remoto, conhecidos, vigentes e prezados. Ou para o mito da cidade ideal, ou utopia, se tal conhecimento, vigência e consideração tiverem de ser remetidos para um futuro mais feliz.

A fórmula leva-nos a crer que os constituintes estivessem a pensar então mais na primeira perspectiva. A única maneira de que os três elementos referidos pudessem ainda ter sentido numa interpretação sem dimensão histórica seria uma espécie de invocação platónica de reminiscências. Teriam os homens esquecido sem se relembrarem os direitos arquetípicos. Não os teriam jamais visto no mundo sublunar, apenas no céu dos conceitos. Mas é esticar decerto demais a corda da interpretação.

Este mito da idade do oiro foi acreditado efectivamente na época e teve posteridade. A idade do oiro deste tipo de textos tem uma significação ambígua, tanto podendo ser o *statu quo ante* face ao presente que se quer superar (ou ao passado recente que se está a querer erradicar, para falar mais propriamente), como um tempo mais distante, e, assim, ainda mais doirado, uma espécie de arcádia.

Quanto à nossa interpelação aos dois grupos desavindos, permitimo-nos unificá-la com a da divisão subsequente, pelo que para aí remetemos.

2.4. Conhecimento, Memória, Respeito

Esta mesma argumentação justifica o procedimento empreendido. Reconstituamos pacientemente o raciocínio: os representantes do povo francês, constituídos em Assembleia nacional, decidiram expor, numa declaração solene, os Direitos do Homem, cuja ignorância, olvido ou menosprezo constituiriam as causas de todos os males públicos. Pois bem: resulta com meridiana evidência que, assim publica e solenemente declarados, estes direitos não mais possam vir a ser nem ignorados, nem esquecidos. Se podem ser objecto de menoscabo, a simples declaração já terá efeitos menos evidentes. Mas lá iremos.

Por agora concentremo-nos nos objectivos da publicidade, da declaração, dos direitos. O que se visa é, antes de mais, que essa declaração "constantemente presente a todos os membros do corpo social, lhes recorde sem cessar os seus direitos e os seus deveres".

O nosso Almeida Garrett, ao explicar a necessidade do constitucionalismo moderno, codificado, precisamente evoca as suas vantagens mnemónicas (o não esquecimento!), bem como o facto de fixar mais claramente o sentido da Constituição, para evitar desvios interpretativos, a que a constituição histórica ou tradicional, estava sujeita.

Mas também se trata de uma forma indirecta (e de algum modo subtil, sob um discurso institucionalista *hoc sensu*) de controle da observância pelos poderes de tais direitos (e deveres): "a fim de que os actos do poder legislativo e os do poder executivo, podendo ser a cada instante comparados com o fim de toda a instituição política, sejam mais respeitados" (sobre tal fim, cf. o art.º 2.º, *infra*).

E sobretudo com um fim de reconhecimento (*anagnorisis*) por parte dos cidadãos que, lendo-os, constantemente os tendo presente, como que os recordam, e afinal os possam também reivindicar (o que se reivindica é o que já era de quem tal faz: *ubi rem mea invenio, ibi vindico*). Assim, afirma o texto que vimos citando: "a fim de que as reclamações dos cidadãos, fundadas doravante em princípios simples e incontestáveis, tendam sempre à manutenção da Constituição e à felicidade de todos". O que também implica um sentido integrador das contestações.

O problema que aqui se põe é mais para jusnaturalistas do que dirigido a jushumanistas. Pois é o de saber se aqueles estão verdadeiramente dispostos a abdicar de uma certa nostalgia pelo não-escrito ou pelo não-codificado de constituições "simplesmente materiais", que, no limite, quase se poderiam identificar com uma certa fórmula do direito natural em matéria juspolítica. Os defensores dos direitos do Homem têm, pelo contrário, que aceitar coisa inversa: que antes do constitucionalismo moderno, em que esta declaração precisamente é um marco essencialíssimo, já havia constituição: e que talvez não fosse o último círculo do inferno. Pelo menos, em algum tempo terá havido conhecimento, memória viva e respeito actuante pelos direitos: pois isso é o que nos diz, ainda que numa proclamação mítica, este preâmbulo da Declaração dos Direitos do Homem e do Cidadão.

2.5. Divindade

A finalizar esta exposição de motivos preambular, a Declaração invoca o "Ser Supremo", fórmula possível de consenso entre uma assembleia majoritariamente dividida entre deístas de inspiração provavelmente maçónica e cristãos. Sobretudo católicos.

A Assembleia nacional termina reconhecendo (portanto, não criando *ex nihilo*, mas inclinando-se diante do pré-existente) e declarando os direitos do Homem e do Cidadão que passará a expor, artigo por artigo, e fá-lo "na presença e sob os auspícios do Ser Supremo".

Esta invocação dá uma carga metafísica especial ao texto, e como que o legitima também com alguma inspiração supra-humana. Muitos jushumanistas de hoje não se reconhecerão já na fórmula e na crença dos seus directos antepassados, os racionalistas deístas de então. Muitos jusnaturalistas ficarão desgostados com o eufemismo para nomear Deus.

Pessoalmente cremos que a invocação e a justificação divinas, mesmo que sob forma mais inócua e laicizadora, constituem uma vantagem não só legitimadora e retórica, como um verdadeiro argumento de peso no plano ontológico (até porque uma divindade que preside, testemunha, garante e inspira uma declaração comunica a essa declaração sem dúvida parcelas da sua natureza). Todavia, e embora correndo muitos riscos de niilismos, cepticismos e relativismos que a divindade (e sobretudo a divindade de tipo ocidental, que é uma divindade não ociosa e também afirmativamente moral) poderia certamente afastar com maior eficácia, pensamos que neste ponto ninguém precisa de convencer ninguém, e que crentes e não crentes podem perfeitamente coincidir num direito natural e em direitos humanos compativelmente concebidos. Não é mais necessário encontrar uma fórmula intermédia, seja ela o Ser ou Ente Supremo, seja o Espírito Santo, sob cujos auspícios se disseram as missas constitucionais portuguesas... a primeira das quais contou com sucessivas recusas de sacerdotes para a celebração.

2.6. Que direitos?

É tempo de recuar um pouco no texto e mais detidamente reflectir sobre outras teses, por assim dizer laterais ao argumento principal.

A primeira questão, que sendo lateral ao fio expositivo, é essencialíssima para o que consideramos ser o nosso presente problema, é esta: de que direitos se trata?

Primeiro, fala-se na ignorância, esquecimento ou desprezo pelos direitos *do Homem*.

Dada essa situação é que se decidiu expor os *direitos naturais, inalienáveis e sagrados do Homem*.

Não pode haver intenção mais clara de identificação, ou melhor, nem isso: porque sempre se está a falar da mesma coisa. Os direitos do Homem (hoje ditos direitos humanos, por uma questão de comodidade linguística que começou como anglicismo ou americanismo, mas que já entrou nos usos) não são senão os direitos naturais. E esses direitos são caracterizados como inalienáveis (esta qualidade prende-se com o facto de, historicamente, terem sido confiscados, com o absolutismo, sobretudo com o absolutismo do despotismo esclarecido das Luzes) e sagrados.

Esta última referência talvez a possamos traduzir, actualizando, como a significar, certamente, que não são simples direitos fruto da tensão de forças sociais em presença, mas têm origem e dimensão transcendente: porque relacionada com a própria natureza transcendente do Homem, diríamos. E assim, neste contexto, cabe plenamente a referência à Divindade. Embora não seja imprescindível.

Ponderem jusnaturalistas e jushumanistas: para os pais fundadores da Declaração não há diferença entre direitos do Homem e direitos naturais. Os direitos do Homem são naturais, inalienáveis e sagrados.

Por isso, também, se quisermos falar em Direitos naturais, que diremos também inalienáveis e sagrados, teremos de dizer que foram os direitos do Homem que foram alvo de ignorância, esquecimento e desprezo...

2.7. Direitos e Deveres

Os críticos dos direitos humanos e alguns defensores do direito natural *stricto sensu*, aborrecem a inflação de direitos hodierna, florescente à sombra da bandeira dos direitos humanos, concebendo não raro um direito natural constituído sobretudo por deveres.

Por outro lado, os jushumanistas e as constituições e declarações hodiernas parecem esquecer os deveres, ou quase, povoando-se de direitos.

O Desafio da Declaração dos Direitos do Homem e do Cidadão

A Declaração, sendo embora de direitos, por razões da urgência histórica da sua proclamação, não esquece os deveres: os membros do corpo social devem ter sem cessar presentes "os seus direitos e os seus deveres". Nem sequer se trata de uma prescrição abstracta de direitos e deveres, mas da expressa intenção de que todos tenham sempre presentes os direitos e deveres que lhes caibam.

3. O Articulado da Declaração

3.1. O Problema da radicação histórica

Apesar de todas as tentativas universalizadoras e da sede de intemporalidade que anima os constituintes, eles nunca fogem à sua circunstância. Na melhor das hipóteses, consagrarão valores e princípios universais *sub specie* temporal, localizada.

A Declaração que estamos a comentar não foge a essa regra. E assim, no articulado, consagrará, numa mescla sempre interessante de verificar (conforme as épocas e lugares e do ponto de vista em que for apreciada) entre o verdadeiramente universal e o circunstancial.

É evidentemente muito melindroso dizer o que é eterno e o que é efémero num texto como este, precisamente porque o observador também não é isento de pré-juízos ou pré-conceitos.

Uma pessoa mais ou menos integrada na nossa época (mas já não um liberal *a outrance*, certamente) diria que os direitos considerados na parte articulada acusam o proprietarismo e o garantismo de liberdades pessoais e políticas precisamente característicos da mentalidade do tempo que viu nascer este documento.

3.2. Liberdade ou Igualdade? Ambas

Não entrando no pormenor, faremos apenas algumas observações gerais.

Assim, logo no artigo primeiro a liberdade e igualdade naturais são apresentadas, mas, no contexto, não podem obviamente senão ser tidas como relevantes face à lei, instrumento todo-poderoso, cuja bondade ainda não fora posta em causa. Obviamente que nenhuma ideia de igualdade efectiva dos homens concretos pode neste contexto conceber-se senão a igualdade dos seus direitos, que pretende sobretudo traduzir a não discriminação pelo nascimento.

O segundo artigo parece também essencial: não só se indica que "o fim de toda a associação política é a conservação dos direitos naturais e imprescritíveis do Homem" (associando novamente o natural ao Humano), como se enumeram tais direitos, de que os demais artigos são, essencialmente (há um par de excepções), o desenvolvimento.

Ora de novo aqui se vê a marca do tempo: os ditos direitos, que hoje muitos prefeririam certamente qualificar como valores, são, de acordo com a segunda parte deste artigo 2.º, precisamente "a liberdade, a propriedade, a segurança e a resistência à opressão".

Perguntamo-nos se a igualdade não deveria figurar ao lado da liberdade (sendo esta última determinada pela negativa, como classicamente se fazia: a possibilidade de fazer "tudo o que não prejudica outrem" – art.º 4.º) também nesta sede de direitos, posto que assim se encontra no artigo primeiro, com uma ligação antropológica fundamental e fundante. Em contrapartida, propriedade ("direito inviolável e sagrado", segundo o art.º 17.º) e segurança relevam de uma ideologia burguesa triunfante, e que subiria ainda mais, embora se não negue que sejam valores, posto que subordinados. A resistência à opressão integra-se na própria liberdade. Regista-se a ausência da Justiça, que será (mal) compensada por sucessivas referências à Lei, endeusada e ainda garantística.

A propriedade é acautelada, assim, quanto a expropriações (art.º 17.º) e impostos (art.º 14.º; cf. tb. Art.º 13.º), e a liberdade, nos seus diferentes matizes e dimensões (políticos e pessoais – a dimensão social e outras estão ainda longe) nos demais artigos, quase sempre com remissões para a Lei, que, em fidelidade a essa ideia liberal então imperante, só poderia proibir o que fosse nocivo para a sociedade (art.º 5.º).

Embora alguns jusnaturalistas (sobretudo os mais titularistas, íamos a dizer, os mais "positivistas", e sem dúvida os mais conservadores) tendam a ver na propriedade um direito muito importante, talvez excessivamente importante, e embora alguns dos defensores dos direitos humanos propendam para sobrevalorizar (e eventualmente mistificar) o valor da igualdade, que esta Declaração anuncia, mas parece depois esquecer, afigura-se-nos não ser hoje excessivamente difícil que se ponham de acordo.

Porque o jushumanista não é um nefelibata, e saberá a importância da propriedade na própria defesa da liberdade, e a sua imprescindibilidade, ao menos para o agenciamento de meios materiais, no sentido da concretização dos direitos sociais, com os quais não é contraditória.

Porque o jusnaturalista compreenderá que sem o ideal da Igualdade (não da igualitarização niveladora por baixo, mas enquanto ideal de solidariedade, fraternidade e preocupação social, para além, evidentemente, da inquestionável igualdade de direitos, perante a lei) ficam sem sentido muitos dos demais, nomeadamente afastando do círculo da cidadania (como na própria Atenas democrática) largos sectores sociais, que passam à condição de párias ou metecos.

3.3. Igualdade, Representação e Poder

As ideias (os valores) de liberdade e igualdade desenvolvem-se em outras, designadamente no princípio político da soberania nacional, e numa concepção a que se chama correntemente conceito ideal (neste caso liberal) de Constituição. Assim, a soberania nacional é postulada no art.º 3.º e a ideia de direitos e separação dos poderes como *conditio sine qua non* da Constituição é avançada no célebre art.º 16.º: sociedade política que as não possuir, não tem Constituição.

Importa sublinhar que estes preceitos se devem combinar quer com a ideia de uma lei igual para todos e expressão da vontade geral, para a qual todos têm o direito de concorrer (designadamente pessoalmente ou através da representação política: consoante a natureza das questões, como é óbvio), como se assinala no início do art.º 6.º, quer ainda – e este aspecto parece muito importante – com a participação nos lugares e empregos públicos de todos os cidadãos, "segundo a sua capacidade, e sem outra distinção senão a das suas virtudes e dos seus talentos" (art.º 6.º *in fine*). Por outro lado, a sociedade pode a todo o agente público (hoje diríamos de forma mais abrangente, claro) pedir contas "da sua administração" (art.º 15.º).

Há muitos aspectos nestes pontos em que jushumanistas e jusnaturalistas coincidirão. Mas devemos encarar o problema de frente: com este tipo de reptos, uns e outros deixam de poder encerrar-se na torre de marfim das teorias ou de uma acção puramente (?) jurídica, para dever enfrentar desafios políticos.

Uma questão deve, assim, ser respondida por uns e outros: até que ponto estão dispostos a aceitar que a concretização real dos seus ideais passa por uma densificação política dos mesmos?

Parece evidente que a proposta da Declaração constitui um mínimo denominador comum de alguma democraticidade, no horizonte de uma democracia representativa, moderada, liberal politicamente. Podem uns e outros não se identificar absolutamente com esta forma política. Mas aceitam-na, sincera e fielmente, como lugar de discussão e comum *modus vivendi*? Ou – permitam-nos o exagero, caricatural – apenas a teocracia serve para uns e a comuna para outros? Cremos que não. Muitos, muitos, de ambos os lados se sentirão legitimamente chocados com essas assimilações ideologizadoras que tomam a nuvem por Juno e tudo amalgamam segundo *clichés*. Os jusnaturalistas não são reaccionários ultramontanos disfarçados de juristas, nem os jushumanistas revolucionários subversivos falsamente convertidos. Por isso, salvo uma ou outra excepção purista, estamos em crer que coincidirão e confluirão na convivência de estruturas políticas democráticas.

3.4. Um património comum

Jusnaturalistas e jushumanistas estarão certamente de acordo com garantias de processo penal (art.º 7.º), princípios de necessidade das penas e da sua tipicidade e legalidade prévias (art.º 8.º), presunção da inocência do arguido (art.º 9.º), liberdade de opinião, em geral e religiosa (art.º 10,º e 11.º), subordinação da força pública à utilidade geral e não à daqueles a quem está confiada (art.º12.º). O já constatado património comum é precioso, e seria estulto malbaratá-lo em querelas fratricidas.

Mas para além dos pontos em que obviamente uns e outros coincidem, há mais lugares de convergência, e sobretudo há coisas que uns têm a aprender com os outros.

Foi por isso que nos propusemos fazê-los pensar em conjunto e eventualmente dialogar...

É que – e agora permitam-me uns e outros uma opinião que não será ainda consensual – não se pode ser jushumanista fundamentado sem se ser jusnaturalista (ou, ao menos, independentemente do rótulo, se não se for não-positivista), nem se pode ser jusnaturalista consequente se se não for um defensor, até um militante, dos direitos humanos (ou, ao menos, um defensor dessa acção prática).

A opção que consideramos integral e coerente é, pois, a de jusnaturalista jushumanista ou de jushumanista jusnaturalista.

ANEXO

Déclaracion des Droits de l'Homme et de Citoyen

Les représentants du peuple français, constitués en Assemblée nationale, considérant que l'ignorance, l'oubli ou le mépris des droits de l'homme sont les seules causes des malheurs publics et de la corruption des gouvernements, ont résolu d'exposer, dans une déclaration solennelle, les droits naturels, inaliénables et sacrés de l'homme, afin que cette déclaration, constamment présente à tous les membres du corps social, leur rappelle sans cesse leurs droits et leurs devoirs; afin que les actes du pouvoir législatif et ceux du pouvoir exécutif, pouvant être à chaque instant comparés avec le but de toute institution politique, en soient plus respectés; afin que les réclamations des citoyens, fondées désormais sur des principes simples et incontestables, tournent toujours au maintien de la Constitution et au bonheur de tous.

En conséquence, l'Assemblée nationale reconnaît et déclare, en présence et sous les auspices de l'Être Suprême, les droits suivants de l'homme et du citoyen.

Article premier – Les hommes naissent et demeurent libres et égaux en droits. Les distinctions sociales ne peuvent être fondées que sur l'utilité commune.

Article 2 – Le but de toute association politique est la conservation des droits naturels et imprescriptibles de l'homme. Ces droits sont la liberté, la propriété, la sûreté et la résistance à l'oppression.

Article 3 – Le principe de toute souveraineté réside essentiellement dans la Nation. Nul corps, nul individu ne peut exercer d'autorité qui n'en émane expressément.

Article 4 – La liberté consiste à pouvoir faire tout ce qui ne nuit pas à autrui: ainsi, l'exercice des droits naturels de chaque homme n'a de bornes que celles qui assurent aux autres membres de la société la jouissance de ces mêmes droits. Ces bornes ne peuvent être déterminées que par la loi.

Article 5 – La loi n'a le droit de défendre que les actions nuisibles à la société. Tout ce qui n'est pas défendu par la loi ne peut être empêché, et nul ne peut être contraint à faire ce qu'elle n'ordonne pas.

Article 6 – La loi est l'expression de la volonté générale. Tous les citoyens ont droit de concourir personnellement ou par leurs représentants à sa formation. Elle doit être la même pour tous, soit qu'elle protège, soit qu'elle punisse. Tous les citoyens, étant égaux à ces yeux, sont également admissibles à toutes dignités, places et emplois publics, selon leur capacité et sans autre distinction que celle de leurs vertus et de leurs talents.

Article 7 – Nul homme ne peut être accusé, arrêté ou détenu que dans les cas déterminés par la loi et selon les formes qu'elle a prescrites. Ceux qui sollicitent, expédient, exécutent ou font exécuter des ordres arbitraires doivent être punis ; mais tout citoyen appelé ou saisi en vertu de la loi doit obéir à l'instant ; il se rend coupable par la résistance.

Article 8 – La loi ne doit établir que des peines strictement et évidemment nécessaires, et nul ne peut être puni qu'en vertu d'une loi établie et promulguée antérieurement au délit, et légalement appliquée.

Article 9 – Tout homme étant présumé innocent jusqu'à ce qu'il ait été déclaré coupable, s'il est jugé indispensable de l'arrêter, toute rigueur qui ne serait pas nécessaire pour s'assurer de sa personne doit être sévèrement réprimée par la loi.

Article 10 – Nul ne doit être inquiété pour ses opinions, mêmes religieuses, pourvu que leur manifestation ne trouble pas l'ordre public établi par la loi.

Article 11 – La libre communication des pensées et des opinions est un des droits les plus précieux de l'homme; tout citoyen peut donc parler, écrire, imprimer librement, sauf à répondre de l'abus de cette liberté dans les cas déterminés par la loi.

Article 12 – La garantie des droits de l'homme et du citoyen nécessite une force publique; cette force est donc instituée pour l'avantage de tous, et non pour l'utilité particulière de ceux à qui elle est confiée.

Article 13 – Pour l'entretien de la force publique, et pour les dépenses d'administration, une contribution commune est indispensable; elle doit être également répartie entre les citoyens, en raison de leurs facultés.

Article 14 – Les citoyens ont le droit de constater, par eux-mêmes ou par leurs représentants, la nécessité de la contribution publique, de la consentir librement, d'en suivre l'emploi, et d'en déterminer la quotité, l'assiette, le recouvrement et la durée.

Article 15 – La société a le droit de demander compte à tout agent public de son administration.

Article 16 – Toute société dans laquelle la garantie des droits n'est pas assurée ni la séparation des pouvoirs déterminée, n'a point de Constitution.

Article 17 – La propriété étant un droit inviolable et sacré, nul ne peut en être privé, si ce n'est lorsque la nécessité publique, légalement constatée, l'exige évidemment, et sous la condition d'une juste et préalable indemnité.

ÍNDICE GERAL

APRESENTAÇÃO 11

PARTE I
DIÁLOGOS

CAPÍTULO I
FILOSOFIA SOCIAL PARA JURISTAS

1. Da necessidade da formação social do jurista 15
2. De uma filosofia social católica 17
3. De uma filosofia social humanista 19
4. 'Libertas docendi' e formação integral e pluralista 23

CAPÍTULO II
DIREITO E HUMOR

1. Introdução 27
2. Lugar epistemológico 31
3. Do que seja (o) Direito e do que seja (o) Humor 33
4. Humor e Juristas 35
5. Humor nos tribunais 37
6. Advogados e anedotas 40
7. Humor nas Faculdades de Direito 42
8. Humor na Doutrina Jurídica e na Lei 46
9. Concluindo 49
10. Síntese 53
Bibliografia citada 54

PARTE II
PERCURSOS

CAPÍTULO I
OS DESCOBRIMENTOS PORTUGUESES
E O PROBLEMA DA LIBERDADE DOS MARES

1. Descobrimentos e nova *Weltanschauung* 57

2. O Mar Português: um mar fechado?	60
3. Mal-entendidos na polémica da liberdade dos mares	62
4. Caminhos cruzados	63
5. Das teses	69
6. Para uma "moral da história"	72

CAPÍTULO II

O MARQUÊS DE POMBAL: ESTADO *VS.* LIBERDADE

1. Introdução	75
2. Imagens de Pombal	77
2.1. Os Manuais e as Histórias de Portugal	78
2.2. Os Coevos	115
2.3. Algumas monografias	120
3. Proto-Conclusão	133

CAPÍTULO III

DIREITO, HISTÓRIA E MITO: A POLÉMICA
DA *HISTÓRIA DO DIREITO CIVIL PORTUGUÊS* DE MELLO FREIRE

1. Na pista de mais um contraditor de Pascoal José de Mello Freire	135
2. A censura de Pereira de Figueiredo à "História" de Mello Freire	139
3. A resposta de Mello Freire	143
4. A aprovação do texto de Freire, o recurso de Figueiredo e a intervenção do Procurador da Coroa	147
5. Conclusão	149

CAPÍTULO IV

DESPOTISMO ESCLARECIDO,
HUMANITARISMO PENAL E DIREITO NATURAL

1. Mello Freire, um teoórico moderado pombalino e marino	151
2. A defesa de um proscrito	154
3. Das Contradições do Iluminismo Jurídico	167

CAPÍTULO V

LEONARDO COIMBRA: LIBERDADE E JUSTIÇA

1. A sede de absoluto	171
2. Liberdade humana e Clausura jurídica	173
3. O Direito na Família e a Condição da Mulher	176
4. Penas, de Morte	178
5. Educação e Liberdades	183
6. Direitos e Deveres. Justiça social	185
7. Direito, Força, Poder	188

CAPÍTULO VI
FACES DA JUSTIÇA NA FILOSOFIA JURÍDICA PORTUGUESA CONTEMPORÂNEA

1. Entre a superação do positivismo e o desconforto com o direito natural tradicional 193
2. João Baptista Machado 194
3. António Castanheira Neves 197
4. Fernando Pinto Bronze, Aroso Linhares 202
5. José Adelino Maltês, José Lamego, Sousa Brito 204
6. António Braz Teixeira, António José de Brito, Mário Bigotte Chorão 205
7. Balanço provisório 212

PARTE III
DESAFIOS

CAPÍTULO I
PARADIGMAS DA TEORIA PENAL

1. Os Paradigmas fundamentais 213
   1.1. Ciência do Direito Penal: desafios epistemológicos 213
   1.2. O Paradigma constitutivo: direito penal, direito de penas, direito do crime 215
2. Os Paradigmas Contemporâneos 222
   2.1. O Legislador penal 223
   2.2. A Constitucionalidade do Direito Penal 227
   2.3. O Bem jurídico-penal. Referência ao direito penal como ultima ratio 229
   2.4. Dignidade, Necessidde e Oportunidade Penais 231
   2.5. A Subsidiariedade e o Simbolismo do Direito Penal 235
3. A Inelutabilidade de Paradigmas Éticos fundantes 237

CAPÍTULO II
ENCRUZILHADAS DO DIREITO PENAL:
ENTRE LAXISMO E RIGORISMO 245

CAPÍTULO III
JUSNATURALISMO E JUSHUMANISMO: O DESAFIO DA DECLARAÇÃO
DOS DIREITOS DO HOMEM E DO CIDADÃO DE 1789

1. Jusnaturalismo *vs.* Jushumanismo 255
   1.1. Irmãos inimigos 255
   1.2. Teste à oposição 256
2. O Preâmbulo da Declaração de 1789 257
   2.1. A Representação 258
   2.2. Pré-existência dos Direitos naturais 258
   2.3. Mito da Idade do Oiro 260
   2.4. Conhecimento, Memória, Respeito 261
   2.5. Divindade 263
   2.6. Que direitos? 263

2.7. Direitos e Deveres	264
3. O Articulado da Declaração	265
3.1. O problema da radicação histórica	265
3.2. Liberdade ou Igualdade? Ambas	265
3.3. Igualdade, Representação e Poder	267
3.4. Um património comum	268

ANEXO 271